Schmeljow · Panzer aus sieben Jahrzehnten

Igor Schmeljow

Panzer
AUS SIEBEN JAHRZEHNTEN

Militärverlag der Deutschen Demokratischen Republik

Originaltitel:
Игорь Шмелёв
Танки в бою
изд. Молодая Гвардия, Москва 1984

Übersetzer:
Oberstleutnant Karl-Heinz Kaufmann

Grafiken von Heinz Rode

Šmelev, Igor:
Panzer aus sieben Jahrzehnten / von Igor Schmeljow.
– Berlin: Militärverl. d. DDR, 1988. – 152 S.: 56 Ill.
– Übers. aus d. Russ.

ISBN 3-327-00545-1

1. Auflage
© Verlag »Molodaja Gvardija«, Moskau 1984
© für die deutschsprachige Ausgabe: Militärverlag
der Deutschen Demokratischen Republik (VEB) –
Berlin, 1988
Lizenz-Nr. 5
Printed in the German Democratic Republic
Satz und Druck: Druckerei des Ministeriums
für Nationale Verteidigung (VEB) – Berlin, – 30351-7
Buchbinderische Verarbeitung: INTERDRUCK,
Graphischer Großbetrieb Leipzig
Lektor: Dipl.-Ing. Werner Kießhauer
Gesamtgestaltung: Dieter Lebek
LSV: 0559
Bestellnummer: 747 050 1
01720

Einführung

Das Buch »Panzer aus sieben Jahrzehnten« ist eine einzigartige Arbeit über die Geschichte der Panzer als wichtigste Waffengattung der Landstreitkräfte moderner Armeen und für einen breiten Leserkreis gedacht.

Die Panzertruppen werden noch lange die Hauptstoßkraft der Landstreitkräfte bleiben, weil sie so wichtige Gefechtseigenschaften wie Manövrierfähigkeit und Beweglichkeit, gepaart mit mächtiger Feuerkraft und starkem Panzerschutz, in sich vereinen.

Obwohl die Panzertruppen über die unterschiedlichsten Arten von Kampftechnik und Bewaffnung verfügen, deren enges Zusammenwirken den Erfolg im Gefecht sichert – die Panzer selbst bilden stets das Rückgrat ihrer Gefechtsordnungen und spielen die entscheidende Rolle beim Durchbruch der Verteidigung, bei der Vernichtung lebender Kraft und Kampftechnik der Gegner, bei der Einnahme von Gelände und bei der Entwicklung des Erfolgs in der Tiefe der gegnerischen Verteidigung.

Der Panzer wurde durch die objektiven Bedingungen der Gefechtstätigkeit ins Leben gerufen. Beginnend mit dem 15. September 1916, als der Panzer erstmalig auf dem Gefechtsfeld auftauchte, waren Rolle und Bedeutung des Kampfwagens ständigen Veränderungen unterworfen. Ursprünglich als Mittel zur Unterstützung der Infanterie konzipiert, verwandelte sich der Panzer mehr und mehr in eine Waffe zur Entwicklung des taktischen Erfolgs der Infanterie und Kavallerie. Mit fortschreitender technischer Vervollkommnung nahm die Wertigkeit des Panzers ständig zu, bis er sich schließlich zu einem Faktor operativer Bedeutung entwickelte.

Bei seiner Analyse der Bedingungen, unter denen Kriege im Zeitalter der Maschinen geführt werden, gelangte W. I. Lenin zu der Schlußfolgerung, daß ohne die Technik und ohne das Vermögen, sie im Kampf mit dem Gegner einsetzen zu können, der Sieg nicht errungen werden kann, weil im Krieg »derjenige die Oberhand behält, der die beste Technik, Organisiertheit, Disziplin und die besten Maschinen hat ...« (W. I. Lenin, Werke, Bd. 27, Berlin 1960, S. 183.)

Ausgehend von dieser Feststellung Lenins, wurden in unserem Land zuerst die großen operativen Möglichkeiten der Panzer erkannt und bereits lange vor dem zweiten Weltkrieg die Theorie ihres Gefechtseinsatzes ausgearbeitet sowie mächtige mechanisierte Verbände aufgestellt. Der Große Vaterländische Krieg bestätigte die Richtigkeit der sowjetischen Theorie der tiefen Operation, die ohne die Panzertruppen nicht denkbar gewesen wäre.

Die Erfolge der Panzertruppen waren für ihre weitere Entwicklung in der Nachkriegszeit bestimmend. Weder das Auftauchen von Massenvernichtungswaffen noch die Schaffung von Panzerabwehrlenkraketen stoppten ihre Entwicklung oder verringerten deren Tempo.

Das vorliegende Buch ist äußerst interessant, vermittelt es doch Kenntnisse über die Entstehung und die Geschichte der Panzer, zeigt es chronologisch den Prozeß ihrer technischen Vervollkommnung in den wichtigsten Ländern der Erde und die Entwicklung der Ansichten über den taktischen und operativen Einsatz der Panzer im Gefecht und in der Schlacht auf.

Die Zusammenfassung eines umfangreichen Materials über die Panzer verschiedener Länder in einem Buch macht es möglich, die gewaltige Wegstrecke der Entwicklung der Panzertechnik insgesamt einzuschätzen, die einzelnen Entwicklungsrichtungen miteinander zu vergleichen und entsprechende Schlußfolgerungen über die Potenzen dieses oder jenes Landes auf dem Gebiet des Panzerbaus zu ziehen. Der Autor hat sich das Ziel gesetzt, in gedrängter Form die Panzer vorzustellen, die auf den Schlachtfeldern des 20. Jahrhunderts auftauchten, und den Leser darüber zu informieren, welche Entwicklung der Panzerbau und die Ansichten über den Gefechtseinsatz der Panzertruppen nahmen.

Von den hunderten, in verschiedenen Zeiten entstandenen unterschiedlichen Modellen von Panzern und Selbstfahrlafetten gelangten nur rund 100 (die verschiedenen Modifikationen eines Typs nicht eingerechnet) zur Einsatzreife und auf das Gefechtsfeld. Das Buch vermittelt eine »Biographie« der 56 bekanntesten Typen, die am häufigsten in der Literatur genannt werden und die in die Kriegsgeschichte eingingen. In erster Linie werden Kampfwagen sowjetischer Konstrukteure, die auch den herausragenden Panzer des zweiten Weltkrieges, den T-34, geschaffen hatten, vorgestellt. Der Panzertechnik Hitlerdeutschlands im zweiten Weltkrieg wurde im vorliegenden Buch breiterer Raum als den Panzern anderer Länder eingeräumt, damit unsere junge Generation erfährt, mit welchen mächtigen Kampfwagen sich ihre Väter und Großväter auf den Schlachtfeldern auseinandersetzen mußten.

Beim Vergleich der sowjetischen, amerikanischen, britischen und deutschen Panzer wird der Leser unschwer die Anstrengungen und Erfolge unserer Konstrukteure und Panzerbauer verstehen und beurteilen können. Gleichzeitig dürfte es ihm nicht schwerfallen, sich von der Überlegenheit des sowjetischen technischen Genius und der Richtigkeit unserer Ansichten über Rolle, Platz und Bestimmung der Panzertruppen zu überzeugen.

Obwohl Maschinen den Hauptinhalt des Buches prägen, weiß der Leser, daß hinter ihnen der Mensch steht. Ohne den Menschen ist die Technik tot. Der Panzer wird nur dann zu einer furchtgebietenden Waffe, wenn er von Menschen bedient wird, die für die hellen Ideale der Freiheit gegen jene finsteren Mächte ins Gefecht ziehen, die die Menschheit in die Dämmernis des Mittelalters zurückstoßen wollen.

Zu ihnen gehörten unsere ruhmreichen Panzersoldaten, die bei der Abwehr des Überfalls der faschistischen Horden auf unser Land Massenheroismus bewiesen. Unvergessen sind die Kämpfe bis zur letzten Patrone aus bereits abgeschossenen Panzern heraus, Rammstöße mit Panzern, die Gefechte einzelner unserer Kampfwagen gegen Dutzende gegnerischer Panzer und Geschütze.

Die sowjetischen Panzersoldaten haben im Großen Vaterländischen Krieg bewiesen, daß sie ihre Waffe meisterhaft beherrschten und effektiv einzusetzen vermochten. Dabei hatten sie es mit einem starken Gegner zu tun, dessen Technik ein für die damalige Zeit hohes Niveau besaß. Der Leser wird das an Hand des zusammengetragenen Materials selbst feststellen. Um so größer sind die Verdienste und der Ruhm unserer Streitkräfte, unserer Panzertruppen. Die Heimat würdigte verdientermaßen die Helden-

taten der Panzersoldaten, in deren Reihen 1150 Helden der Sowjetunion, unter ihnen 16 zweifache Helden, dienten und von denen über 250 000 mit Orden und Medaillen ausgezeichnet wurden.

Gegenwärtig verfügen die sowjetischen Panzertruppen, genau wie vor 40 Jahren, über eine Panzertechnik, die in ihrem Gefechtswert der Kampftechnik der meisten ausländischen Armeen überlegen ist. Seit der Schaffung des T-34 hat sich viel verändert. Heute verfügen die Panzertruppen nicht nur über Panzer, sondern sie sind auch mit Schützenpanzern, Schützenpanzerwagen, SFL und Fla-SFL ausgerüstet.

All das schafft für die Panzertruppen günstige Bedingungen bei der Führung des Gefechts, beim selbständigen Durchbruch der gegnerischen Verteidigung, in Begegnungsgefechten und -schlachten, bei der Entwicklung des Erfolgs in einer großen Tiefe im Zusammenwirken mit Luftlandetruppen und den Luftstreitkräften.

Moderne Panzer können selbst beim Einsatz von Kernwaffen durch den Gegner erfolgreich Gefechtshandlungen führen, bei Tag und Nacht Gefechtsaufgaben lösen, in Sekundenschnelle Ziele mit dem ersten Schuß vernichten sowie Wasserhindernisse aus der Bewegung durch Unterwasserfahrt oder Fährenübersetzen forcieren.

Diese Eigenschaften bestimmen den Platz der Panzertruppen im Gesamtsystem der Streitkräfte als Hauptstoßkraft der Landstreitkräfte.

Die Panzersoldaten der 80er Jahre setzen die ruhmreichen Kampftraditionen der Tankisten des Großen Vaterländischen Krieges fort, eignen sich beharrlich die meisterhafte Beherrschung der ihnen anvertrauten Kampftechnik an und sind jederzeit bereit, die heiligen Grenzen ihrer Heimat und des gesamten sozialistischen Lagers zu schützen.

Das Buch »Panzer aus sieben Jahrzehnten« wird unserer Jugend helfen, mehr über die Panzer und die ruhmreichen Panzertruppen der Sowjetarmee und über die Panzertechnik anderer Länder zu erfahren.

Generaloberst *J. M. Potapow*

KAPITEL 1

Die ersten Panzer

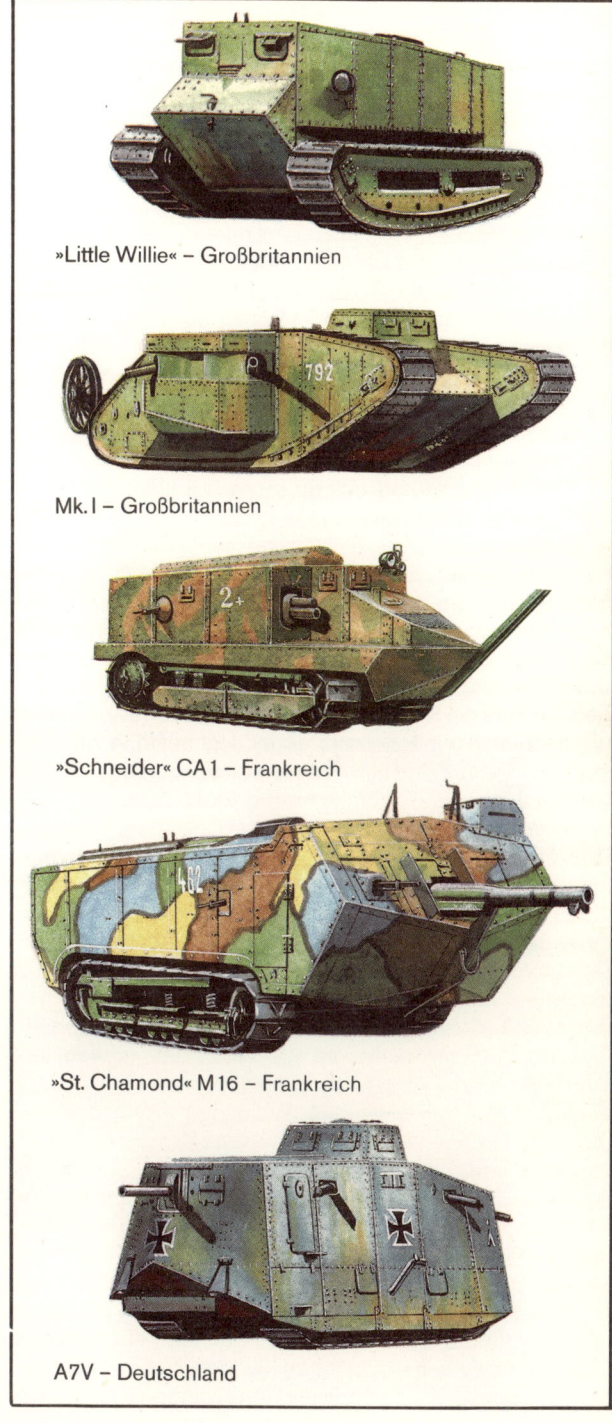

»Little Willie« – Großbritannien

Mk. I – Großbritannien

»Schneider« CA 1 – Frankreich

»St. Chamond« M 16 – Frankreich

A7V – Deutschland

Die Schlacht, von der hier berichtet werden soll, ähnelte in nichts jenen, die so zahlreich von den Armeen der Entente und den deutschen Armeen seit Beginn des ersten Weltkrieges geschlagen worden waren.

In Nordfrankreich, unweit der Stadt Cambrai, zogen die Briten an einem »ruhigen« Frontabschnitt außerordentlich starke Kräfte zusammen. Sie hatten sich entschlossen, den Angriff mit einer neuen Waffenart und nach neuen taktischen Regeln zu führen. Vor der Infanterie sollte eine Vielzahl von Tanks, wie die ersten englischen Panzer bezeichnet wurden, vorrücken. Von einer mehrtägigen Artillerievorbereitung, die dem Gegner nur verriet, wo der Schlag zu erwarten war, und die das Gelände in eine für die Tanks schwer passierbare Mondlandschaft verwandeln würde, nahm man diesmal Abstand.

Das für den Angriff ausgewählte, südwestlich von Cambrai gelegene Gelände war eben, nicht bewachsen, mit festem Untergrund, also gut für den Einsatz der schweren Kettenfahrzeuge geeignet. Auf einer Frontbreite von 16 Kilometern sollten zusammen mit den Tanks sechs Infanteriedivisionen und ein Kavalleriekorps angreifen. Die Tanks wurden gleichmäßig auf die Infanteriedivisionen aufgeteilt. Dabei stellten die 476 Kampfwagen dreier Brigaden, die zum britischen »Royal Tank Corps« zusammengefaßt waren, praktisch die gesamte britische Panzerstreitmacht dar.

Bei diesem Angriff setzten die Briten auf das Überraschungsmoment und ein zügiges Vorrücken. Die Artillerie sollte das Feuer erst eröffnen, nachdem die Tanks die deutschen Stellungen erreicht hatten.

Alle Vorbereitungen wurden in der Nacht zum 20. November 1917 abgeschlossen. Am Morgen, 7 Uhr 10 Minuten, krochen, durch den Frühnebel kaum zu erkennen, die britischen gepanzerten Ungeheuer aus ihren Ausgangsstellungen auf die einen Kilometer entfernten deutschen Schützengräben zu. Die deutschen Soldaten, die im Angriffsabschnitt die Gräben besetzt hielten, wurden durch eigentümliche Geräusche, die so gar nicht zum gewohnten »Waffenkonzert« zu passen schienen, aus dem Schlaf gerissen. Von den britischen Stellungen drang das ungewohnte Dröhnen von Motoren und das Klirren von Metall herüber. Dann nahmen die Deutschen wahr, wie durch Qualm und Dunst Dutzende riesiger Maschinen schaukelnd auf sie zuhielten, dabei aus ihren Kanonen feuerten und das Gelände mit Maschinengewehrfeuer bestrichen. Es schien, als könne sie nichts aufhalten. Erst als sich die Tanks dem vorderen Rand der Verteidigung genähert hatten, eröffnete die britische Artillerie das Feuer auf die verdutzten Deutschen, um sie zu blenden. Die Tanks walzten die Drahtsperren nieder und überwanden den ersten Schützengraben aus der Bewegung. In den Reihen der Deutschen herrschten Durcheinander und Chaos. Alles hatte sich verschoben, die Front irgendwie aufgehört zu existieren. Gegen 11 Uhr lag die gesamte erste Linie der Deutschen bereits im Rücken der angreifenden Tanks; die Verteidiger waren niedergemacht oder gefangen genommen worden. Gegen Mittag war der Durchbruch endgültig; innerhalb weniger Stunden waren die Briten neun Kilometer vorgestoßen. Im Vergleich zu den vorangegangenen Versuchen, die Front mit Panzern »einzudrücken«, war das ein großartiger Erfolg. Die Verluste des Angreifers waren mit 4000 Mann und 49 Tanks wesentlich niedriger als die der Verteidiger. Die Deutschen hatten allein an Gefangenen 8000 Mann verloren sowie 100 Geschütze eingebüßt. Vergleichen wir das einmal mit der britischen Offensive 1917 bei Ypern, die vier Monate dauerte, dem Angreifer 400 000 Mann kostete und insgesamt nur einen Geländegewinn von 6 bis 10 Kilometern brachte. Man hat errechnet, daß für einen derartigen Erfolg, wie ihn die englischen Tanks bei Cambrai errangen, 4,4 Millionen Granaten hätten verschossen werden müssen, wenn man auf althergebrachte Weise gekämpft hätte.

Auch in den darauffolgenden Schlachten, in denen Panzer massiert eingesetzt wurden (am 18. Juli 1918 an der Marne bei Villers-Cotterêts und am 8. August bei Amiens), erreichten sie bedeutende Erfolge. An der erstgenannten Schlacht nahmen 343 französische, an der zweiten 580 britische Panzer teil. Im Verlaufe nur eines Kampftages drangen die Briten bei Amiens elf Kilometer vor und machten 53 000 Gefangene. Wahrlich ein »schwarzer Tag« für das deutsche Heer.

Der erfolgreichen »Premiere« bei Cambrai waren mehrere »Generalproben« vorausgegangen. Erstmalig setzten die Briten ihre Tanks am 15. September 1916 in der Sommeschlacht und in einer Reihe weiterer Gefechte ein, allerdings in geringer Zahl und in einem für sie äußerst ungeeigneten Gelände. Deshalb waren die erreichten Ergebnisse bescheiden, und die neue Waffe wurde einer scharfen Kritik unterworfen.

Obwohl alle technischen Voraussetzungen für die Entwicklung von Panzern bereits Ende des vorigen Jahrhunderts vorhanden waren, entstanden derartige Gefechtsfahrzeuge erst im Verlaufe des ersten Weltkrieges. Tatsächlich war das Kettenlaufwerk schon seit langem erfunden. Die Idee dazu stammte von dem Engländer Edgeworth (1770). Die ersten Versuche zur Schaffung eines Kettentraktors mit Dampfmaschinenantrieb unternahm 1801 der Engländer T. German.

In Rußland erhielt 1837 der Stabshauptmann D. Sagrjaschski vom Finanzministerium die Lizenz für das Projekt einer

»Equipage (Kutsche) mit beweglichen Gleisketten«, welche die wichtigsten Elemente eines Kettenlaufwerks umfaßte: Metallketten. Laufrollen, Kettenspannvorrichtung. Sagrjashskis Kutsche hatte keinen eigenen Antrieb. Den Vorteil seiner Konstruktion sah der Erfinder darin, daß »ein Pferd mit einem derartigen Fuhrwerk die doppelte Last ziehen und die Kutsche sowohl auf Straßen als auch auf herkömmlichen Wegen Verwendung finden konnte, vor allem aber auf sandigen und morastigen Wegen nützlich war«.

Den nächsten Schritt auf dem Wege zur Entwicklung eines Panzers machte der Autodidakt und Maschinist eines Wolgadampfers F. Blinow. 1878 wandte er sich an das Departement für Manufaktur und Handel mit der Bitte, ihm die Lizenz für einen »Waggon mit endlosen Gleisen zum Transport von Frachten« zu erteilen. Neun Jahre später baute Blinow den ersten arbeitsfähigen Traktor der Welt mit Metallketten, die durch je eine Dampfmaschine einzeln angetrieben wurden. Eine derartige Konstruktion löste sehr einfach das Problem der Lenkung des Traktors.

Nach dem Tode des Erfinders im Jahre 1902 beschäftigte sich dessen Schüler J. Mamin mit der weiteren Vervollkommnung des Traktors. 1903 baute er den ersten kompressorlosen Motor, bei dem die Zündung durch die Verdichtung erfolgte. Nach weiteren sieben Jahren schuf er auf der Grundlage dieses Motors ein transportables Triebwerk, das er 1910 erstmalig in seinen »russischen Traktor« einbaute.

Ende des vorigen Jahrhunderts waren die Verbrennungsmotoren bereits entwickelt; Panzerung, Maschinengewehre und Schnellfeuergeschütze, also alles, was für einen Panzer benötigt wurde, gab es damit. Und in diesem Vorstadium der Panzerentwicklung spielten die russischen Erfinder und Ingenieure eine nicht zu unterschätzende Rolle. Hier genügt es, nur an den Erfinder der Schnellfeuerkanone W. Baranowski und die Organisatoren der Produktion von Panzerstahl in Rußland P. Obuchow und W. Pjatow zu erinnern.

Mehrere Entwürfe gepanzerter Fahrzeuge entstanden noch vor Ausbruch des ersten Weltkrieges, von denen der »Landmonitor« des Italieners Balbi (1854), die »Kutsche mit beweglichen Gleisen« des Franzosen Bouyn, die Projekte des Franzosen Le Vavasseur (1903), des Österreichers Gunter Burstyn (1911), des Russen W. D. Mendelejew (1911) und des Österreichers L. de Mole (1912) genannt seien.

Das Projekt Mendelejews verdient es, etwas näher betrachtet zu werden. In der Tat war es der welterste Entwurf eines schweren Panzers. Urteilen Sie selbst: Gefechtsmasse 173 t, Bewaffnung mit einer 120-mm-Kanone im Fahrzeugbug und einem Maschinengewehr in einem Drehturm, eine Stirnpanzerung von 150 mm und eine Seitenpanzerung von 100 mm. Das Projekt enthielt nicht wenige neue und kühne Ideen, die ihrer Zeit weit voraus waren: eine pneumatische Federung, die das Absenken der Fahrzeugwanne auf den Boden ermöglichte; um die Genauigkeit des Feuers zu erhöhen, die Mechanisierung des Ladevorgangs der Kanone usw.

Sowohl das Projekt Mendelejews als auch die anderen Projekte fanden weder die ihnen gebührende Aufmerksamkeit noch die notwendige Unterstützung der führenden Militärs ihrer Länder. Anscheinend kam ihnen die Idee eines gepanzerten Gefechtsfahrzeugs so utopisch vor, daß sie gar nicht ernst genommen wurde. Außerdem bestand ihrer Meinung nach auch gar kein Bedarf an derartigen Fahrzeugen.

Die technischen Voraussetzungen allein genügten also noch nicht; erst dringende militärische Erfordernisse beschleunigten die absehbare technische Entwicklung.

Der Panzer wurde im Feuer der Materialschlachten des ersten Weltkrieges geboren. Er sollte dazu dienen, aus der Sackgasse des Stellungskrieges, in der sich die kriegführenden Armeen Ende 1914 festgerannt hatten, herauszukommen.

Als bei Kriegsbeginn beide Seiten ihre Armeen in den Kampf warfen, hatten sie noch keinerlei Vorstellung von der mörderischen Stärke des Feuers der Maschinengewehre und der Schnellfeuer schießenden Artillerie, das im wahrsten Sinne des Wortes die angreifenden Regimenter und Bataillone von der Erdoberfläche hinwegfegte. Die gewaltigen Verluste zwangen dazu, vor dem tödlichen Kugelhagel Schutz zu suchen und sich in die Erde einzugraben. Die Front erstarrte vom Ärmelkanal bis zur Schweizer Grenze in einer durchgehenden Linie von Schützengräben.

Einen Ausweg aus dem verfahrenen Stellungskrieg suchte man in dem Bemühen, die gegnerische Front aufzubrechen. Diese Aufgabe hatte in erster Linie die Artillerie zu lösen. Tausende Geschütze pflügten tage-, ja wochenlang mit ihren Granaten jeden Meter der gegnerischen Stellungen förmlich um. Es schien, als könne niemand dieses Trommelfeuer überleben. Doch kaum hatte die zum Angriff antretende Infanterie der einen Seite ihre schützenden Deckungen verlassen, fügten ihr die erhalten gebliebenen Maschinengewehre und Geschütze der anderen Seite ungeheure Verluste zu. Häufig wurde der Geländegewinn nur nach Hunderten von Metern gemessen, für die der Angreifer Opfer in bisher nicht gekannter Anzahl bringen mußte.

Das also war der Stellungskrieg, aus dem man mittels der

Panzer, die der Infanterie halfen, sowohl die Drahthindernisse als auch das Maschinengewehrfeuer des Gegners zu überwinden, herauskommen wollte.

»Obwohl die Panzer bis zum Ende des ersten Weltkrieges nur ein taktisches Mittel blieben«, schreibt der Hauptmarschall der Panzertruppen P. A. Rotmistrow in seinem Buch »Zeit und Panzer«, »halfen sie doch den Truppen der Entente, das deutsche Heer zu besiegen. Schon dieser Krieg lieferte eine Reihe von Beispielen für den erfolgreichen Einsatz von Panzern im Zusammenwirken mit der Infanterie beim Durchbruch der taktischen Verteidigung. Doch gelang es zu jener Zeit noch nicht, mit ihrer Hilfe den taktischen Erfolg in einen operativen zu entwickeln.«

Die Panzer beeinflußten die Angriffstaktik (Überraschungsmoment, Verbreiterung der Durchbruchsabschnitte) und schufen dank ihrer Fähigkeit, sich schnell zu konzentrieren, die Möglichkeit, in vielen Fällen ohne die bisher übliche Artillerievorbereitung auszukommen, wodurch sich Charakter und Tempo des Gefechts veränderten. Gleichzeitig wirkten sie verändernd auf die Organisation der Verteidigung, vor allem in bezug auf die Panzerabwehr.

Der sowjetische Militärhistoriker W. D. Mostowenko schrieb in seinem Buch »Panzer«: »Das Fehlen einer Panzerabwehrartillerie war die Hauptursache für den Erfolg der Panzer beim Durchbruch der Verteidigung . . . Trafen die Panzer auf organisiertes Artilleriefeuer, erlitten sie schwere Verluste und blieben erfolglos.« Hier sei der Hinweis erlaubt, daß 98 % aller Gefechtsverluste an Panzern auf das Konto der Artillerie kamen.

Zwar waren die Panzer mittlerweile voll anerkannt, doch dauerte es noch einige Zeit, bevor die Theorie ihres Gefechtseinsatzes ausgearbeitet sowie die ihr entsprechende materielle Basis geschaffen und Panzerverbände aufgestellt waren.

Im weiteren werden wir erfahren, welche Schlußfolgerungen die verschiedenen Armeen aus den im ersten Weltkrieg gesammelten Erfahrungen beim Gefechtseinsatz der Panzer ableiteten. Zunächst wollen wir versuchen uns vorzustellen, wie die ersten Panzer beschaffen waren.

Kurze Zeit nach Ausbruch des Krieges, als die Fronten im Stellungskrieg erstarrt waren, begannen führende Militärtheoretiker sowohl des Westens als auch Rußlands die Suche nach einem Mittel, das die angreifende Infanterie vor dem Maschinengewehrfeuer zu schützen vermochte. Der talentierte russische Ingenieur Porochowschtschikow schrieb dazu: »Auf dem Feld war die Ausbildung neu eingezogener Soldaten in vollem Gange. Als ich so die Rekruten betrachtete, die in Schützenkette vorrückten, ging mir nicht aus dem Sinn, daß es nicht gerade das reinste Vergnügen wäre, im Feuer feindlicher Maschinengewehre

zum Angriff vorzustürmen. Was aber, wenn man an Stelle der dem gegnerischen Kugelhagel schutzlos ausgelieferten Leute ein gepanzertes und mit einem Maschinengewehr bewaffnetes Fahrzeug zum Sturm auf die Schützengräben in Marsch setzen würde?«

Der Erfinder wandte sich an die Militärbehörde und unterbreitete den Vorschlag, ein gepanzertes Gefechtsfahrzeug zu entwickeln. Seine Idee fand Unterstützung.

Dieser Vorläufer des Panzers war ein nicht sehr großes Fahrzeug mit zwei Mann Besatzung, das sich auf eine breite Gleiskette unter dem Wannenboden und zwei an den Bordwänden am Vorderteil der Wanne befestigten Rädern abstützte, die ein Wenden nach rechts und links ermöglichten. Auf Wegen rollte dieser »Wesdjechod« (zu deutsch: geländegängiges Fahrzeug) auf den beiden Rädern und der hinteren Kettentrommel vorwärts. Traf er auf seinem Weg auf ein Hindernis, »legte« er sich auf seine Kette und kroch darüber hinweg. Der Vorzug von Porochowschtschikows Fahrzeug lag darin, daß der Konstrukteur auf bereits vorhandene Kraftfahrzeugaggregate wie Motor, Radlenkung und Planeten-Wechselgetriebe zurückgreifen konnte. Für den »Wesdjechod« sind folgende taktisch-technische Angaben überliefert: Gefechtsmasse – 4 t; Besatzung – 2 Mann; Bewaffnung – 1 Maschinengewehr (vorgesehen); Panzerung – 8 mm; Motorleistung – 15 kW (20 PS); Geschwindigkeit auf Straßen – 25 km/h.

Die ersten Versuchsfahrten des »Wesdjechod« fanden am 18. Mai 1915 statt, mehrere Monate vor Erprobung des »Little Willie« durch die Briten. Ungeachtet der erfolgreich verlaufenden Versuche wurde die weitere Erprobung des »Wesdjechod« abgebrochen. Das verbesserte Projekt Porochowschtschikows, der »Wesdjechod-2«, erreichte gar nicht erst das Versuchsstadium.

Annähernd zur gleichen Zeit begann Hauptmann N. Lebedenko, Leiter der Versuchsstelle des Kriegsministeriums, mit den Entwürfen zu seinem mit Rädern großen Durchmessers ausgerüsteten Gefechtsfahrzeug. Lebedenko ging von der richtigen Annahme aus, daß große Räder Gräben und Stellungen leichter überwinden können als kleine. Vom Anblick her ähnelte Lebedenkos Fahrzeug einer stark vergrößerten Geschützlafette. Jedes der zwei Räder mit einem Durchmesser von 10 m wurde von einem 145 kW (200 PS) starken »Maybach«-Motor angetrieben. Die Motoren stammten von einem abgeschossenen deutschen Luftschiff. Die dem Fahrzeug die nötige Stabilität verleihende kleinere Laufrolle am Heck war lenkbar.

Lebedenkos Idee fand Zustimmung. Ihm wurde unverzüglich eine größere Summe zur Verfügung gestellt. An dem Panzerprojekt arbeiteten solche bekannten Größen wie N. Shukowski und B. Stetschkin mit.

Erst im August 1917 wurde das Fahrzeug unter großer Geheimhaltung an einem Waldrand nahe der Stadt Dmitrow zusammengebaut. Hier im Wald erfolgte auch seine Erprobung, die aber keine positiven Ergebnisse brachte. Die Arbeiten wurden eingestellt; die gewaltigen Räder und das Fahrzeuggerippe rosteten lange Jahre in dem Waldstück vor sich hin und erschreckten mit ihren Ausmaßen zufällig vorbeikommende Spaziergänger. Der »Zarenpanzer«, wie er hin und wieder genannt wurde, war das größte aller jemals gebauten Gefechtsfahrzeuge.

Bei einer Gefechtsmasse von 40 Tonnen sollte das Fahrzeug mit zwei Kanonen und mehreren Maschinengewehren bestückt werden. Seine rechnerisch ermittelte Höchstgeschwindigkeit lag bei 20 km/h.

Trotz des Mißerfolgs waren Lebedenkos Ideen nicht von der Hand zu weisen. Jahre später baute der Ingenieur Pavesi eine Serie hochrädriger Militärschlepper für die italienische Armee. Der Erfinder schuf außerdem mehrere Modelle von Radpanzern, die aber nicht in die Bewaffnung eingeführt wurden. Die Panzer blieben Kettenfahrzeuge; Räderfahrwerke aber bildeten viele Jahre später die Grundlage für die Entwicklung von Schützenpanzerwagen.

Der britische Oberst Ernest D. Swinton wandte sich im Oktober 1914 mit dem Projekt eines militärischen Kettenfahrzeugs an das Londoner Kriegsministerium. Sein Vorschlag wurde angenommen; und im September 1915 fand die Erprobung des ersten britischen Gefechtsfahrzeugs »Little Willie« statt. Im Grunde genommen handelte es sich dabei um einen unbewaffneten, gepanzerten Traktor.

Am 28. September 1915 liefen die Versuche mit einem weiteren Fahrzeug, dem »Big Willie«, an. Das war der Prototyp des ersten britischen Kampfwagens, der am 30. Januar 1916 erprobt und am 12. Februar offiziell einer Regierungskommission vorgeführt wurde. Unter der Bezeichnung Tank Mk. I wurde er in die Bewaffnung eingeführt.

Woher stammt nun eigentlich die Bezeichnung »Tank«, die im Englischen soviel wie Behälter oder Kanister bedeutet? Die Briten hatten wohl begriffen, daß nur das überraschende, unerwartete Erscheinen dieses Kampfmittels auf dem Gefechtsfeld den Erfolg der neuen, technisch noch längst nicht ausgereiften Waffe garantieren konnte, und hielten deshalb den Bau ihrer ersten Panzer streng geheim. Von weitem erinnerten die mit Planen abgedeckten Fahrzeuge an große Metallzisternen. Es wurde das Gerücht verbreitet, auf Bestellung Rußlands seien große Wassertanks, eben Tanks, gebaut worden. Während der Bahntransporte hatte man Schilder mit der Aufschrift »Vorsicht! Wassertanks für Petersburg« angebracht. So fand das Wort »Tank« für die Bezeichnung gepanzerter Kettenfahrzeuge Eingang in die englische und in die russische

Sprache, während in anderen Sprachen dafür mehr oder weniger zutreffende Begriffe geprägt wurden. Auch im Deutschen war als Bezeichnung für die Panzer des ersten Weltkrieges lange Zeit das Wort Tank üblich.

Im Verlaufe des Krieges bauten die Briten vorwiegend schwere Panzer, die eine besondere, nur ihnen eigene Form hatten, die späterhin praktisch auch keine Wiederholung fand. Hauptsächliche Bestimmung der Panzer war das Zerstören von Drahthindernissen und das Niederhalten gegnerischer Maschinengewehre. Die Konstruktion der Panzer wurde der Aufgabe angepaßt, breite Gräben, Stellungen und Trichter sowie vertikale Hindernisse überwinden zu können. Daher war man bestrebt, eine möglichst lange Auflagefläche und eine große Greifhöhe der Ketten zu erreichen. Das war auch der Grund dafür, weshalb die Ketten die gesamte Wanne umliefen. Bei einer derartigen Konstruktion konnte die Bewaffnung nur in den Bordseitenwänden innerhalb der umlaufenden Gleisketten untergebracht werden. Damit das Feuer der Kanonen und Maschinengewehre auch direkt in Fahrtrichtung oder nach hinten geführt werden konnte, wurden die Waffen in spezielle Bordwandnischen, sogenannte Geschützerker, eingebaut. Dadurch nahm die Fahrzeugbreite zu, was zu Schwierigkeiten beim Passieren enger Stellen führte.

Die Panzerwanne bestand aus einem Gerippe von Profilstählen, auf dem die Panzerplatten verschraubt waren. Die Panzerung verdeckte auch das Laufwerk, das aus kleinen, ungefederten Laufrollen bestand. Die Fahrzeuge verursachten einen fürchterlichen Krach. Möglicherweise übte das anfangs eine moralische Wirkung auf die deutschen Soldaten aus; es störte aber weitaus mehr die gedeckte Konzentration der Kampfwagen. So blieb nichts weiter übrig, als das von den Panzern erzeugte Getöse durch Artilleriefeuer zu übertönen.

Innen ähnelten die Panzer dem Maschinenraum eines kleinen Schiffes. Den meisten Platz beanspruchte der Motor und die Teile der Kraftübertragung. Bei den ersten Typen befanden sich auch die Kraftstoffbehälter im Innern des Kampfwagens. Die Temperatur der von Qualm und den Dämpfen verbrannten Öls geschwängerten Luft erreichte manchmal Werte bis zu 70°C. Die Besatzungen konnten sich nicht lange in den Fahrzeugen, die über keinerlei Ventilation verfügten, aufhalten. Oftmals waren sie dem Ersticken nahe und litten sowohl unter den hohen Temperaturen als auch unter den Erschütterungen der Fahrt. Die Lenkung der Fahrzeuge war kompliziert und erforderte einen hohen Kraftaufwand.

Die ersten Panzer waren in technischer Hinsicht noch sehr unzuverlässig. Häufig kam es zu Defekten aller Art. Die Geschwindigkeit im Gelände übertraf bei den ersten

Modellen 1 bis 2 km/h nicht. Es war keine Seltenheit, daß die Infanterie, welche die Panzer im Gefecht begleiten sollte, ihr Vorrücken verlangsamen mußte, um auf die zurückbleibenden Ungetüme zu warten.

Einer der größten Mängel der ersten Panzer bestand darin, daß sie sich auf weichem Untergrund in die Erde wühlten und mit dem Wannenboden aufsaßen. Unter dem Gewicht des gepanzerten Ungetüms verbogen sich die Platten des Wannenbodens. Dabei veränderten die einzelnen Aggregate des Triebwerks ihre Lage zueinander, wodurch die Welle zwischen Motor und Getriebe brach.

Besonders schlecht war es um die Beobachtungsmöglichkeiten und die Nachrichtenverbindungen bestellt. Die Sehschlitze in den Bordwänden erwiesen sich als die empfindlichsten Stellen der Tanks. Spritzer geschmolzenen Bleis von in unmittelbarer Nähe der Sehschlitze auf die Panzerung aufschlagenden Kugeln führten zu Augenverletzungen der Besatzung, der am weitesten verbreiteten Art von Verwundungen der Panzersoldaten jener Zeit. Auch Spezialbrillen – stählerne Plastinen mit einer Vielzahl kleiner Löcher – brachten keine Abhilfe.

Funkgeräte gab es damals erst wenige bei den großen Führungsstäben. Für die Nachrichtenübermittlung in und zwischen den kämpfenden Einheiten waren Melder, Flaggensignale sowie akustische Signale gebräuchlich. An Panzerfunkgeräte war überhaupt noch nicht zu denken. Bewährtes Führungsprinzip der Einheitskommandeure war das persönliche Vorbild, die Aufforderung: »Mach es wie ich!« Doch in dem Qualm und infolge der Erschütterungen der Fahrt war der Führungspanzer durch die engen Sehschlitze bei weitem nicht immer zu erkennen. Auch Bordsprechverbindung der Besatzungsmitglieder untereinander gab es noch nicht.

Wie wir bereits erwähnt hatten, zogen die Briten den Bau schwerer Panzer vor. Als schwer galten damals Kampfwagen mit einer Gefechtsmasse von rund 30 t. Bis zu 10 t sprach man von leichten, von 10 bis 20 t von mittleren Panzern. Es gab aber auch noch eine andere, speziell britische Klassifizierung in »Weibchen«, die nur mit Maschinengewehren bewaffnet waren, und in »Männchen«, die neben den Maschinengewehren über Kanonenbewaffnung verfügten. Nach dem Gefecht bei Villers-Bretonneux am 24. April 1918, das die völlige Hilflosigkeit der »Weibchen« im Duell mit den gegnerischen Panzern unter Beweis gestellt hatte, wurde bei einem Teil von ihnen ein Maschinengewehrerker gegen einen Geschützerker ausgewechselt.

An schweren Panzern stellten die Briten ab 1916 den Mk. I und seine weiteren Modifikationen bis zum Mk. V sowie die Mk. VII und Mk. IX her.

In dem Bestreben, eine Art »gepanzerte strategische Kavallerie« zu schaffen, begannen die Briten, einen mittleren Panzer zu entwickeln, der die Typenbezeichnung Mk. A »Whippet« (»Windhund«) erhielt. Noch im Juni 1917 wurde ein Auftrag über 200 Fahrzeuge erteilt, deren Produktion im Dezember des Jahres anlief. Der Mk. A hatte eine Gefechtsmasse von 14 t, eine Besatzung von 3 Mann, einen Fahrbereich von 130 km, eine Panzerung von 14 mm Stärke und war mit 4 Maschinengewehren bestückt.

Der »Whippet« wurde zu den schnellfahrenden Panzern gerechnet. Mit einer Geschwindigkeit von 13 km/h war er doppelt so schnell wie der Mk. IV. Die Besonderheit dieses Kampfwagens bestand in seiner Ausrüstung mit zwei »Taylor«-Motoren von je 33 kW (45 PS) Leistung. Für jede Kette war demnach ein eigener Motor nebst Getriebe vorhanden.

Der Panzer war schwierig zu lenken und verlangte vom Fahrer hohes Können. Fiel auch nur einer der beiden Motoren aus, war der Kampfwagen bewegungsunfähig. Das Fahrzeug war kompliziert in der Herstellung und teuer, aber bedeutend zuverlässiger als seine älteren Geschwister Mk. I bis Mk. V. Die Panzersoldaten witzelten, ihre »Windhunde« seien sogar in der Lage, nach dem Gefecht mit eigener Kraft zu ihrem Truppenteil zurückzukehren. An der Schlacht von Amiens im Jahre 1918 nahmen 96 »Whippets« teil. Erstmalig in der Geschichte der Panzertruppen vollzogen sie so etwas Ähnliches wie einen operativen Durchbruch. Nachdem sie sich von der eigenen Infanterie gelöst hatten, führten sie, begleitet von Kavallerie, Streifzüge im Hinterland der Deutschen durch.

Erbeutete »Whippets« dienten auch in der kaiserlichen deutschen Armee. Während des Bürgerkrieges in Rußland wurden sie von den Truppen der Interventen und Weißgardisten eingesetzt und gelangten als Beutestücke zur Roten Armee, wo sie bis zu Beginn der 30er Jahre in der Bewaffnung verblieben. Hier erhielten sie nach dem Namen des Motorkonstrukteurs die Bezeichnung »Taylor«. Einige dieser Kampfwagen waren Anfang der 20er Jahre auch von Japan gekauft worden. In der britischen Armee selbst hatten die »Whippets« bald ausgedient. Nach dem ersten Weltkrieg wurden sie durch mittlere Panzer Mk. B und Mk. C ersetzt.

Insgesamt produzierte Großbritannien während des ersten Weltkrieges 3027 Panzer, darunter über 2500 Mk. IV und Mk. V.

Vater der französischen »Landkreuzer« war Oberst Jean Estienne. Im Herbst 1915 reichte er das Projekt eines Panzers ein und erhielt die Unterstützung des Oberbefehlshabers der französischen Armee, des späteren Marschalls Joffre. Nachdem Estienne erfahren hatte, daß die Firma

Schneider-Creusot kein Neuling auf dem Gebiet der Produktion von Raupenschleppern war, konnte er durchsetzen, daß die Firma im Januar 1916 einen Auftrag über eine Serie von 400 Kampfwagen erhielt. Der Chefingenieur von Schneider-Creusot, E. Brillié, hatte bereits im Dezember 1915 erfolgreich Versuche zur Panzerung eines amerikanischen Traktors mit Kettenlaufwerk, des »Baby Holt«, abgeschlossen.

Mit Eingang des Auftrags über Entwicklung und Bau dieser Serie verzichtete er auf die Verwendung des Traktorfahrgestells, verwendete aber für seinen Panzer viele technische Lösungen der Amerikaner, so die Konstruktion des Laufwerks, der Aufhängung und des hinten liegenden Antriebsrades.

Der Chef der Verwaltung Motorisierung der französischen Armee verzieh Estienne nicht, daß dieser sich unter Umgehung der Verwaltung direkt an den Oberbefehlshaber gewandt hatte, und beauftragte seinerseits die Firma St. Chamond, einen eigenen Panzer zu bauen. Zufall oder nicht, auch dieser Auftrag belief sich auf 400 Kampfwagen. Die Spezialisten des Konkurrenzunternehmens legten ihrer Konstruktion den gleichen »Holt«-Traktor zugrunde. Der erste Panzer von Schneider-Creusot erhielt die Typenbezeichnung CA 1 und war im September 1916 fertiggestellt, während St. Chamond mehrere Monate im Rückstand war.

In ihrem Äußeren unterschieden sich die französischen »Landkreuzer« wesentlich von den britischen »Tanks«. Die Ketten liefen nicht um die gesamte Wanne, sondern entlang der Bordwände bzw. darunter. Das Laufwerk war mittels spezieller Federn elastisch aufgehängt; ein Vorzug, der die Arbeit der Besatzung erleichterte.

Der vordere Teil der Wanne des Kampfwagens von Schneider-Creusot erinnerte in seiner Form an einen Schiffsbug und trug eine Vorrichtung zum Zerschneiden von Drahtsperren. Gleichzeitig sollte durch diese Form das Überwinden von Gräben erleichtert werden. Weil aber der Wannenbug die Ketten weit überragte, besaßen diese Kampfwagen eine ungenügende Geländegängigkeit; selbst unbedeutende vertikale Hindernisse konnten sie nicht überwinden. Daran krankten auch die »St. Chamond«-Panzer, obwohl bei ihnen der auf dem Boden aufliegende Teil der Kette im Vergleich zum amerikanischen »Holt«-Traktor auf das Doppelte verlängert wurde, um die Grabenüberschreitfähigkeit zu verbessern.

Die ungünstige Lage der Bewaffnung schränkte die horizontalen und vertikalen Richtwinkel stark ein. Die Kanone des CA 1 von Schneider-Creusot, die man rechts im Wannenbug eingebaut hatte, weil links der Motor untergebracht war, konnte horizontal nur in einem Bereich von 20° gerich-

tet werden. Die Maschinengewehre waren nicht wie bei den britischen Tanks in Erkern installiert, sondern an den Bordwänden in Kugelblenden montiert worden. Dadurch war es unmöglich, das Feuer in Fahrtrichtung zu führen. Der »St. Chamond« war mit zwei Maschinengewehren mehr ausgerüstet, wodurch sich wiederum die Zahl der Besatzungsmitglieder erhöhte.

Der Panzer »St. Chamond« M 16 hatte eine Masse von 23 t, eine Besatzung von 8 bis 9 Mann und einen 65 kW (90 PS) starken Panhard-Motor, der ihm eine Geschwindigkeit von 8,5 km/h verlieh. Die Kraftübertragung erfolgte elektrisch: Der vom Motor angetriebene Generator erzeugte Strom für die beiden Elektromotoren, welche je eine Kette antrieben. Der Fahrbereich des Panzers betrug 60 km. Seine Bewaffnung bestand aus einer 75-mm-Kanone und vier Maschinengewehren. Die Panzerung erreichte eine Stärke von 11 mm am Wannenbug und 15 bis 17 mm an den Seiten.

Dagegen brachte der CA 1 13,5 t auf die Waage. Sein 60-PS-»Schneider«-Motor ließ eine Geschwindigkeit von 6 km/h zu. Eine 75-mm-Kanone und 2 Maschinengewehre sowie die 6- bis 7köpfige Besatzung waren von vorn durch eine 12 bis 14 mm starke Panzerung und an den Seiten durch 12 bis 17 mm dicke Panzerplatten geschützt. Mit einer Kraftstoffauffüllung konnte der Kampfwagen 75 km zurücklegen.

Trotz aller ihrer technischen Unzulänglichkeiten wurden die Panzer beider Hersteller an die Front geschickt. Das erste Gefecht der französischen »Landkreuzer« am 16. April 1917 bei Craonne an der Aisne war wenig erfolgversprechend: Von 132 Panzern beider Typen gingen 76 durch gegnerische Feuereinwirkung verloren, 45 erreichten wegen technischer Defekte nicht das Gefechtsfeld. Zwischen Aisne und Marne verhalfen die Kampfwagen später (am 18. Juli 1918) der französischen Offensive zum Erfolg, wobei die »Schneider« und »St. Chamonds« mehr die Rolle selbstfahrender Artillerie übernahmen. Nachdem die französische Infanterie die erste Linie der deutschen Gräben eingenommen hatte, eröffneten die herankommenden Panzer das Feuer auf die zweite und dritte Linie, die meistens außerhalb der Reichweite der französischen Feldartillerie lagen.

Angesichts der eindeutigen Mißerfolge mit schweren und mittleren Panzern begannen die Franzosen, sich ausschließlich dem Bau leichter Kampfwagen zuzuwenden. Sie entwickelten die »Renault«-Panzer, die nicht nur zum Standard-Kampfwagen der französischen und der amerikanischen Armee wurden, sondern sich auch als beste Panzerkonstruktion des ersten Weltkrieges erwiesen. Bis Kriegsende wurden nur noch diese leichten Kampfwagen produziert. Insgesamt verließen 3 977 Panzer aller drei Typen die französischen Werke.

Die USA begannen 1917 mit dem Bau von Panzern. Fehlende eigene Erfahrungen zwangen dazu, den französischen »Renault« (mit einigen Änderungen) und den britischen Mk. VIII als »anglo-amerikanischen« oder »internationalen« Panzer zu produzieren. Alles in allem stellten die Amerikaner 26 Panzer her, die aber nicht mehr an die Front gelangten. Die in Frankreich kämpfenden amerikanischen Panzertruppenteile waren mit dem französischen »Renault« ausgerüstet.

Gegen Kriegsende bauten die Italiener Versuchsmodelle des leichten Panzers »Fiat-3000« (nach dem Muster des »Renault«) und des schweren Panzers »Fiat-2000«, der bei einer Masse von 40 t mit einer in einem schwenkbaren Turm installierten Kanone bewaffnet war. Die italienische Armee verfügte über 100 »Renault«- und 20 »Schneider«-Panzer.

Am 24. April 1918 hatte die deutsche Offensive im Westen ihren Höhepunkt erreicht. Bei dem Dorf Villers-Bretonneux unternahm eine Gruppe schwerer britischer Tanks vom Typ Mk. V (zwei Maschinengewehr- und ein Kanonen-Kampfwagen) einen Gegenangriff. Als die von Infanterie unterstützten Fahrzeuge sich dem Dorf genähert hatten, wälzten sich ihnen drei gegnerische Panzer entgegen, die noch gewaltiger und plumper als die britischen aussahen.

Der Kommandeur der britischen Gruppe begriff sofort, diesmal würden es seine Tanks mit einem gleichfalls gepanzerten Gegner zu tun haben. Gleich zu Beginn des Gefechts waren die Briten vom Pech verfolgt: Ihre Granaten trafen einfach nicht ins Ziel. Inzwischen hatten sich die deutschen Kampfwagen die beiden Maschinengewehrtanks vorgenommen, die ihnen gegenüber völlig hilflos waren. Der dritte Tank eilte den Seinen zu Hilfe. Um die Treffgenauigkeit zu erhöhen, entschloß sich der Kommandant des britischen Kanonen-Tanks, das Feuer von der Stelle zu führen. Das Risiko machte sich bezahlt. Nach drei Schüssen fiel ein deutscher Kampfwagen aus. Die anderen zwei zogen sich zurück. Das war das erste Duell Panzer gegen Panzer der Kriegsgeschichte, nicht aber der erste Panzereinsatz seitens der Deutschen, die anfangs die Bedeutung der Kampfwagen unterschätzten. Deshalb hatte man sich in Deutschland mit ihrer Entwicklung nicht allzusehr beeilt, obwohl das kaiserliche Kriegsministerium bereits im Oktober 1916, nach den Kämpfen an der Somme, den Auftrag erteilt hatte, einen Tank zu entwickeln. Im Sommer 1917 waren die ersten zehn A7V, von denen insgesamt nur 20 gebaut wurden, fertiggestellt. Ihre Panzerung war etwas stärker und ihre Geschwindigkeit größer als die der britischen Tanks. Obwohl mit einem gefederten Laufwerk

ausgerüstet, war die Geländegängigkeit der A7V nicht besser als die der französischen Panzer. Sechs Maschinengewehre garantierten, daß der Kampfwagen nach allen Seiten Feuer führen konnte. Um sie zu bedienen, war eine »Rekordbesatzung« von 18 Mann erforderlich. Der A7V hatte eine Masse von 32 t und entwickelte bei einem Fahrbereich von 35 km eine Geschwindigkeit von 12 km/h. Als Triebwerk wurden zwei »Daimler«-Motoren mit 75 kW (100 PS) Leistung verwendet. Die Stirnpanzerung war 30 mm, die Panzerung der Bordwände 15 mm stark. Neben den sechs Maschinengewehren war im Vorderteil des Kampfwagens noch eine 57-mm-Kanone eingebaut.

Die Deutschen waren bestrebt, ihren Panzer weiter zu vervollkommnen. Die Konstrukteure modernisierten den A7V und rüsteten ihn mit einem Fahrwerk aus, dessen Kette um die gesamte Wanne lief. An den Bordwänden kamen Erker zur Aufnahme der Bewaffnung hinzu. Dadurch stieg die Gefechtsmasse auf 40 t an. Das verbesserte Fahrzeug übertraf die britischen Kampfwagen in allen Parametern: Die Geschwindigkeit lag bei 12 km/h, die Stärke der Panzerung bei 30 mm. Sieben Mann Besatzung hatten zwei 57-mm-Kanonen und vier Maschinengewehre zu bedienen. Allerdings wurden von diesem Modell nur zwei Exemplare gebaut.

1918 beschäftigte man sich in Deutschland auch mit der Entwicklung mehrerer Typen leichter Tanks. Im Oktober 1918 stellte der Konstrukteur des A7V, I. Vollmer, zwei seiner Entwürfe vor.

Nach den Waffenstillstandsbedingungen war Deutschland verpflichtet, den Siegermächten alle Panzer zu übergeben. Der Versailler Friedensvertrag verbot den Deutschen die Produktion von Panzertechnik. Vollmer ging nach Schweden und setzte im Landsverk-Konzern von Landskrona, einer Tochtergesellschaft von Krupp, die Entwicklungsarbeiten an seinen leichten Panzern fort. Die schwedische Armee erhielt einige Dutzend seiner leichten Kampfwagen des Typs M-21, die bis in die Mitte der 30er Jahre in der Bewaffnung verblieben.

In Rußland war 1915 das Projekt eines Kampfwagens auf der Basis eines Traktors ausgearbeitet worden, das hin und wieder auch als Panzer des Rybinsker Werkes bezeichnet wurde. In seinem Aufbau erinnerte der Panzer an die französischen Modelle. Doch der 1916 an die Hauptverwaltung für Kriegstechnik eingereichte Entwurf fand keine Fürsprecher.

Damit haben wir die »Stammväter« der später so zahlreichen Panzerfamilie kennengelernt. Sie waren noch höchst unvollkommen, erreichten nur eine niedrige Geschwindigkeit und einen geringen Fahrbereich und hatten lediglich eine schwache, vor Kugeln schützende Panzerung. Alle Panzer, ausgenommen die »Renaults« und »Fiats«, waren ohne Turm. Die potentiellen Möglichkeiten von Kampfwagen wurden noch nicht umfassend ausgeschöpft: Die Panzer blieben nur ein Mittel zur Unterstützung der Infanterie, der sie, wie z. B. die britischen Mk. I und Mk. V, den Weg bahnten oder mit der sie, wie die französischen »Renaults«, zusammen ins Gefecht zogen.

Britischer schwerer Panzer Mk.V

Der erste serienmäßig hergestellte britische mittlere Panzer war der Tank Mk. I, von dem 150 produziert wurden. Er wog 28 t (die »weibliche« Version – 27 t) und erreichte eine Geschwindigkeit von 4,5 km/h sowie einen Fahrbereich von 19 km. Die Panzerung war 5 bis 11 mm stark. Die Bewaffnung bestand aus zwei 57-mm-Kanonen und drei Maschinengewehren (»männliche« Version) oder aus fünf Maschinengewehren (»weibliche« Version). Die Besatzung bestand aus acht Mann. Als Triebwerk fand ein Vergasermotor von Daimler Verwendung. Zur Kraftübertragung gehörten ein Zweigang-Wechselgetriebe, ein Schneckenrad-Untersetzungsgetriebe und ein Differential, dessen Wellenstümpfe mit je einem Seitenvorgelege als Drehmomentenwandler verbunden waren. Eine offen liegende Kette, die während der Fahrt starker Verschmutzung ausgesetzt war, stellte die Verbindung zu den hinten liegenden Antriebsrädern her. Zur Lenkung des Tanks waren die vereinten Anstrengungen von vier Besatzungsmitgliedern erforderlich: des Fahrers, des Kommandanten, der die Bremse für die rechte und linke Gleiskette be-

tätigte, sowie weiterer zwei Besatzungsmitglieder, die je ein Seitenvorgelege bedienten. Der Fahrer rief ihnen die entsprechenden Kommandos zu oder gab ihnen Handzeichen. Ein Wenden mit kleinem Radius wurde entweder durch Abbremsen einer Kette oder durch Schalten der

Britischer schwerer Panzer Mk.V		
Gefechtsmasse		34 t
Besatzung		8 Mann
Bewaffnung		2 57-mm-Kanonen
		4 MG
Kampfsatz		207 Granaten
		5800 Patronen
Panzerung	Wannenbug	15 mm
	Bordwände	10 mm
Motorleistung		110 kW (150 PS)
Höchstgeschwindigkeit		17,5 km/h
Fahrbereich auf Straße		64 km

Leerlaufstellung eines Seitenvorgeleges bei gleichzeitiger Übertragung des Kraftflusses durch das andere Seitenvorgelege ermöglicht. Erst dann konnte der Fahrer wieder einkuppeln. Zur Änderung der Fahrtrichtung bzw. zum Wenden mit großem Radius war der Tank mit einem Paar Stahlrädern, ähnlich denen von Eisenbahnwaggons, ausgerüstet, die in einem Laufgestell untergebracht und hinten am Tank befestigt waren. Mittels Stahltrossen konnte das Laufgestell um ein Scharnier geschwenkt werden, was von zwei Besatzungsmitgliedern immense Kraftanstrengungen erforderte, und der Tank änderte langsam seine Fahrtrichtung.

Die nächsten Modifikationen Mk. II und Mk. III, von denen Anfang 1917 je 50 gebaut wurden, hatten diese Heckräder nicht mehr. Beim Mk. III wurden die Panzerung verstärkt und jedes sechste Kettenglied verbreitert.

Der Tank Mk. IV war eine Weiterentwicklung seiner Vorgänger. Seine Konstruktion trug den im Gefechtseinsatz gesammelten Erfahrungen durch eine Reihe wesentlicher Änderungen Rechnung. Die Stirnpanzerung war von 12 auf 16 mm, die Seitenpanzerung von 6 auf 12 mm und die Deckpanzerung auf 8 mm verstärkt worden. Die Waffenerker konnten auf speziellen Gleitschienen in das Kampfrauminnere eingezogen werden. Bei starker seitlicher Krängung rissen sich in einigen Fällen die Erker aus ihren Arretierungen, glitten unbeabsichtigt in den Kampfraum und machten die Besatzung zu Krüppeln. Bei den »weiblichen« Versionen waren die Waffenerker verkleinert worden. Beim Mk. IV gelangten erstmalig leichte »Lewis«-Maschinengewehre mit Luftkühlung des Laufes an Stelle der früher verwendeten wassergekühlten »Vickers«-Maschinengewehre zum Einsatz. Doch bei den »Lewis«-Maschinengewehren glühten die Läufe schnell aus, und die beim Schießen nach hinten austretenden Pulvergase belästigten die Richtschützen. In später produzierten Kampfwagen baute man spezielle Hotchkiss-Panzermaschinengewehre ein, bei denen die oben genannten Mängel beseitigt worden waren. Die Kanonen hatten verkürzte Rohre, um zu verhindern, daß sie sich bei starker Neigung des Tanks in die Erde bohrten oder Bäume und andere Hindernisse streiften.

Die Kraftstoffbehälter waren außen, zwischen den Ketten, am Fahrzeugheck angebracht. Der Kraftstoff wurde durch Pumpen und nicht wie früher durch einfaches Gefälle zugeführt. Weiter wurden das Kettengetriebe zwischen Seitenvorgelege und Antriebsrad verkapselt, die Gleisketten verbreitert und am Auspuff ein Schalldämpfer eingebaut. Außerdem veränderte man die Konstruktion der

Sehschlitze des Fahrers durch Vorsetzen einer von vielen kleinen Öffnungen durchbrochenen Panzerplatte so, daß dieser vor den beim Aufschlagen von Kugeln auf die Panzerung entstehenden Splittern und Bleispritzern zuverlässig geschützt war.

Die ersten Tanks Mk. IV, von denen insgesamt 1220 gebaut wurden, gelangten im April 1917 an die Front und nahmen im November desselben Jahres an der Schlacht von Cambrai teil.

Die neue Modifikation Mk. V wurde ab Dezember 1917 produziert und unterschied sich schon rein äußerlich von den vorangegangenen Typen. Der Mk. V war mit einem Viergang-Planetengetriebe des Systems Wilson und einem speziellen »Ricardo«-Panzermotor ausgerüstet. Der Tank konnte von einem Mann allein gelenkt werden. Die Luftansaugstutzen des Kühlsystems waren nach außen an die Bordwände verlegt (ein besonderes Erkennungsmerkmal des Mk. V) und der Kühler mit dem Motor zu einem Block vereint worden. Der Aufbau für den Kommandanten hatte bedeutend größere Ausmaße erhalten. Im Fahrzeugheck war ein weiteres Maschinengewehr hinzugekommen. Insgesamt wurden 400 Mk. V (200 »weibliche« und 200 »männliche« Versionen) gebaut.

Die Kampfwagen Mk. V* (»mit Sternchen«) entstanden, indem in die in der Mitte auseinandergeschnittenen Wannen von Mk. IV oder Mk. V eine zwei Meter lange Sektion eingesetzt wurde. Dadurch konnten die Grabenüberschreitfähigkeit und die Bodenhaftung der Gleiskette verbessert sowie das Innenvolumen vergrößert werden, so daß zusätzliche Vorräte mitgenommen oder 25 Infanteristen transportiert werden konnten. Die Briten bauten 579 Tanks zu Mk. V* um.

Die Mk. IV und Mk. V waren die britischen Standardpanzer des ersten Weltkrieges. Trotz aller hier aufgezählten technischen Unzulänglichkeiten führten sie erfolgreiche Gefechte. Die Mk. IV und Mk. V wurden auch von den Amerikanern verwendet. Selbst bei der deutschen Armee waren erbeutete Mk. IV im Einsatz. In der Ausrüstung der Interventionstruppen, die die junge Sowjetmacht überfielen, befanden sich ebenfalls Tanks Mk. V. Nicht wenige davon wurden von den Kämpfern der Roten Armee erbeutet und verblieben unter der Bezeichnung »Ricardo« noch bis 1930 in deren Bewaffnung.

Die britische Armee behielt von den Panzern des ersten Weltkrieges nur die Tanks Mk. V und Mk. V* noch einige Jahre nach dem Krieg in ihrer Ausrüstung. Einzelne Exemplare gab es auch in den Armeen Lettlands, Estlands, Polens und Japans.

Französischer leichter Panzer »Renault« FT 17

Im Dezember 1915 wandte sich Oberst Jean Estienne, der vom Oberbefehlshaber der französischen Armee in seiner Idee zur Entwicklung eines gepanzerten Fahrzeugs unterstützt wurde, an Louis Renault, einen bekannten Konstrukteur und Besitzer der größten Automobilfirma Frankreichs. Doch Renault ging auf Estiennes Vorschlag nicht ein und begründete seine Ablehnung damit, er verfüge nicht über die notwendigen Erfahrungen für den Bau derartiger Fahrzeuge. Deshalb begannen die Firmen Schneider-Creusot und St. Chamond mit der Herstellung der ersten französischen Panzer. Doch Oberst Estienne vertrat die Auffassung, den »Schneider«- und »St. Chamond«-Panzern müßten unbedingt leichte Kampfwagen hinzugefügt werden. Schließlich gelang es ihm im Juli 1916, Renault zu überreden. Im Dezember darauf stellte Renault dem Konsultativkomitee für Artillerie-Spezialtechnik das Modell seines Panzers vor, das zunächst verworfen wurde. Die alleinige Ausrüstung mit Maschinengewehren sah das Komitee als nicht ausreichend an. Das wiederum aber hatte Estienne vorgeschlagen, der die Meinung vertrat, die Panzer müßten vor allem gegen lebende Kraft eingesetzt werden. Kritisiert wurden weiterhin die geringen Abmessungen und die niedrige Gefechtsmasse des Kampfwagens. Man traute ihm nicht zu, Gräben überwinden und Drahtsperren niederwalzen zu können. Ungeachtet dessen gelang es Estienne und Renault, das Komitee zu überzeugen; und im März 1917 wurde ein Auftrag über 150 Fahrzeuge erteilt.

Die offizielle Erprobung begann am 9. April 1917 und wurde ein voller Erfolg. Das Komitee bestellte weitere 1000 Panzer. Jetzt griff aber der Minister für Bewaffnung ein. Er verlangte, den Kampfraum des Fahrzeugs zu vergrößern und zwei Mann im Turm unterzubringen.

Doch die Zeit drängte, die Front benötigte eine Vielzahl leichter und billiger Gefechtsfahrzeuge. Für eine Änderung des Projekts war es bereits zu spät. Erneut forderte der Oberbefehlshaber vom Ministerium für Bewaffnung, dem Bau leichter Panzer höchsten Vorrang zu geben. Gleichzeitig wurde beschlossen, einen Teil der Kampfwagen mit einer 37-mm-Kanone anstatt mit einem Maschinengewehr auszurüsten.

Estienne schlug vor, den Auftrag auf 2500 Fahrzeuge zu erweitern und gleichzeitig eine dritte Variante des Panzers vorzusehen, nämlich einen als Funkpanzer bezeichneten Kommandeurspanzer zur Schaffung stabiler Nachrichtenverbindungen zwischen den Panzertruppenteilen, der Infanterie und der Artillerie. Der Oberbefehlshaber unterstützte diesen Vorschlag und erhöhte seinerseits die Bestellung auf 3500 Kampfwagen. Einen derartigen Großauftrag konnte die Firma Renault allein nicht termingerecht erfüllen. Deshalb beteiligten sich weitere Firmen (Berliez, Schneider-Creusot, de Lonne-Belleville) am Bau des »Renault« FT 17. Die USA übernahmen die Herstellung von 1200 Panzern dieses Typs in ihren Betrieben.

Die Produktion lief unter großen Schwierigkeiten an. So gelang es zunächst nicht, die Herstellungstechnologie für runde Türme zu beherrschen. Die ersten Fahrzeuge wurden deshalb noch mit einem genieteten achteckigen Turm ausgeliefert, der nur eine Panzerung von 16 mm aufwies (für den runden Turm waren 22 mm vorgesehen). Viele Probleme brachte auch die Entwicklung einer Vorrichtung zur Montage der Kanone mit sich.

Die Ausrüstung der französischen Armee mit »Renault«-Panzern begann im März 1918. Bis Kriegsende wurden 3187 Stück gefertigt. Der FT 17 war zweifellos eine der bemerkenswertesten Konstruktionen in der Geschichte der Panzer. Sein konstruktiver Aufbau (Motor, Kraftübertragung und Antriebsräder hinten, Fahrerraum vorn, Kampfraum mit schwenkbarem Turm in der Fahrzeugmitte) wird noch heute als klassisch bezeichnet. Im Verlauf von fast 15 Jahren diente der »Renault« FT 17 als Vorbild für die Projektierung leichter Panzer.

Deshalb ist es angebracht, seine Konstruktion etwas genauer zu betrachten. Im Unterschied zu den »Schneider«- und »St. Chamond«-Panzern war die Wanne des FT 17 als Konstruktionselement (Chassis) ausgebildet, welches aus einem Gerippe von Profilstählen und Formteilen bestand, auf das die Panzerplatten aufgenietet und an dem die Laufwerksteile befestigt wurden. Das Laufwerk selbst setzte sich aus vier Laufrollengestellen zusammen, von denen eins über drei, die übrigen über zwei

Laufrollen kleinen Durchmessers verfügten. Die Gestelle waren über Blattfedern an dem außen liegenden Längsträger befestigt. Sechs in einer beweglichen Schiene gelagerte Stützrollen trugen den oben laufenden Teil der Kette. Vorn war die Stützrollenschiene an einer Spiralfeder elastisch aufgehängt, wodurch die Kette ständig gespannt wurde. Der Panzer wurde durch Auskuppeln und Abbremsen der jeweiligen Kette gelenkt.

Das Drehmoment wurde über eine Konuskupplung auf ein mechanisches Getriebe mit vier Vorwärts- und einem Rückwärtsgang übertragen. Kraftstoffzufuhr und Kühlwasserzirkulation waren pumpengetrieben. Der Vierzylinder-»Renault«-Vergasermotor konnte sowohl von außen als auch im Fahrzeug von Hand angekurbelt werden.

Das Auf- und Absitzen der Besatzung war nur durch die Luke in der Frontpanzerung möglich. Auf der Rückseite des Turmes war jedoch eine Notausstiegsluke vorhanden. Der Fahrer saß vorn und konnte durch drei Sehschlitze beobachten. Der Richtschütze stand im Turm oder saß auf einem Gurtband. Später wurde ein in der Höhe verstellbarer Sitz eingebaut. Der Turm wurde von Hand geschwenkt. Er trug eine pilzförmige Kuppel, die mit einer kleinen aufklappbaren Luke zur Frischluftzufuhr und fünf Sehschlitzen ausgestattet war. Diese Kuppel können wir als Vorläufer der Kommandantenkuppel späterer Panzer ansehen. Der Kampfraum war durch eine stählerne Schottwand, die spezielle Klappen besaß, vom Triebwerksraum getrennt. Am Boden und an den Seitenwänden des Kampfraumes waren Munitionshalterungen angebracht.

Die großen Leiträder erleichterten das Überwinden vertikaler Hindernisse und ermöglichten es dem Kampfwagen, sich aus Trichtern herauszuarbeiten. Bei vielen dieser Fahrzeuge waren sie aus Holz gefertigt, um das Gewicht und den Geräuschpegel zu senken – übrigens der bis heute einzige Fall der Verwendung von Holz im Panzerbau. Zur Verbesserung der Grabenüberschreitfähigkeit war der Panzer mit einem abnehmbaren Hecksporn ausgerüstet, der sich um eine Achse schwenken ließ und auf dem Marsch auf die Abdeckung des Triebwerksraumes geklappt wurde. Mit Sporn war der FT 17 4,96 m lang.

Obwohl eine ganze Reihe von technischen Neuheiten Eingang in die Konstruktion des »Renault«-Panzers gefunden hatten, erwies sich der Kampfwagen als gelungenes, in der Herstellung billiges, einfaches und zuverlässiges Fahrzeug. Dank seinem niedrigen spezifischen Bodendruck von 0,06 MPa hatte er eine gute Geländegängigkeit. Er konnte Steigungen bis 45° sowie Gräben mit einer Breite bis zu 1,8 m überwinden. Allerdings waren Geschwindigkeit und Fahrbereich bescheiden, so daß die

Panzer auf LKW zum Einsatzgebiet transportiert werden mußten.

Die »Renault«-Kampfwagen wurden in folgenden Varianten gebaut: als Maschinengewehr-, Kanonen-, Signal- oder Kommandeurspanzer. Letzterer (Bezeichnung »Renault« TSF) trug einen rechteckigen, turmartigen Aufbau, der starr montiert war und neben einem Funkgerät (man beachte hierbei die Größe der damaligen Geräte!) drei Mann aufnahm. Unter der Typenbezeichnung »Renault« BS wurde weiterhin ein mit einem 75-mm-Geschütz bewaffnetes Gefechtsfahrzeug gebaut; das Geschütz war in einem nach vorn und hinten offenen Aufbau untergebracht. Die Schußrichtung war der Fahrtrichtung entgegengesetzt, das Fahrzeug mußte also zum Schießen wenden. Die Gefechtsmasse der Modelle TSF und BS wich mit 7 t etwas von der des Standardmodells ab.

Die »Renault«-Panzer riefen ein großes Interesse hervor. Die USA und Italien bauten sie nach dem Krieg in Lizenz. 20 Länder, unter ihnen Belgien, Brasilien, Kanada, China, Japan (wo er die Typenbezeichnung »Ko« erhielt), Spanien, die Niederlande, Polen und die Tschechoslowakei, kauften »Renault«-Kampfwagen.

In den 20er Jahren unternahmen die Franzosen mehrere Versuche, diese Panzer durch modernere Nachfolger zu ersetzen. Doch kein einziges neues Modell wurde in die Serienproduktion übernommen. Lediglich bei den alten Maschinengewehrpanzern wurde später das 7,5-mm-Maschinengewehr Modell 1931 eingebaut.

Die ersten modernisierten Ausführungen M 24/25 waren umgebaute »Renault« FT. Sie erhielten eine Gummi-Gleiskette und eine besser gefederte Aufhängung mit Laufrollen, die paarweise fixiert waren sowie einen größeren Federweg und für je vier Laufrollen halbelliptische Federn besaßen. Das Drehmoment des Motors wurde durch eine Kette auf das Antriebsrad, welches kammartig in die Gleiskette eingriff, übertragen (im Vergleich zum »Renault« FT ein Rückschritt). Im Ergebnis der Modernisierung erhöhte sich die Geschwindigkeit auf 12 km/h. Gleichzeitig sank der Kraftstoffverbrauch. Das führte zu einer Vergrößerung des Fahrbereichs. Zum Schutz der Ketten und zur Verbesserung der Grabenüberschreitfähigkeit wurden vorn und hinten frei rotierende Trommeln an dem Panzer angebracht. 1925–26 wurden in einem der beiden Panzerbataillone, die an der Niederschlagung des Rifkabylen-Aufstands (Spanisch-französischer Kolonialkrieg in Marokko 1921–26) teilnahmen, einige Versuchsmodelle unter Kriegsbedingungen erprobt.

Die Gummi-Gleiskette hatte nur eine geringe Lebensdauer. Deshalb wurde sie bei der nächsten Modernisierung gegen eine Gummi-Metall-Kette ausgetauscht. Der

Französischer leichter Panzer »Renault« FT 17

Gefechtsmasse		6,7 t
Besatzung		2 Mann
Bewaffnung		1 37-mm Kanone oder
		1 MG
Kampfsatz		240 Granaten oder
		4800 Patronen
Panzerung	Wannenbug	16 mm
	Bordwände	8 mm
	Turm	22 mm
Motorleistung		26 kW (35 PS)
Höchstgeschwindigkeit		8 km/h
Fahrbereich auf Straße		35 km

Panzer »Renault« M 26/27 erhielt einen stärkeren Motor (33 kW ≈ 45 PS), wodurch sich die Geschwindigkeit auf 16 km/h und der Fahrbereich auf 160 km erhöhten. Von den vorn und hinten angebrachten Trommeln ging man wieder ab. Diese Panzer (M 26/27) wurden von China und Polen (19 Stück) gekauft. Ihre Gefechtseigenschaften ließen zu sehr zu wünschen übrig.

Der nächste Modernisierungsschritt bestand in einem neuen Laufwerk, das aus drei Gestellen zu je vier Laufrollen und zwei Laufrollen mit Einzelaufhängung sowie vertikalen Spiralfedern bestand; weiter wurden ein neuer Motor sowie eine neue Kraftübertragung mit einem Differential als Wendemechanismus eingesetzt. Außerdem wurde der konstruktive Aufbau der Wanne geändert. Das 1927 gebaute Fahrzeug erhielt die Typenbezeichnung »Renault« NC 1 (oder NC 27). Der Panzer war mit neu konstruierten Metall-Gleisketten ausgerüstet, die eine gute Bodenhaftung gewährleisteten. Bei Notwendigkeit konnten sie gegen Gummiketten ausgewechselt werden, wobei sich die zulässige Geschwindigkeit auf 35 km/h erhöhte. Das Fahrzeug hatte einen hohen Kraftstoffverbrauch und dadurch einen geringen Fahrbereich. Der Zugang zum Motor, der häufig gewartet werden mußte, war erschwert; das Laufwerk war relativ kompliziert und wenig zuverlässig. Die Bewaffnung des Panzers glich der des FT 17. In die Bewaffnung der französischen Armee gelangte der NC 1 (NC 27) nicht, er wurde aber 1927 von Japan gekauft, wo er unter der Bezeichnung »Otsu« lief. 1929 modernisierten die Japaner den Kampfwagen, bewaffneten ihn mit einer 57-mm-Kanone und rüsteten ihn mit einem

55-kW-Dieselmotor eigener Produktion aus. Die »Otzu«-Panzer wurden bei den Kampfhandlungen in der Mandschurei 1931–33 eingesetzt.

Für Erprobungszwecke kaufte Schweden einen Kampfwagen des Typs NC 1.

Die Variante NC 2 unterschied sich von ihrem Vorläufer durch ein anderes Laufwerk und einige Veränderungen an der Wanne. Sie war mit Gummi-Gleisketten und zwei Trommeln am Bug ausgestattet. Schließlich wurde das Baumuster NC 3 zum Prototyp des neuen Panzers D 1 (1929), von dem bis 1935 150 Exemplare gebaut wurden. Bei einer Gefechtsmasse von 14 t und einer dreiköpfigen Besatzung war der D 1 mit einer 47-mm-Kanone sowie zwei Maschinengewehren bewaffnet. Seine Panzerung erreichte eine Stärke bis zu 40 mm. Die Höchstgeschwindigkeit lag bei 18 km/h.

Die Weiterentwicklung des D 1 war der mittlere Panzer D 2. Von 1936 bis zum Beginn des zweiten Weltkrieges wurden insgesamt 100 Kampfwagen dieses Typs produziert. Das Fahrzeug hatte dieselbe Bewaffnung wie der D 1, seine Gefechtsmasse war jedoch auf 20 t und die Geschwindigkeit auf 23 km/h erhöht worden.

Damit hätten wir die gesamte auf dem »Renault« FT fußende »Panzerfamilie« vorgestellt. Betrachten wir nun noch in aller Kürze, wie sich die amerikanischen und italienischen Brüder des »Renault« entwickelten.

Mit echt amerikanischen Maßstäben waren 1917 15 000 derartige Kampfwagen in Auftrag gegeben worden. Doch bis zur Einstellung der Kampfhandlungen in Europa waren ganze sieben fertig geworden. 1919–20 folgten ihnen 952 Fahrzeuge. Äußerlich unterschieden sie sich nicht von ihren französischen Geschwistern, verfügten aber über einen leistungsfähigeren Motor von 32 kW (43 PS) und dadurch über eine um 9 km/h höhere Geschwindigkeit. Bis 1940 standen sie ungenutzt in irgendwelchen Lagern herum. Erst von da an wurde ein Teil von ihnen zur Ausbildung von Panzerbesatzungen genutzt.

Die als »Fiat« 3000A bezeichnete italienische Ausführung wurde von 1919–23 hergestellt. Von 1400 bestellten wurden jedoch nur 100 Kampfwagen gebaut. Ihre Gefechtsmasse betrug 5 t; der 40 kW (55 PS) leistende Motor verlieh dem Panzer eine Geschwindigkeit von 20 km/h. Die Bewaffnung bestand aus zwei im Turm eingebauten Maschinengewehren. Da diese sich als zu schwach erwies, wurden 1930 48 »Fiat« 3000B produziert, die entweder mit einer 37-mm-Kanone oder mit einem Zwillings-Maschinengewehr armiert waren. Der 46-kW-Motor ermöglichte dem 5,6 t schweren Panzer einen Fahrbereich von 100 km.

Die »Fiats« standen 1935 in Abessinien (Äthiopien) sowie 1940–43 in Griechenland, Albanien, Jugoslawien und auf Sizilien im Einsatz.

Der Einfluß des »Renault« FT läßt sich auch bei den Konstruktionen leichter französischer Panzer der 30er Jahre (R 35, H 35, R 39, H 40) nicht verleugnen. Jetzt spielte er aber bereits eine negative Rolle: Die Türme der neuen Panzer boten nach wie vor nur Platz für einen Mann, der als Kommandant, Richtschütze und Ladeschütze in einem ein wahrer Geschicklichkeitskünstler sein mußte.

Die Geschichte des Gefechtseinsatzes der »Renault«-Panzer ist lang und wechselvoll. Ihre Feuertaufe erhielten sie am 31. Mai 1918 im Reetzer Wald. In den Jahren des Bügerkrieges in Rußland dienten sie in den Reihen der Weißen und Interventen, wodurch Beutestücke in die Bewaffnung der Roten Armee gelangten.

Im Bestand der französischen Kolonialarmee wurden sie 1925–26 gegen die Rifkabylen in Marokko eingesetzt. Im spanischen Bürgerkrieg (1936–39) verfügten die Armeen beider Seiten über »Renault«-Kampfwagen. Selbst am zweiten Weltkrieg nahmen sie noch teil. Im Mai 1940 wurden in der französischen Armee noch 1560 dieser veralteten Fahrzeuge gezählt. Von den deutschen Faschisten erbeutet, dienten sie als Polizeifahrzeuge (zur Aufrechterhaltung der »Ordnung« im okkupierten Frankreich), als Funkfahrzeuge oder als feste Feuerpunkte am »Atlantikwall«.

KAPITEL 2

Alarmierende zwanzig Jahre

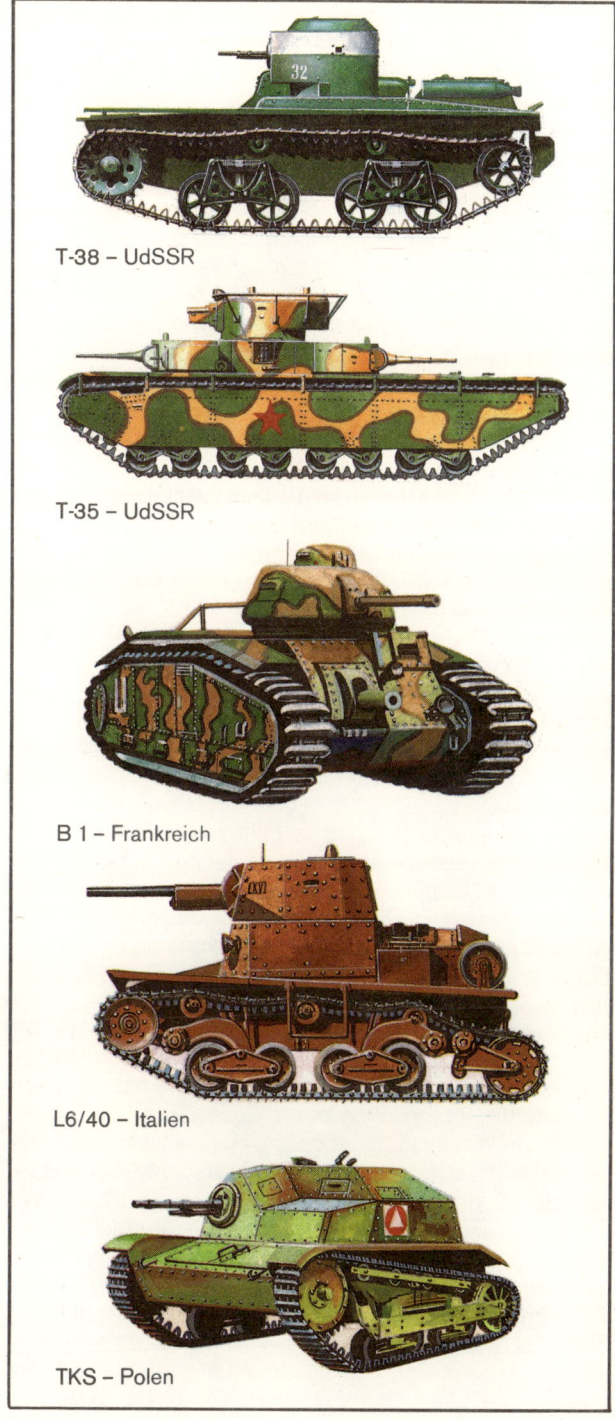

T-38 – UdSSR

T-35 – UdSSR

B 1 – Frankreich

L6/40 – Italien

TKS – Polen

In den 21 Jahren, die zwischen der Beendigung des ersten (am 11. November 1918) und dem Ausbruch des zweiten Weltkrieges (am 1. September 1939) lagen, gab es faktisch keines, in dem es nicht an diesem oder jenem Ende unseres Erdballs Kriege, bewaffnete Konflikte, Unterdrückungsaktionen der Imperialisten gegen Kolonialvölker und militärische Einmischungen in die Angelegenheiten kleiner Staaten gegeben hätte.

In vielen dieser Konflikte kamen Panzer zum Einsatz.

Auf russischem Boden tauchten die ersten Panzer in den Jahren des Bürgerkrieges 1918–20 bei den britischen und französischen Interventionstruppen sowie bei den Weißgardisten auf. Im Zuge der Zerschlagung der Feinde Sowjetrußlands erbeuteten die Kämpfer der Roten Armee rund 80 Panzer.

Eine Chronik des Gefechtseinsatzes der Panzer ist nicht Thema dieses Buches. Doch sind wir der Auffassung, daß es hier einiger Worte über den ersten Einsatz von Panzern durch die Rote Armee bedarf.

Im Bestand der gepanzerten Kräfte der Roten Armee erschienen 1919 die ersten Panzer: britische Mk. V, Mk. A und französische »Renault«, die den britischen und französischen Interventen als Beute abgenommen worden waren. So entrissen unsere Rotarmisten im März 1919 bei Odessa den französischen Eindringlingen mehrere »Renault«-Kampfwagen. Einer der erbeuteten Panzer wurde von den Kämpfern der 2. Ukrainischen Sowjetischen Armee W. I. Lenin zum Geschenk gemacht und nach Moskau transportiert. In dem Begleitschreiben dazu hieß es: »Ohne Geschütze und ohne Gewehre ging das ukrainische Proletariat gegen vollendete Bewaffnung modernster Technik vor. Doch wie Sie sehen, selbst solche neuzeitlichen Ungetüme wie die Panzer, die im letzten Krieg das Licht der Welt erblickten, konnten der revolutionären Flut nicht widerstehen. So hat heute die 2. Ukrainische Sowjetische Armee die Ehre, Ihnen, geehrter Lehrer, eine dieser furchtbaren Waffen, vor der selbst die als diszipliniertesten der Welt geltenden deutschen Divisionen erzitterten und die Flucht ergriffen, feierlich zu überreichen. Wir übersenden Ihnen einen dieser Panzer als besten Beweis für die Kraft der proletarischen Revolution.« Wladimir Iljitsch antwortete ihnen: »Ich möchte den Genossen der Zweiten Ukrainischen Sowjetarmee für den als Geschenk übersandten Tank meine tiefempfundene Dankbarkeit und Erkenntlichkeit zum Ausdruck bringen. Dieses Geschenk ist uns allen teuer, ist den Arbeitern und Bauern Rußlands teuer, weil es den Heldenmut der ukrainischen Brüder beweist, teuer auch deshalb, weil es von dem völligen Zusammenbruch der scheinbar so starken Entente zeugt.« (W. I. Lenin, Briefe, Bd. V, Berlin 1968, S. 290)

Ende 1919/Anfang 1920 fielen der Roten Armee bei der Befreiung der Stadt Rostow am Don von den Denikin-Truppen einige Dutzend Panzer in die Hände. Das ermöglichte die unverzügliche Aufstellung einiger Kraftwagen-Panzerabteilungen, zu denen jeweils drei Panzer gehörten. Ihr erstes Gefecht führten die sowjetischen Panzer am 4. Juli 1920 an der Station Sjabki bei Polozk gegen die Weißpolen. Die Kraftwagen-Panzerabteilung Nr. 2, ausgerüstet mit »Ricardo«-Kampfwagen (schweren britischen Mk. V), und der Panzerzug Nr. 8 unterstützten den Angriff der 33. Schützendivision. Dank den Panzern wurde der Verteidigungsstreifen, der aus drei Reihen Schützengräben mit Drahtsperren bestand, schnell durchbrochen.

Im Februar 1921 wurden Panzer im Bestand einer Abteilung der Roten Armee eingesetzt, welche zur Unterstützung aufständischer Arbeiter entsandt worden war, die sich in Tiflis (dem heutigen Tbilissi) gegen die grusinische menschewistische Regierung erhoben hatten. Die Truppen der Menschewiki hielten starke Stellungen bei den Kodshorsker Höhen unweit von Tiflis. Sie konnten dem Angriff der roten Truppen, die von Panzern, Panzerzügen sowie Panzerwagen unterstützt wurden, nicht widerstehen. Am 23. Februar wurde Tiflis befreit.

Zählen wir noch die wichtigsten Ereignisse auf, bei denen in den 20er und 30er Jahren Panzer in Kampfhandlungen eingesetzt wurden.

1931 bis 1933 verwendeten die Japaner während der Kämpfe in der Mandschurei und in China in geringer Zahl Panzer der Typen »Renault« FR, »Renault« NC 1 und mittlere Panzer eigener Konstruktion (»89«).

Im Italienisch-Äthiopischen Krieg (1935–36) setzten die Italiener bis zu 350 Tanketten CV3/33 und CV3/35 ein, darunter auch Flammenwerfer-Versionen. Die Italiener hatten den Kleinpanzern den Vorzug gegeben, weil sie sich mit ihrer geringen Masse gut für den Seetransport eigneten, speziell für den Einsatz im Gebirge konstruiert worden waren (sie konnten Steigungen und Gefälle bis zu 45° überwinden) und die Äthiopier über keinerlei Panzerabwehrwaffen verfügten.

Im chinesischen Bürgerkrieg (1924–27 und 1927–37) hatten die Kuomintang-Truppen eine geringe Zahl von Panzern und Tanketten, die sie aber taktisch äußerst unzweckmäßig einsetzten (Kleinpanzer »Carden-Loyd« Mk. VI, Panzer »Renault« FT und Schwimmpanzer »Vickers-Carden-Loyd«).

Weitaus umfangreicher wurde Panzertechnik im spanischen Bürgerkrieg 1936–39 eingesetzt. Zunächst waren die wenigen Panzer, über die die spanische Armee verfügte (»Renault« FT und einige nach seinem Vorbild 1926 in Spanien gebaute leichte Panzer »Trubia«, Masse 8 t;

Bewaffnung: eine 37-mm-Kanone und ein Maschinengewehr; Panzerung bis 20 mm; Geschwindigkeit 30 km/h) größtenteils in die Hände der Putschisten gefallen. Hitlerdeutschland und das faschistische Italien sandten den Franco-Faschisten 200 Panzer P 1 und über 300 Kleinpanzer CV3/35 zu Hilfe. Als Antwort auf die Bitte der republikanischen Regierung stellte die UdSSR Panzer der Typen T-26 und BT-5 zur Verfügung und erlaubte ausgebildeten Panzersoldaten, als Freiwillige nach Spanien zu gehen. Insgesamt erhielten die Republikaner von der Sowjetunion 347 Panzer.

Die in Spanien gesammelten Erfahrungen beim Gefechtseinsatz von Panzern spielten eine wichtige Rolle bei der Entwicklung des sowjetischen Panzerbaus. Unter anderem konnte nachgewiesen werden, daß die sich stürmisch entwickelnde Panzerabwehrartillerie kleineren Kalibers zu einer großen Gefahr für Kampfwagen mit nur kugelfester Panzerung geworden war. In der UdSSR wurde daraufhin unverzüglich begonnen, Gefechtsfahrzeuge mit granatfester Panzerung zu schaffen. Seltsamerweise zogen weder die Deutschen noch die Italiener aus den spanischen Erfahrungen die nötigen Schlußfolgerungen: Noch Jahre später hatten ihre Panzer nur kugelsichere Panzerungen. Demgegenüber analysierten die Briten die Kampfhandlungen in Spanien gründlich und schenkten der rapiden Verstärkung des Panzerschutzes ihrer Infanteriepanzer große Aufmerksamkeit.

1937 fiel Japan in China ein. Der Japanisch-Chinesische Krieg begann. Die nationalchinesische Armee besaß bei Kriegsausbruch alles in allem 75 Panzer (»Vickers 6t«, Schwimmpanzer »Vickers-Carden-Loyd« und veraltete »Renault« FT), die sie aber auf Grund unzweckmäßiger Verwendung sehr schnell einbüßte.

Daraufhin wandte sich die chinesische Regierung mit der Bitte um Unterstützung an die Sowjetunion, die neben anderer Bewaffnung im Frühjahr 1938 82 Panzer T-26 nach China sandte. Mit Hilfe freiwilliger sowjetischer Instrukteure wurden die chinesischen Panzertruppenteile de facto neu geschaffen. Die Japaner hatten rund tausend Panzer gegen die Chinesen geworfen. Anfangs waren das hauptsächlich leichte Panzer »Te-ke« und »Ha-go«, später wurden mehr und mehr mittlere Panzer »Chi-ha« eingesetzt. Sie dienten vor allem dazu, die Infanterie in kleinen Gruppen zu begleiten sowie Aufklärungs- und Sicherungsaufgaben zu erfüllen. Ihre Erfolge waren vor allem dem Fehlen eines ernsthaften Gegners zuzuschreiben, der weder in Form von Panzern noch als Panzerabwehrartillerie der Chinesen existierte.

Ein ganz anderes Bild ergab sich beim Zusammentreffen mit den Panzern der Roten Armee während des von den Japanern provozierten Konflikts am Fluß Chalchin-Gol (28. Mai – 16. September 1939). In der abschließenden Etappe der Kämpfe hatten die Japaner frische Kräfte nachgezogen, darunter auch 182 Panzer. Die sowjetisch-mongolischen Truppen verfügten über 498 Panzer und 350 Panzerwagen. Das am 20. August beginnende Gefecht endete mit der völligen Zerschlagung der Japaner, wobei die Panzer eine große Rolle gespielt hatten.

Die am Chalchin-Gol gesammelten Kampferfahrungen bekräftigten nachdrücklichst die Notwendigkeit eines engen Zusammenwirkens der Panzer mit der Infanterie und der Artillerie. Gleichzeitig führten sie zur Herausbildung neuer Methoden gemeinsamer Gefechtshandlungen und erhöhter Anforderungen an das Zusammenwirken. Die sowjetische Panzertechnik erwies sich sowohl im Gefecht als auch auf langen Märschen als zuverlässig. Am Chalchin-Gol wurden Panzer vom Typ T-26 und BT-7 erstmalig massiert eingesetzt. Die japanischen Panzer – meistens Kampfwagen »Ha-go«, weniger »Chi-ha« – hielten im Kampf den sowjetischen Gefechtsfahrzeugen nicht stand.

Der spanische Bürgerkrieg und die Kampfhandlungen am Chalchin-Gol erbrachten damit einen wesentlichen Beitrag zur Vervollkommnung der Theorie des Gefechtseinsatzes von Panzern.

Während des ersten Weltkrieges hatten nur drei Großmächte (Großbritannien, Frankreich, Deutschland) Panzer eigener Konstruktion gebaut und auf den Schlachtfeldern eingesetzt. Italien und die USA stellten zwar eigene Kampfwagen her, schafften es aber nicht mehr, sie im Gefecht einzusetzen. 1921 stießen Schweden, 1925 die Tschechoslowakei, 1927 Japan, 1930 Polen und 1938 Ungarn zu den panzerproduzierenden Ländern. Deutschland begann 1934 erneut mit dem Bau von Panzern. So produzierten in den 20er und 30er Jahren insgesamt 11 Staaten, unter ihnen die Sowjetunion, Panzer.

Untersuchen wir zunächst einmal, welche Wege der Panzerbau zwischen den Weltkriegen in den verschiedenen Ländern beschritt.

Im Herbst 1919 faßte der Rat für Kriegsindustrie der RSFSR den Beschluß, mit der Produktion sowjetischer Panzer nach dem Vorbild des »Renault« FT zu beginnen. Die Wahl war nicht zufällig auf diesen Typ gefallen; unter den damaligen Verhältnissen stellte das die wohl zweckmäßigste Entscheidung dar. Einer der erbeuteten »Renault«-Kampfwagen wurde Ende 1919 in das Sormowo-Werk nach Nishni Nowgorod gebracht, wo er als Ausgangsmuster für die Produktion weiterer Fahrzeuge dienen sollte. Es war eine schwere Zeit damals: Die Fronten des Bürgerkrieges hielten die junge Sowjetmacht in tödlicher Umklammerung. Im Lande herrschten Hunger und Zerrüttung. Unter diesen unsäglich schweren Bedingungen sollte eines der kompliziertesten technischen Probleme gelöst werden – die Produktion von Panzern in Gang zu bringen. Die Projektierungs- und Konstruktionsarbeiten wurden unter Leitung des Ingenieurs N. I. Chruljow innerhalb von drei Monaten (Oktober bis Dezember 1919) bewältigt. Den Sormowoern halfen das Ishorsker Werk, das Teile der Panzerung fertigte, und das Werk AMO (heute Lichatschow-Werk). Das Sormowo-Werk produzierte das tragende Gerüst sowie das Laufwerk und baute den Kampfwagen zusammen. Die Arbeiten begannen im Februar 1920. Eine Vielzahl von Schwierigkeiten mußte überwunden werden, da niemand auf diesem Gebiet über entsprechende Erfahrungen verfügte. Weil es keine Spezialausrüstungen gab, mußten viele Teile von Hand hergestellt werden. Doch der Enthusiasmus der Arbeiter kannte keine Grenzen. Sieben Monate später, am 31. August 1920, machte der erste Panzer sowjetischer Produktion seine Probefahrt. W. I. Lenin, der sich persönlich für den Fortgang der Arbeiten interessierte, wurde regelmäßig vom Rat für Kriegsindustrie vom Stand der Dinge unterrichtet. Der erste Kampfwagen, der am 15. Dezember an die Rote Armee übergeben wurde, erhielt den Ehrennamen »Kämpfer für die Freiheit Genosse Lenin«. 1921 wurden weitere 14 Fahrzeuge dieses Typs gebaut.

Der »Russische Renault«, wie er damals genannt wurde (oder Panzer »M« bzw. »KS« – Krasnoje Sormowo), unterschied sich vom französischen Ausgangsmuster durch einen anderen Motor, die Form des Turmes sowie bei den zuletzt gebauten Exemplaren durch die kombinierte Kanonen-Maschinengewehr-Bewaffnung. Wegen der ökonomischen Schwierigkeiten jener Jahre konnte eine Serienproduktion dieser Kampfwagen jedoch nicht verwirklicht werden.

Ende der 20er, Anfang der 30er Jahre schufen sowjetische Konstrukteure mehrere Versuchsmodelle leichter und mittlerer Panzer. Erster serienmäßig gefertigter sowjetischer Panzer war der 1927 entwickelte und von Ende 1928 bis 1931 gebaute MS-1 (MS = russische Abkürzung für »Kleiner Begleitpanzer«). Die Kampfwagen vom Typ MS-1 befanden sich einige Jahre in der Ausrüstung der Roten Armee. Zum Gefechtseinsatz gelangten sie nur ein einziges Mal, und das auch nur in geringer Anzahl. Das war am 20. November 1929 während einer Operation von Truppenteilen der Besonderen Fernostarmee zur Liquidierung weißmandschurischer Truppen, die im Verlaufe des von den chinesischen Militaristen provozierten Konflikts an der Ostchinesischen Eisenbahn versucht hatten, auf sowjetisches Territorium vorzudringen. Nach-

dem sie den Gegner in einer Reihe von Gefechten zurückgeworfen hatten, gingen die sowjetischen Truppen zum Angriff über und schlossen im Raum der Bahnstation Mandschurija starke Kräfte der Weißchinesen ein. Es wurde Befehl gegeben, den Gegner, der sich nicht ergeben wollte, zu vernichten. An einem frostigen Morgen, als ein starker Schneesturm tobte, griffen unsere Rotarmisten die gut befestigten Stellungen der Weißchinesen an. Erteilen wir einem Augenzeugen jener Geschehnisse, dem Kommandeur einer unserer angreifenden Einheiten, das Wort.

»Bei der Einnahme der ersten befestigten Höhen leistete der Gegner starken Widerstand. Drei unserer Batterien hatten die Höhen, gegen die wir vorrückten, unter Feuer genommen. Doch das Artilleriefeuer brachte die Weißchinesen nicht aus der Fassung, sie schossen emsig zurück. Wie sich später herausstellte, hatte die Tapferkeit der chinesischen Soldaten ihren Ursprung in der Versicherung ihrer Offiziere, die Roten würden jeden Gefangenen viehisch umbringen. Unser Regiment kämpfte schon fast drei Stunden um die ersten Befestigungen. Plötzlich vernahmen wir hinter uns starkes Motorengedröhn. Unmittelbar neben uns wälzten sich einige Panzer vorbei und gingen zum Angriff über. Als die Kämpfer sahen, daß die Panzer auf die Bunker der Weißchinesen zurollten, stürmten sie vor. Die Bunker wurden eingenommen. Die roten Panzer hatten den Weißchinesen jede Lust genommen, weiter Widerstand zu leisten. Im Gefecht war eine Wende eingetreten. Jetzt hatten es unsere Kämpfer leichter. Der Gegner stellte bald seinen Widerstand ganz ein und begann, sich zu ergeben.«

So hatte eine einzige Panzerkompanie mit insgesamt neun Panzern MS-1 den Truppenteilen der Besonderen Fernostarmee wesentlich geholfen, die zahlenmäßig zweifach überlegenen Kräfte der Weißchinesen zu zerschlagen. Natürlich war in diesem Falle der moralische Faktor von ausschlaggebender Bedeutung gewesen. Die weißchinesischen Soldaten hatten offenkundig noch nie etwas im Leben von Panzern gehört, geschweige denn ein solches bewaffnetes Gefechtsfahrzeug jemals vorher zu Gesicht bekommen.

Die Panzer MS-1 waren ab 1929 an die Truppen ausgeliefert worden. Bei ihnen waren viele konstruktive Lösungen des »Renault« FT beibehalten worden. Allerdings hatten sie ein anderes Laufwerk erhalten. Dank der kompakteren Unterbringung der Aggregate sowie der Anordnung des luftgekühlten Motors in einem Block mit dem Getriebe quer zur Fahrtrichtung war es gelungen, die Abmessungen und die Gesamtmasse des Kampfwagens zu verringern.

Kanone und Maschinengewehr waren in dem sechseckigen Turm unter einem bestimmten Winkel zueinander eingebaut und konnten deshalb nicht gleichzeitig auf ein und dasselbe Ziel gerichtet werden. 1930 begann man, den Panzer mit einem neuen Turm auszurüsten, der zum besseren Gewichtsausgleich und zur Unterbringung der Munition eine Hecknische erhalten hatte.

Der Panzer hatte Laufrollen mit Gummibandagen (erstmalig bei einem Serienpanzer), ein einfaches Differential als Lenkgetriebe sowie Seitenvorgelege mit innerem Eingriff der Zahnräder.

1929 wurde die Konstruktion des Fahrzeugs verbessert (MS-2), 1930 das Laufwerk modernisiert (MS-3). Die Gefechtsmasse des MS, Baujahr 1930, betrug 5,9 t. Die Besatzung bestand aus zwei Mann. Bewaffnet war der Kampfwagen mit einem 37-mm-Geschütz und einem Maschinengewehr. Die Panzerung erreichte eine Stärke von 14 mm. Ein Motor mit rund 30 kW (40 PS) Leistung verlieh ihm eine Geschwindigkeit von 16 km/h.

Ende der 20er Jahre schufen die sowjetischen Konstrukteure, die mittlerweile nicht wenig Erfahrungen gesammelt hatten, mehrere Versuchsmuster von Kleinstpanzern (Tanketten). Zu jener Zeit war man der Ansicht, die Rote Armee benötige ein leichtes, gepanzertes Mehrzweckfahrzeug zur Lösung von Aufklärungs-, Sicherungs- und Verbindungsaufgaben sowie zur Begleitung von Panzertruppenteilen.

Das Hauptkonstruktionsbüro des Geschütz- und Arsenaltrusts entwarf die einsitzige Tankette T-17 (Liliput). 1927 wurde ein Leningrader Werk mit ihrer Produktion beauftragt. Die Tankette war in zwei Bewaffnungsvarianten – mit Kanone oder mit Maschinengewehr – konzipiert worden. Speziell für sie hatte man einen luftgekühlten Motor, eine Kraftübertragung und Gummi-Metall-Ketten entwickelt. Die ersten der 2,4 t schweren Fahrzeuge waren mit einem Maschinengewehr bewaffnet. Die Besatzung bestand aus einem Mann. Der Motor leistete 13 kW (18 PS). Damit konnte eine Geschwindigkeit von 16 km/h erreicht werden.

Wenig später wurde auf der Basis des Panzers MS-1 als dessen »abgemagerte« Variante die zweisitzige Tankette T-23 entwickelt. Sie verfügte über keine ständige Bewaffnung und konnte sowohl als Maschinengewehr-Trägerfahrzeug als auch als Schützenpanzerwagen verwendet werden.

1929 bis 1931 wurden einige T-17 und T-23 gebaut. Diese Typen gingen aber nicht in Serienproduktion.

Die Arbeit der sowjetischen Konstrukteure Ende der 20er/Anfang der 30er Jahre schätzte der Hauptmarschall der Panzertruppen, P. A. Rotmistrow, wie folgt ein.

»Aber die Konstrukteure jener Fahrzeuge, wahre Enthusiasten ihrer Sache, die sich die wärmsten Dankesworte verdient haben, konnten die Aufgaben, die vor unserer Heimat zur Umrüstung der Roten Armee in Übereinstimmung mit den Erfordernissen eines zukünftigen Krieges standen, nicht lösen. Die Entwicklung von Panzern – Projektierung, Bau von Versuchsmustern, deren Erprobung und Serienreifmachung, das Ingangbringen der Serienproduktion – erfordert viel Zeit.

Um ausgereifte Gefechtsfahrzeuge in möglichst kurzer Zeit zu schaffen, wurden die technischen Errungenschaften im In- und Ausland studiert.«

1929 und 1930 wurden Muster ausländischer Panzertechnik angekauft: die britische Tankette »Carden-Loyd«, der leichte Panzer »Vickers 6t« sowie der amerikanische Rad-Ketten-Panzer »Christie«.

1931 begann die sowjetische Industrie, leichte Panzer T-26 und BT-2 sowie die Tankette T-27 herzustellen. Anfänglich wurden der Tankette besondere Erfolgsaussichten zugestanden, da sie einfach und billig war und damit beste Voraussetzungen für eine Massenproduktion bot. Doch wegen ihrer taktischen und technischen Unzulänglichkeiten wurde die Entwicklung kleiner Schwimmpanzer, deren Bewaffnung in einem Drehturm untergebracht war, aufgenommen. 1933 gelangte der T-37, 1936 der T-38 in die Ausrüstung der Roten Armee. 1940 entstand der T-40, mit dem die Vorkriegsentwicklung schwimmfähiger Gefechtsfahrzeuge in der Sowjetunion endete.

In der hier beschriebenen Periode wurde eine neue Bewaffnungsvariante der Panzer mit Flammenwerfern entwickelt und eingeführt. Bereits während des ersten Weltkrieges erwies sich der Flammenwerfer im Stellungskampf, bei der Vernichtung von Bunkern, Feuernestern, Deckungen usw. als zweckmäßige Waffe. Er war weder groß noch sperrig und konnte deshalb leicht in Panzern installiert werden. Auf der Grundlage des zweitürmigen T-26 schufen sowjetische Konstrukteure 1933 den Flammenwerferpanzer OT-26. Dazu wurde der linke Turm entfernt und im rechten Turm ein Flammenwerfer eingebaut, wobei das Maschinengewehr beibehalten wurde. Im linken Teil der Wanne wurde ein 360 Liter fassender Behälter für das Brandgemisch des Flammenwerfers untergebracht. Ab 1938 diente die eintürmige Variante des T-26 als Basis für den Flammenwerferpanzer OT-130, bei dem an Stelle der Kanone im Turm ein Flammenwerfer eingebaut wurde. Das Maschinengewehr verblieb. Dieses Fahrzeug führte 400 Liter Brandgemisch (Masut mit Kerosin) an Bord. Der Flammenstrahl konnte bis zu 50 m weit geschleudert werden (beim OT-26 nur 35 m). Die Besatzung beider Fahrzeuge bestand aus zwei Mann. Die übrigen Leistungsdaten entsprachen denen der Basisfahrzeuge.

1940 wurde auch der Panzer BT-7 mit einem Flammenwerfer bestückt, der seinen Platz rechts auf dem Wannenoberteil erhielt. Dadurch konnte die ursprüngliche Bewaffnung beibehalten werden. Je zwei 85-l-Behälter für das Brandgemisch waren auf der Kettenabdeckung befestigt. Da man nicht auf die Hauptbewaffnung verzichtet und auch deren Kampfsatz (die Anzahl der mitgeführten Granaten) nicht verringert hatte, konnten keine größeren Vorräte an Brandgemisch mitgeführt werden.

Auch der Versuchspanzer T-46-1 verfügte über einen Flammenwerfer.

Erstmalig waren Flammenwerferpanzer von den Italienern 1936 im Krieg gegen Äthiopien eingesetzt worden. Die Italiener hatten einen Teil ihrer Tanketten CV3/33 und CV3/35 in Flammenwerfer-Fahrzeuge umgebaut. Der pneumatisch arbeitende Flammenwerfer mit einer Reichweite von 60 m war an Stelle des Maschinengewehrs in die Bugpanzerplatte eingebaut worden. Das Brandgemisch befand sich entweder in einem Behälter im Fahrzeugheck oder in einem gepanzerten Anhänger. War letzteres der Fall, konnte bedeutend mehr Gemisch mitgeführt werden.

In den 30er Jahren waren in der Roten Armee die leichten Infanteriebegleitpanzer T-26 und die Rad-Ketten-Panzer BT am zahlreichsten vertreten. Die BT bildeten die Grundlage unserer mechanisierten und Panzerverbände. Sie zeichneten sich durch hohe taktisch-technische Parameter aus. Dagegen wurden die mittleren Panzer T-28 und die schweren T-35 nur in begrenzter Stückzahl gebaut. Zusammen mit dem britischen A9 waren das die einzigen mehrtürmigen Panzer der Welt, die in die Serienproduktion übergeführt worden waren. Die T-35 wurden von 1933 bis 1939 gebaut. Die 50 t schweren Kampfwagen waren mit einer 76-mm- und zwei 45-mm-Kanonen sowie fünf Maschinengewehren bewaffnet. Zur Bedienung der in fünf Türmen untergebrachten Bewaffnung war eine elfköpfige Besatzung erforderlich. Die Stärke der Panzerung belief sich auf 30 mm. Der 370 kW (500 PS) leistende Motor ermöglichte Geschwindigkeiten bis zu 30 km/h.

Am 22. Juni 1941, dem Tag des Überfalls Hitlerdeutschlands auf die Sowjetunion, befanden sich, ausgenommen die MS-1, noch alle der hier vorgestellten Panzer in der Ausrüstung der Roten Armee. Diese Kampfwagen hatten eine für die damalige Zeit starke Bewaffnung, doch war ihre Panzerung nur kugelsicher. Mit ihren Gefechtseigenschaften übertrafen sie viele der in den 30er Jahren entwickelten Panzer kapitalistischer Großmächte, waren allerdings 1941 bereits veraltet.

In den 30er Jahren wurde in der UdSSR der Versuch unternommen, Selbstfahrlafetten zu entwickeln. 1932/33 entstand die erste Versuchs-SFL SU-1, die mit einem 76-mm-Geschütz bestückt war. Ab 1934 wurde der sogenannte kleine Triplex – eine SFL-Familie auf dem einheitlichen Fahrgestell eines leichten Panzers – entwickelt. Er bestand aus den Selbstfahrlafetten SU-5-1 mit einer 76-mm-Kanone, SU-5-2 mit einer 122-mm-Haubitze und SU-5-3 mit einem 152-mm-Mörser. Das Trägerfahrzeug wurde aus dem Panzer T-26 abgeleitet.

Ebenfalls auf dem verstärkten Fahrgestell des T-26 (das Laufwerk hatte man um eine Laufrolle verlängert) entstand das Versuchsmuster der Fliegerabwehr-Selbstfahrlafette (Fla-SFL) SU-6 mit einer 76-mm-Fliegerabwehrkanone.

1935 kam die Selbstfahrlafette AT-1 mit einem 76-mm-Geschütz hinzu. Aus dem Fahrgestell des T-26 wurden der Schützenpanzerwagen TR-4 und der Brückenlegepanzer ST-26 mit einer sieben Meter langen verschiebbaren Brücke, die mit 14 t belastet werden konnte, abgeleitet. Auf der Basis der Panzer T-28 und T-35 wurde die Selbstfahrlafette SU-14 entwickelt, deren Bewaffnung aus einer 203-mm-Haubitze bestand.

In der Roten Armee liefen auch Versuche zur Unterwasserfahrt mit Panzern. So konnten die Kampfwagen T-26 und BT mit einer Spezialausrüstung Wasserhindernisse bis zu einer Tiefe von 4 bis 5 m in Unterwasserfahrt (UF) überwinden.

Es gab auch Minenräumpanzer (ohne Kanone) mit zurüstbaren Messer- oder Kettenräumgeräten. Die Geschwindigkeit dieser Pionierfahrzeuge beim Minenräumen lag bei 5 bis 6 km/h.

1938 wurde der erste Panzer mit granatsicherer Panzerung, der T-111, gebaut. Die Konstrukteure stießen dabei auf früher nicht gekannte technologische Schwierigkeiten: die Herstellung dicker Panzerteile, ihre Befestigung am Fahrzeug, die Fertigung der Türme. Niet- und Schraubenverbindungen waren in dieser Situation logischerweise undiskutabel. Folglich mußten Verfahren zum Verschweißen starker Panzerplatten oder zum Gießen der Hauptteile von Wanne und Turm entwickelt werden.

1938 entstanden zwei Versuchsmuster schwerer zweitürmiger Panzer (SMK und T-100). Sie erwiesen sich aber als zu schwer und in der Herstellung als äußerst kompliziert. Das machte deutlich, daß vollwertige mittlere und schwere Kampfwagen mit starker Panzerung und mächtiger Bewaffnung nur eintürmig sein können. Als in Europa der zweite Weltkrieg ausbrach, hatten sowjetische Konstrukteure den ersten mittleren und den ersten schweren Panzer der Welt mit granatfester Panzerung und starker Bewaffnung, den T-34 und den KW, geschaffen.

**Sowjetischer leichter Panzer
»Kämpfer für die Freiheit Genosse Lenin«**

Gefechtsmasse		7 t
Besatzung		2 Mann
Bewaffnung		1 37-mm-Geschütz oder
		1 MG
Kampfsatz		250 Granaten
Panzerung	Wannenbug	16 mm
	Bordwände	8 mm
	Turm	22 mm
Motorleistung		25 kW (34 PS)
Höchstgeschwindigkeit		8,5 km/h
Fahrbereich auf Straße		60 km

Was aber tat sich in dem hier betrachteten Zeitraum in den kapitalistischen Ländern? Der erste leichte (später wurde auch er zu den mittleren gerechnet) britische Nachkriegspanzer Mk. I, der auch unter der Bezeichnung »Vickers 12t« bekannt wurde, gelangte 1923 in die Ausrüstung der Streitkräfte und war im Verlauf der nächsten zehn Jahre der einzige mittlere Kampfwagen der britischen Panzertruppen. Insgesamt wurden 170 Exemplare des Mk. I und seiner verbesserten Ausführung Mk. II produziert.

1929 entwickelte die Firma Vickers auf eigene Initiative und ohne einen Auftrag des Kriegsministeriums erhalten zu haben den Prototyp eines leichten Panzers, des »Vickers 6t«, der zu einem der bekanntesten Panzer der Welt werden sollte. Im selben Jahr wurde er in der britischen Armee, wo man ihn als potentiellen Nachfolger des mittleren Panzers Mk. II betrachtete, erprobt. Doch das Fahrzeug wurde nicht in die Ausrüstung der Armee übernommen, sondern nur für den Export gebaut, wobei er in vielen Ländern zum Vorbild für die Entwicklung eigener leichter Panzer diente.

Wegen der hohen Fertigungskosten fand auch der vieltürmige Panzer »Vickers Independent« (A1 E1), der gleichfalls zum Ausgangsmuster für den Bau ähnlicher Kampfwagen im Ausland wurde, keine Aufnahme in die Bewaffnung der britischen Armee.

Eine typische Frucht der Idee von der Schaffung vollständig mechanisierter Armeen war die Tankette, ein kleines, schwach gepanzertes Gefechtsfahrzeug für ein bis zwei Mann. In den Jahren der Wirtschaftskrise schien dieses billige und in der Herstellung einfache Fahrzeug die Ansprüche der westlichen Theoretiker des mechanisierten Krieges jener Zeit zu befriedigen und das Interesse auch vieler kleiner Länder zu wecken.

Einsatzgebiete der Tankette waren die Aufklärung, die Sicherung mechanisierter Truppenteile und die Begleitung der Kavallerie. Doch auch unter diesen Voraussetzungen wurde von der Tankette nicht nur Panzerschutz vor Gewehr- und MG-Feuer, sondern auch die Möglichkeit des effektiven Einsatzes der eigenen Bewaffnung verlangt. Das Fehlen eines Turmes war das Grundübel dieser konstruktiven Lösung, so daß man vom Bau der Tankette wieder Abstand nahm und dafür auf ihrer Basis leichte Aufklärungspanzer mit schwenkbaren Türmen produzierte. Auf diese Weise entstanden der leichte Panzer Mk. I (1929) und seine Modifikationen Mk.II und Mk. III (1932–33), von denen insgesamt rund 100 Stück hergestellt wurden. Diese billigen und zuverlässigen Fahrzeuge bildeten zusammen mit den mittleren Panzern Mk. I und Mk. II den Standardfahrzeugpark der britischen Streitkräfte bis weit in die Mitte der 30er Jahre.

Ende der 20er Jahre waren die britischen Theoretiker des Panzerkrieges, die auf den Einsatz der Kampfwagen im operativen Maßstab bestanden und die Schaffung eines sogenannten Kreuzerpanzers forderten, gezwungen, einer Kompromißlösung zuzustimmen, die ein System von zwei Fahrzeugarten vorsah: Kreuzer- und Infanteriepanzer. Auf letzterem beharrte der Stab der Landstreitkräfte, der einer vorsichtigeren Politik und den bereits erprobten Methoden des Einsatzes von Panzern den Vorzug gab. Doch auch für diese zwei Arten lief die Produktion nicht sofort an, weil die für den Panzerbau bereitgestellten Mittel doch recht bescheiden waren. Man war einfach der Meinung, in den nächsten zehn Jahren würde es in Europa sowieso nicht zum Kriege kommen. Erst nach dem Überfall Italiens auf Äthiopien nahm die Regierung Ihrer britischen Majestät die Gefahr eines »großen Krieges« zur Kenntnis.

1936 gelangten britische Militärs zu dem Schluß, alle bisher gebauten Panzer seien für einen zukünftigen Krieg ungeeignet. Diese betrübliche Einschätzung war das Ergebnis des überaus erfolgreichen Einsatzes der Panzerabwehrartillerie kleineren Kalibers gegen die im spanischen Bürgerkrieg verwendeten Panzer. Die Briten beschlossen, die Geschwindigkeit ihrer Kampfwagen zu erhöhen und deren Panzerung zu verstärken.

Im April 1936 entstand der Prototyp des Panzers A9 E1,

der als nicht gelungen charakterisiert wurde. Weil aber kein besserer Kampfwagen zur Verfügung stand, wurde er als Kreuzerpanzer Mk. I oder A9 in Kleinserie (125 Exemplare) gebaut.

1937 beschloß man, 170 Kreuzerpanzer A10 zu fertigen. Dieses Fahrzeug wurde seit 1934 von der Firma Vickers als Infanteriepanzer entwickelt, war aber wegen seiner zu schwachen Panzerung (30 mm) für diese Aufgabe nicht geeignet. Im Dezember 1939 lief die Produktion an.

Zur selben Zeit wurde auf Vorschlag der Generale Wavell und Martel, die 1935 bei den Manövern des Kiewer Militärbezirkes die sowjetischen BT-Panzer gesehen hatten, ein »Christie«-Panzer gekauft, der zum Prototyp für den Kreuzerpanzer A13 wurde, dessen Produktion aber erst nach Ausbruch des zweiten Weltkrieges begann.

Von den Infanteriepanzern überarbeitete man nur den A11. Aber nur wenige Kampfwagen dieses Typs konnte noch in den letzten Friedensmonaten 1939 gebaut werden. Seit 1937 hatte die britische Armee 792 leichte Panzer (Mk. IV aus der Entwicklungslinie des leichten Mk. I) sowie 130 neue Kreuzer- und Infanteriepanzer (A9, A10 und A11) erhalten. Mit diesen Kampfwagen trat Großbritannien in den zweiten Weltkrieg ein.

Der »Crusader« war der letzte britische Vorkriegs-Kreuzerpanzer. Seine Entwicklung wurde 1936 unter dem Einfluß der sowjetischen BT-Panzer aufgenommen. Die Briten faßten den Entschluß, dem amerikanischen Konstrukteur Christie seinen Panzer abzukaufen, was dann auch im November 1936 geschah. Nach seinem Vorbild bauten sie im Dezember 1938 den Kreuzerpanzer Mk. III mit einer 14 mm starken Panzerung. Nachdem die Panzerung auf 30 mm verstärkt worden war, ging der Kampfwagen als Kreuzerpanzer Mk. IV (A13) in die Serienproduktion. Bis 1941 verließen 665 Fahrzeuge dieses Typs, der zu den leichten Panzern gezählt wurde und auf die Unterstützung durch schwere Kampfwagen angewiesen war, die Werkhallen.

Im Sommer 1939 legte die Firma Nuffields das Projekt eines neuen Kreuzerpanzers, des schweren A15 mit einem »Liberty«-Motor, vor. Vorn auf der Wanne war ein separater Maschinengewehrturm installiert. Bei diesem Panzer waren die wichtigsten Aggregate der Motoranlage des Mk. IV übernommen und die Bugpanzerung auf 40 mm verstärkt worden. Unter der Bezeichnung Kreuzerpanzer Mk. VI oder A15 »Crusader« I wurde er 1940 in die Produktion übergeführt. Beim »Crusader« II erhöhte man die Stärke der Panzerung auf 50 mm. Nach den Gefechten in Frankreich entschloß man sich, die 40-mm-Kanone gegen eine des Kalibers 57 mm auszuwechseln. Da die neue Waffe aber noch nicht einsatzreif war, zog sich der Umbau bis

Mai 1942 hin (»Crusader« III). Diese letzte Modifikation wurde ohne den separaten Maschinengewehrturm ausgeliefert.

Der »Crusader« III hatte folgende taktisch-technische Parameter: Gefechtsmasse 19,7 t; Besatzung 3 Mann; Bewaffnung: eine 57-mm-Kanone und zwei Maschinengewehre; Panzerung: Wannenbug 52 mm, Bordwände 45 mm, Turm 52 mm; Höchstgeschwindigkeit 48 km/h.

Der »Crusader« war mit vielen Mängeln behaftet, die er vom A13 mitbekommen hatte. Wegen seiner pneumatischen Bremsleitungen war der Kampfwagen bei Ausfall des Kompressors bewegungsunfähig. Als unzureichend erwies sich auch das Kühlsystem des Motors, was sich besonders bei heißem Wetter bemerkbar machte. Auch die Bewaffnung war schwach. Zwar erfüllten die 40-mm- bzw. 57-mm-Kanone die in sie gesetzten Erwartungen als Panzerabwehrmittel, für die Bekämpfung anderer Ziele waren sie aber wenig effektiv. Trotzdem blieb der »Crusader« bis Ende 1941 der Standardkampfwagen der britischen Panzertruppen und diente später als Ausgangsmuster für die Entwicklung anderer, weitaus gelungenerer Modelle. Insgesamt wurden von 1940 bis 1943 4350 Exemplare produziert. Das Fahrgestell von weiteren 1373 »Crusader« diente als Basis für Spezialkonstruktionen (Fla-SFL mit 40-mm-Kanone oder 20-mm-Zwillingskanone, Berge- und Instandsetzungsfahrzeuge).

Ihre Feuertaufe erhielten die »Crusader« I im Juni 1941 in Ägypten, die »Crusader« II im Sommer 1942.

Mit Beendigung des ersten Weltkrieges verfügte die französische Armee über den größten Panzerpark der Welt. Allein von den »Renault«-Kampfwagen waren mehr als 3000 vorhanden. Anfang der 20er Jahre unternahm man den Versuch, sie zu modernisieren. So entstanden die schon erwähnten Modelle »Renault« NC 1 und NC 2, die jedoch nicht in die Ausrüstung der französischen Streitkräfte übernommen wurden, weil sie sich in ihren Gefechtseigenschaften nur wenig von ihren Vorgängern unterschieden. Bis 1935 fertigte Frankreich insgesamt nur 280 neue Panzer »Renault« D 1 und AMR 33.

Diese Situation änderte sich erst 1936, als die französische Regierung der von den Achsenmächten (Deutschland, Italien) ausgehenden Kriegsgefahr Rechnung trug und am 7. September einen Vierjahresplan zur Entwicklung der Streitkräfte aufstellte, der den Bau von 3500 Panzern vorsah.

Zu diesem Zeitpunkt hatte man einen bestimmten Vorlauf, da die Firmen Renault und Hotchkiss die leichten Panzer R 35 und H 35 zur Serienreife entwickelt hatten. Auch die Konstruktion des leichten Infanteriepanzers FCM, der mittleren Panzer D 2 und S 35 sowie des schweren Kampfwagens B 1 waren überarbeitet worden. So erging ein erster Auftrag über 500 R 35 und 400 H 35, der aber erst Ende 1938 realisiert war.

Als am 1. September 1939 der zweite Weltkrieg begann, verfügte die französische Armee über mehr als 2700 leichte, 300 mittlere und 172 schwere Panzer. Außerdem war noch eine Vielzahl alter »Renault« FT vorhanden. Bis zum Einfall der faschistischen Wehrmacht in Frankreich (am 10. Mai 1940) war die Gesamtzahl an Kampfwagen weiter gestiegen. Doch die französischen Panzertruppenteile und -verbände besaßen keinerlei Erfahrung im Masseneinsatz von Panzern und waren schlecht ausgebildet.

Am 10. Mai 1940 befanden sich 2691 R 35 und H 35, 100 FCM, 384 B 1, 416 S 35 sowie 213 D 1 und D 2 in der Ausrüstung der französischen Armee. Dazu kamen noch 864 leichte Aufklärungspanzer und 1560 »Renault« FT. In den Kampfeinheiten zählte man 2789 Panzer. Alle diese Kampfwagen wurden entweder in den Kämpfen zerstört oder von den deutschen Eindringlingen erbeutet.

In den USA wurden von dem gewaltigen Auftrag über 23000 Gefechtsfahrzeuge nach Abschluß des Waffenstillstandes am 11. November 1918 ganze 952 »amerikanische Renault« (nach französischem Muster) und 100 Mk. VIII ausgeliefert.

Das Nationale Verteidigungsgesetz von 1920 unterstellte die Panzertruppenteile der Infanterie, was zur Folge hatte, daß bis zum zweiten Weltkrieg nur Panzer zur Unterstützung der Infanterie entworfen wurden. Da für die Entwicklungsarbeiten nur relativ wenig Geld zur Verfügung stand, kam es dazu, daß die Amerikaner im Verlauf von 15 Jahren nicht einen einzigen serienreifen Panzer schufen (1920 bis 1935 stellten sie lediglich 31 Versuchsmuster her).

Eine gewisse Belebung erfuhr der amerikanische Panzerbau durch das vom Oberkommando der Landstreitkräfte 1932 angenommene Programm zur Mechanisierung der Armee. 1935 wurden die Prototypen des leichten Panzers T 2 und des »Gefechtsfahrzeuges« T 5 als M 2 A1 und M 1 standardisiert. 1938 konstruierte das Rock-Island-Arsenal den mittleren Panzer M 2, bei dem aus Gründen der Standardisierung viele Baugruppen des leichten Kampfwagens M 2 übernommen worden waren. Der Panzer war mit einer 37-mm-Kanone und sechs Maschinengewehren bewaffnet. Der leichte und der mittlere M 2 dienten als Prototypen für die Panzer der Kriegszeit – den M 3 »leicht« und M 3 »mittel«.

1940, als in Europa der Krieg bereits tobte, hatte die US Army weder Panzertruppen noch eine ausreichende Anzahl Panzer in ihrem Bestand. Insgesamt waren nur rund 300 leichte und 20 mittlere Kampfwagen vorhanden.

Die japanischen Streitkräfte hatten 1918 einige britische Mk. V, drei Jahre später mittlere Mk. A und französische »Renault« FT (japanische Bezeichnung »Ko«) erhalten.

1927 begann man in Japan mit der Entwicklung eigener Konstruktionen, nachdem gekaufte britische »Vickers« D, Tanketten »Carden-Loyd« und französische »Renault« NC 1 (letztere befanden sich unter der Bezeichnung »Otzu« bis 1940 in der Ausrüstung) eingehend studiert worden waren. Auf der Grundlage der gewonnenen Erkenntnisse wurden Tanketten und leichte Panzer entworfen. Von 1931 bis 1936 baute man den mittleren Panzer Modell 89, der mit einem luftgekühlten Dieselmotor ausgestattet war, in Kleinserie. Der erste in großer Stückzahl gefertigte japanische Panzer (eigentlich eine Tankette) Modell 94 (1934) war eine originelle Konstruktion, wenn er auch Spuren ausländischen Einflusses nicht verleugnen konnte und noch mit einem Benzinmotor ausgestattet war. Die 1937 produzierte Tankette Modell 97 wurde mit einem Dieselmotor ausgerüstet und mit einer 37-mm-Kanone bewaffnet.

Bis 1937 bauten die Japaner mehr als 1000 Tanketten. Die weitere Entwicklung dieser Fahrzeugklasse wurde wegen ihrer bescheidenen Gefechtseigenschaften eingestellt, obwohl die Tanketten gerade in Japan zur höchsten Blüte gelangten. Die japanischen Konstrukteure stellten sich vollständig auf die Entwicklung leichter und mittlerer Panzer um.

1935 entstand der meistgebaute und bekannteste japanische leichte Panzer »Ha-go«, 1937 der mittlere »Chi-ha«, wovon der letztere bis zum Ende des zweiten Weltkrieges der japanische Standardpanzer blieb.

Der japanische Panzerbau der 20er und 30er Jahre war durch das sorgfältige Studium ausländischer Erfahrungen, das relativ lange Festhalten an der Fertigung von Tanketten, die mißlungenen Versuche zur Entwicklung eines schweren Panzers und, gegen Ende dieser Periode, durch die Konzentration der Anstrengungen auf die Schaffung leichter und mittlerer Kampfwagen charakterisiert. Dabei müssen die Bemühungen, die Panzer mit einem Dieselmotor auszurüsten, besonders erwähnt werden. Dazu wurde eine ganze Motorenfamilie mit 6-, 8- und 12-Zylindermotoren gleicher Abmessungen der Zylinder- und Kolbengruppe entwickelt. In der Verwendung von Dieselmotoren war der japanische Panzerbau dem britischen, deutschen und amerikanischen weit voraus.

Die japanischen Kampfwagen waren nur relativ leicht gepanzert und schwach bewaffnet; ihre Beweglichkeit war zufriedenstellend, ihre Mechanik hingegen unzuverlässig. Weiter fehlten ihnen gute Beobachtungs- und Nachrichtengeräte.

Aus taktischer Sicht betrachtete man sie ausschließlich als Mittel zur Unterstützung der Infanterie und faßte sie nur in kleinen Einheiten zusammen.

Von 1931 bis 1939 produzierte die japanische Industrie 2020 Panzer. Es wurden insgesamt 16 Modelle von Kampfwagen entwickelt und sieben davon in die Serienproduktion übergeführt.

Italien setzte als erstes Land gepanzerte Automobile im Gefecht ein (Italienisch-Türkischer Krieg 1912). Ende des ersten Weltkrieges begann Italien seinen Panzerbau zu entwickeln. Gleichzeitig wurden in Frankreich 100 »Renault«- und 20 »Schneider«-Panzer gekauft.

Die Italiener hatten sich entschlossen, eine Variante des französischen »Renault« nachzubauen. 1923 fertigten sie 100 Kampfwagen des Typs »Renault« als »Fiat« 3000A. Ihnen folgte eine Serie »Fiat« 3000B mit einer 37-mm-Kanone an Stelle des Zwillingsmaschinengewehrs. Diese Panzer verblieben bis zu Beginn des zweiten Weltkrieges in der Bewaffnung.

1929 entstand nach dem Vorbild des »Carden-Loyd« die Tankette CV29 (25 Fahrzeuge), später folgten ihre verbesserten Varianten CV3/33 und CV3/35. In diese Zeit fallen auch Versuche zum Einbau eines Dieselmotors in die Panzer. 1939 lief die Serienproduktion von Kampfwagen mit Dieselmotor (M11/39) an. In der Zeit zwischen den Weltkriegen wurden in Italien fast ausnahmslos Tanketten gebaut.

Die Armee Polens verfügte 1919/20 über 120 Panzer. Damit nahm sie nach Großbritannien, Frankreich und den USA den vierten Platz in der Welt ein. Es handelte sich dabei hauptsächlich um französische »Renault« FT und britische Mk. V, die auch 1920 in den Kampfhandlungen gegen die Rote Armee eingesetzt wurden.

Ende der 20er Jahre wurden in Polen einige im Ausland gekaufte (tschechoslowakische, französische und britische) Panzer erprobt und vergebliche Versuche zur Schaffung eines Rad-Ketten-Panzers unternommen. 1930 begann die Produktion von Tanketten des Typs TK und später ihrer verbesserten Ausführung TKS auf der Grundlage einer von Großbritannien erworbenen Lizenz zum Bau von »Carden-Loyd«-Tanketten. 1934 wurden nach dem Muster des »Vickers 6t« leichte Panzer 7TP, zunächst mit zwei Maschinengewehrtürmen, danach mit einem kanonenbestückten Turm, gefertigt.

Die zweisitzige Tankette TKS hatte eine vollständig gepanzerte Wanne und eine Gefechtsmasse von 2,6 t, erreichte eine Geschwindigkeit von 40 km/h und war mit einem Maschinengewehr bewaffnet. Der eintürmige Panzer 7TP erreichte bei einer Gefechtsmasse von 9,9 t eine Geschwindigkeit von 37 km/h. Die Bewaffnung bestand aus einer 37-mm-Kanone und einem Maschinengewehr; die

Panzerung war bis zu 17 mm stark. Er war als erster Panzer der Welt serienmäßig mit einem Dieselmotor ausgestattet. Hinsichtlich seiner Bewaffnung und Panzerung war er den 1939 in großer Stückzahl gebauten deutschen Panzern P I und P II überlegen, erreichte aber nicht deren Geschwindigkeit.

Am 1. September 1939 befanden sich 887 Panzer und Tanketten in der Ausrüstung der polnischen Armee, unter anderem 53 R 35, 67 »Renault« FT, 50 »Vickers 6t«, 169 7TP. Die übrigen waren Tanketten TK und TKS.

Da die Tschechoslowakei über einen hochentwickelten Schwermaschinenbau verfügte, war es nicht weiter verwunderlich, daß sie 1939 einen der besten Panzer jener Zeit hervorbrachte.

Von 1925 bis 1926 entwickelte der deutsche Konstrukteur Vollmer, bekannt durch seinen Panzer A7V aus dem ersten Weltkrieg, in der Tschechoslowakei eine Serie von experimentellen Rad-Ketten-Fahrzeugen. Die weltweit in Mode gekommenen Tanketten machten auch um die Tschechoslowakei keinen Bogen. Das Verteidigungsministerium beauftragte 1929 die Firma ČKD, mit dem britischen Vickers-Armstrong-Konzern einen Vertrag über den Lizenzbau der Tankette »Carden-Loyd« abzuschließen. Beide Firmen kamen überein, eine verbesserte Ausführung der Tankette zu entwickeln, wobei die aus diesem Wettbewerb als Sieger hervorgehende Konstruktion in den Werken beider Vertragspartner gebaut werden sollte. Dazu kam es dann aber nicht. Wie dem auch sei, ČKD entwarf sein Modell einer Tankette, von dem das Verteidigungsministerium 1933 70 Exemplare bestellte. Hier muß darauf verwiesen werden, daß sich die leistungsfähige tschechische Industrie mehr auf den Export von Waffen orientierte, da der Bedarf der nicht sehr großen tschechoslowakischen Armee von dem ständigen Mangel an Finanzmitteln bestimmt wurde.

Nach gründlicher Überarbeitung entstanden 1933 der leichte turmlose Panzer »Škoda« Š-1d (für Jugoslawien) und der »Adamow« AH43 mit Bewaffnung im Turm (für die eigene Armee).

Die Firma ČKD stellte 1934 den Panzer LT-34, eine Weiterentwicklung der Tanketten, her. Der Turm des 6,8 t schweren LT-34 war mit einer 37-mm-Kanone und einem mit ihr gekoppelten Maschinengewehr bestückt. Ein zweites Maschinengewehr hatte seinen Platz im Wannenbug gefunden. Der mit einer kugelsicheren Panzerung versehene Kampfwagen wurde in die Ausrüstung der tschechoslowakischen Armee aufgenommen.

Nachdem sie ausreichende Erfahrungen gesammelt hatten, schufen tschechische Konstrukteure 1935 zwei Panzer, die weltweit bekannt wurden.

Die Firma Škoda stellte den Panzer LT-35 (Š-IIa) her, mit dem die tschechoslowakische Armee ausgerüstet und der auch ins Ausland verkauft wurde (Rumänien erhielt eine Lieferung von 126 Kampfwagen). Bei ČKD fertigte man weiterhin die Panzer LTH und LTP, die Abnehmer in vielen Ländern fanden (Iran, Litauen, Peru, Schweiz u. a.), sowie später den Panzer TNHP (Armeebezeichnung: LT-38), der als bester tschechoslowakischer und als einer der gelungensten Kampfwagen der 30er Jahre galt. Unter anderem kaufte auch Schweden diesen Panzer und baute ihn unter der Typenbezeichnung M/41. Die tschechoslowakische Armee hatte 150 TNHP bestellt. Bis zur Okkupation der Tschechoslowakei durch Hitlerdeutschland (März 1939) waren auch einige Prototypen mittlerer Panzer hergestellt worden. Einer von ihnen, der »Škoda« T-21, wurde später in Ungarn als »Turan« produziert.

Zum Zeitpunkt der Okkupation ihres Landes besaß die tschechoslowakische Armee 418 Panzer und Panzerwagen, darunter 70 Tanketten Modell 1933, 50 LT-34, 298 LT-35. Den Deutschen fielen 469 gepanzerte Fahrzeuge (einschließlich der noch nicht an die Armee ausgelieferten) in die Hände.

Laut Versailler Vertrag von 1919 war es Deutschland nicht erlaubt, Panzertruppen zu besitzen und gepanzerte Fahrzeuge zu entwickeln. Doch unter Verletzung des Vertrages begann man bereits Ende der 20er Jahre, heimlich Panzer zu konstruieren. Mit dem Machtantritt Hitlers im Januar 1933 wurden alle Deutschland auferlegten Beschränkungen vom Tisch gefegt, und in großer Eile wurde mit dem Aufbau einer Massenarmee begonnen, in der den Panzern eine besondere Rolle zugedacht war.

Erster in Großserie gebauter deutscher Panzer war der leichte P I, der 1934 in die Truppe gelangte. 1936 begann die Produktion des leichten Panzers P II. Beide Kampfwagen wurden im spanischen Bürgerkrieg (1936–39), den die deutschen Faschisten als Testfeld für ihre Kampftechnik nutzten, eingehend erprobt.

Dagegen verzögerte sich die Produktion mittlerer Panzer, weil man sich nicht auf die taktisch-technischen Parameter einigen konnte, obwohl einige Firmen bereits 1934 mit den Konstruktionsarbeiten für einen mit einer 75-mm-Kanone bewaffneten mittleren Panzer begonnen hatten. Der Theoretiker und »Begründer« der Panzertruppen der Hitler-Wehrmacht, General Guderian, entwickelte in diesen Jahren seine Auffassung, daß eine Panzerdivision in ihrem Bestand zwei Typen von Panzern haben müsse: einen mittleren Standardpanzer mit einer 37-mm-Kanone (diese Rolle übernahm der P III) und einen Kampfunterstützungspanzer mit einer 75-mm-Kurzrohrkanone (P IV). Letzterer sollte zahlenmäßig etwa ein Viertel des Parkes der Panzertruppen ausmachen. Die Kleinserienproduktion der P III und P IV lief 1936 bzw. 1937 an. Diesen Panzern, die erst nach Ausbruch des zweiten Weltkrieges in großen Stückzahlen gefertigt wurden, wenden wir uns zweckmäßigerweise im nächsten Kapitel zu. Am 1. September 1939 bestand der gesamte Panzerpark Deutschlands (Kampf- und Lehreinheiten sowie Lager eingeschlossen) aus 3195 Kampfwagen, darunter befanden sich 1145 P I, 1223 P II, 98 P III und 211 P IV.

Dementsprechend verfügten die Panzertruppen der Wehrmacht hauptsächlich über leichte Kampfwagen; die mittleren machten weniger als 10 % des Gesamtbestandes aus. Schwere Panzer waren überhaupt nicht vorhanden. Die hin und wieder in der Literatur angeführten »schweren« Kampfwagen von Rheinmetall waren nur Bluff. Vor allem waren es keine schweren Panzer, da sie nur 24 t auf die Waage brachten. Von 1933 bis 1935 hatten einige deutsche Rüstungsfirmen, unter ihnen Krupp und Rheinmetall, den Auftrag erhalten, einen mehrtürmigen Panzer zu entwickeln. Insgesamt baute man fünf Versuchsfahrzeuge (davon drei mit einer Außenhaut aus ungehärtetem Weichstahl), die nie an Kampfhandlungen teilnahmen und es auch gar nicht sollten, denn sie dienten ausschließlich Propagandazwecken. Drei dieser Fahrzeuge wurden im Frühjahr 1940 nach Norwegen geschafft, um die Bevölkerung einzuschüchtern. Dort verblieben sie auch.

Im Friedensvertrag von Trianon (Schloßensemble im Park von Versailles) hatten die Siegermächte des ersten Weltkrieges 1919 Ungarn das Verbot auferlegt, Panzertechnik zu besitzen oder herzustellen. Im Zuge der Annäherung des Horthy-Regimes an Hitlerdeutschland ging man daran, dieses Verbot zu unterlaufen und die ungarische Armee mit Panzerfahrzeugen auszurüsten. So kaufte die ungarische Regierung 1935 in Italien 90 Tanketten »Ansaldo« CV3/33. 1938 entschloß man sich, auf der Grundlage im Ausland erworbener Lizenzen selbst leichte und mittlere Panzer zu bauen. Als erstes kaufte man die Lizenz für den leichten schwedischen Panzer La-60B der Firma Landsverk. Auf seiner Basis produzierte die ungarische Industrie den leichten Panzer »Toldi« (1940 bis 1941) und die Fla-SFL »Nimrod« (1941 bis 1942).

Der leichte Panzer »Landsverk« La-60B war aus technischer Sicht einer der besten Kampfwagen seiner Zeit. Er verfügte über ein gut durchgebildetes Laufwerk mit einzeln aufgehängten Laufrollen, stark geneigte Panzerplatten sowie modernste optische Beobachtungs- und Feuerleitgeräte. Die Fertigung dieser Panzer wurde in Ungarn den Firmen GANZ und MAVAG übertragen. Dabei nahm man einige konstruktive Änderungen vor. So wurden eine 20-mm-Kanone und ein 8-mm-Fla-MG ungarischer Produktion eingebaut. Deutschland lieferte 114 kW (155 PS) starke »Ford«-Motoren und, allerdings mit einiger Verspätung, optische Geräte. Der Panzer erhielt die Bezeichnung 38M »Toldi«.

Ungenügende Erfahrungen und verspätete Lieferungen aus Deutschland verzögerten den Anlauf der Produktion. Erst im Mai 1940 konnten die ersten von 90 bestellten Kampfwagen an die ungarischen Truppen ausgeliefert werden.

Die »Toldi«-Panzer zeigten sich nicht von ihrer besten Seite. Eine Vielzahl von Defekten und konstruktiven Unzulänglichkeiten waren zu beseitigen. Nach hundert Fahrtkilometern fielen bereits Motoren und Elemente des Laufwerks aus. Ungeachtet dieser Mängel erging ein Auftrag über weitere 100 »Toldi«. Bei diesen Panzern (»Toldi« II) wurde die Stirn- und Turmpanzerung durch zusätzliche 20 mm starke Panzerplatten verstärkt. Dabei stieg die Gefechtsmasse von 8 auf 9,3 t an, die Geschwindigkeit verringerte sich von 50 auf 47 km/h. Die Panzer vom Typ »Toldi« wurden 1941–42 an der Ostfront eingesetzt, wo sie große Verluste erlitten. Die verbleibenden Fahrzeuge rüstete man 1943 auf eine 40-mm-Kanone um. Der »Toldi« konnte seinen Gefechtseigenschaften nach nur als Aufklärungspanzer verwendet werden. Für derartige Aufgaben verfügte er über einen ausreichenden Fahrbereich und eine genügend hohe Geschwindigkeit.

Sowjetischer leichter Panzer T-26

An jenen Oktobertagen des Jahres 1936 waren alle Einwohner der spanischen Hafenstadt Cartagena von einer ungewöhnlichen Gemütserregung ergriffen. Im Hafen war der Dampfer »Komsomol«, das erste sowjetische Schiff, das Kampftechnik für die republikanische Armee brachte, eingelaufen. Als dann begonnen wurde, Panzer zu entladen, hatte die ganze Stadt nur noch ein Gesprächsthema. Auf dem Weg zur Front rollten die Kampfwagen durch die Straßen der Stadt und wurden begeistert begrüßt: »Viva Rusia!« – »Es lebe Rußland!« – schallte es ihnen überall entgegen. Dazu war Grund genug vorhanden.

In den ersten Monaten des Bürgerkrieges in Spanien besaßen faktisch nur die Putschisten Panzer. Die Sowjetregierung schickte auf Bitten der republikanischen Regierung, getreu der Verpflichtung des proletarischen Internationalismus, Kampftechnik und freiwillige Instrukteure. Enrico Lister, einer der führenden Genossen der Kommunistischen Partei Spaniens und verdienstvoller Heerführer der republikanischen Armee, schrieb in seinen Erinnerungen: »... und ich bin deshalb in der Lage zu bezeugen, daß uns die Sowjetunion das Beste geschickt hatte, was sie selbst besaß. Die Gewehre waren die gleichen, mit denen die sowjetischen Soldaten zu Beginn des zweiten Weltkrieges kämpften. Das gilt ebenso für die Maschinengewehre wie für die Artillerie. Was die Panzer betraf, so schickte uns die Sowjetunion den Typ, der in der Sowjetunion zur Zeit unseres Krieges vorherrschte. Dieser Typ entsprach den Bedingungen Spaniens und war den von den deutschen und italienischen Faschisten eingesetzten Panzern überlegen.

Anfangs konnten die italienischen und die deutschen Panzer, mit Spezialisten aus diesen Ländern besetzt, von Sevilla bis an den Stadtrand von Madrid vordringen, ohne auf wirksamen Widerstand zu stoßen. Aber Mitte Oktober trafen in der republikanischen Zone 50 sowjetische Panzer und eine Gruppe sowjetischer Instrukteure ein. Die sowjetischen Genossen unterwiesen die spanischen Panzersoldaten in der Bedienung dieser Panzer und begleiteten sie in den Kampf. Und die spanischen Panzersoldaten bewiesen am 29. Oktober in Seseña und später bei der Verteidigung Madrids, daß sie den faschistischen Panzern und deren Besatzungen überlegen waren. Sie brachten den Faschisten empfindliche Niederlagen bei. Dort, bei der Verteidigung von Madrid, wurden die Panzerkräfte der neuen Armee geboren.«

Der sowjetische Panzermann S. Morgun, der als Freiwilliger in Spanien kämpfte, schrieb in seinen Erinnerungen, daß sich das Auftauchen der italienischen »Ansaldo« CV3/35 bei den Truppen der Putschisten auf die ungenügend ausgebildeten und schlecht bewaffneten Truppenteile der Republikaner »niederschmetternd auswirkte. Die Ankunft der sowjetischen T-26 änderte die Lage von Grund auf. Die ›Ansaldo‹ waren machtlos gegen unsere großartigen Panzerungen und gegen Kanonen, deren Granaten die Panzerung der faschistischen Kampfwagen durchschlugen. Es war daher nicht verwunderlich, daß wir bereits im ersten Gefecht die gegnerischen Kampfwagen in die Flucht schlugen.«

Der T-26, zusammen mit dem BT der Standardpanzer der Roten Armee in den 30er Jahren, konnte sich nicht nur in Spanien auszeichnen. Hier eine andere Episode. Ende August 1939 gingen die sowjetisch-mongolischen Truppen gegen die Formationen der japanischen Militaristen, die im Gebiet des Flusses Chalchin-Gol auf das Territorium der Mongolischen Volksrepublik vorgedrungen waren, zum Angriff über. Die Japaner hielten diesen Geländeabschnitt schon seit langem besetzt, hatten sich vorzüglich befestigt und getarnt. Die japanischen Soldaten, die in ihren tief eingegrabenen Stellungen erbitterten Widerstand leisteten, mußten im wahrsten Sinne des Wortes aus jedem Graben, aus jedem Unterstand herausgehauen werden; ein schwieriges Unterfangen, das neben viel Zeit auch entsprechende Opfer forderte. Daraufhin wurden gegen die sich verbissen verteidigenden Widerstandsknoten leichte Panzer T-26 eingesetzt. Ohne selbst einen einzigen Schuß abzugeben, rollten sie, das orkanartige MG- und Gewehrfeuer des Feindes nicht achtend, vorwärts. Erst als sie fast die feuer- und metallspeienden Schießscharten der Bunker erreicht hatten, lösten sich lange Flammenzungen mit dichtem schwarzem Qualm von den Türmen der Kampfwagen. Die brennende Flüssigkeit klatschte gegen die Schießscharten und drang durch alle Ritzen.

Sowjetischer leichter Panzer T-26

Gefechtsmasse		10,3 t
Besatzung		3 Mann
Bewaffnung		1 45-mm-Kanone
		1 MG
Kampfsatz		165 Granaten
		3654 Patronen
Panzerung	Wannenbug	15 mm
	Bordwände	15 mm
	Turm	15 mm
Motorleistung		67 kW (91 PS)
Höchstgeschwindigkeit		30 km/h
Fahrbereich auf Straße		200 km

Das gegnerische Feuer hörte schlagartig auf, die noch lebenden japanischen Soldaten suchten, völlig demoralisiert, ihr Heil in der•Flucht. Unsere Rotarmisten nahmen kampflos die gegnerischen Stellungen ein.

So verlief der Einsatz der Flammenwerfer-Panzer der 6. Panzerbrigade. Die Panzerkompanie, die F. Spechow kommandierte, vernichtete im Verlaufe nur eines Kampftages vier Geschütze, sechs Maschinengewehre und eine Vielzahl gegnerischer Soldaten.

An diesem »Brand«angriff hatten Panzer des Typs OT-130, der Flammenwerfer-Version des bekannten T-26, teilgenommen.

Seit 1930 hatten sowjetische Konstrukteure an der Entwicklung des neuen leichten Panzers T-26 gearbeitet. Am 13. Februar 1931 erteilte der Revolutionäre Kriegsrat der UdSSR den Befehl, den T-26 in die Bewaffnung einzuführen, ohne den Bau eines Prototyps abzuwarten. Im Herbst 1931 begann die Serienproduktion des T-26.

Im Unterschied zum britischen Modell gleicher Zweckbestimmung erhielt der sowjetische Kampfwagen eine stärkere Panzerung und einen Motor sowjetischer Fabrikation. Die erste Variante des T-26 war mit zwei Maschinengewehrtürmen ausgestattet. Dadurch konnte das Feuer gleichzeitig nach beiden Seiten geführt werden. Die zweitürmigen T-26 wurden bis August 1933 hergestellt, bis die 45-mm-Panzerkanone einsatzreif war. Das Modell 1933 erhielt einen zylindrischen Turm, der die Kanone und das mit ihr gekoppelte Maschinengewehr aufnahm. Mit Ausnahme einer geringfügigen Zunahme der Gefechtsmasse und der Fahrzeughöhe blieben alle anderen Parameter unverändert.

Die Panzer des Baujahres 1937 erhielten bereits konische Türme, wodurch sich ihre Kugelfestigkeit erhöhte. Viele Kampfwagen waren mit einem zweiten Maschinengewehr in der Hecknische und einem Fla-MG auf dem Turmdach ausgerüstet. Das Fassungsvermögen der Kraftstoffbehälter wurde von 182 auf 299 Liter erhöht. Die Fahrzeuge erhielten einen Kreiselstabilisator, der die Visierlinie der Kanone in der vertikalen Ebene stabilisierte.

Die letzte Modifikation des Panzers T-26, die ab Februar 1939 gebaut wurde, erhielt im Bereich unter dem Turm einen erhöhten Wannenaufbau mit geneigt angeordneten Panzerplatten. Zur Verbesserung des Panzerschutzes wurden im Verlauf des sowjetisch-finnischen Konflikts kurzfristig Hunderte von T-26 mit einer Zusatzpanzerung versehen, wobei die Stärke der unteren und oberen Bugpanzerplatten sowie der Fahrraum-Vorderwand auf 60 mm vergrößert wurde. Diese Panzer bezeichnete man auch als T-26E.

Die Konstruktion der T-26 war unkompliziert. Der Kampfwagen ließ sich leicht lenken, einfach bedienen und stellte keine hohen Ansprüche an die Wartung. Durch die Verwendung eines Motors mit waagerecht liegenden Zylindern konnte die Bauhöhe des Motorraums niedrig gehalten werden. Die gewalzten Panzerplatten waren bei den ersten Ausführungen miteinander vernietet, wurden dann aber ab 1937 verschweißt. Im T-26 war eine 45-mm-Kanone mit halbautomatischem Keilverschluß eingebaut. Ihre Panzergranaten erreichten eine Anfangsgeschwindigkeit von 760 m/s.

Der T-26 war der Standardpanzer der Schützenverbände. Er war für die unmittelbare Unterstützung der Infanterie bestimmt.

Im Verlauf von zehn Jahren war der T-26 zusammen mit dem Panzer vom Typ BT der Standardkampfwagen der Roten Armee. Beim T-26 sind viele konstruktive Lösungen erprobt worden, die sich späterhin allgemein durchsetzten. Als Mängel des Kampfwagens wären seine geringe Geschwindigkeit und die nicht sehr hohe technische Zuverlässigkeit zu nennen.

Sowjetischer leichter Panzer BT

In einer dunklen Augustnacht des Jahres 1941 rollte der Panzerzug von Leutnant A. Sergejew langsam durch lichten Wald. Die Gefechtsfahrzeuge, leichte Panzer vom Typ BT-7, kehrten von einem Aufklärungsstreifzug durch das Hinterland des Gegners zurück. Die Panzersoldaten hatten wichtige Informationen gesammelt und sogar eine »Zunge« eingebracht. Der Gefangene befand sich in einem der Fahrzeuge. Die Nacht neigte sich ihrem Ende zu. Im Osten begann es langsam hell zu werden. Vor ihnen lag ein Fluß; nicht breit, doch mit einem hohen und steilen Ufer. Über Funk wußte Sergejew, daß die Furt, durch die sie den Fluß überquert hatten, um ins gegnerische Hinterland vorzustoßen, von starken Kräften der Faschisten besetzt worden war. Damit war den Panzern der Rückweg durch die Furt versperrt.

Inzwischen hatte der Zug den Waldrand erreicht. Gut hundert Meter vor ihnen lag der Fluß. Sergejew stoppte seinen Panzer. Hinter ihm hielten die beiden anderen Fahrzeuge. Der Leutnant schwang sich aus der Luke und befahl die Kommandanten zu sich. Gemeinsam mit ihnen machte er sich auf den Weg, um das vor ihnen liegende Gelände aufzuklären. Unweit wurde gekämpft. Das Wummern von Artillerie war zu hören; ihre Einschläge konnten sie mit bloßem Auge erkennen. Die Panzersoldaten arbeiteten sich zum Fluß vor. Das diesseitige Ufer war hoch und fiel steil zum Wasser ab, das eine Tiefe bis zu zwei Metern erreichte. Dagegen war das jenseitige Ufer flach und, soweit das in der Dämmerung auszumachen war, nicht versumpft. Dahinter erstreckten sich Wiesen, dann begann wieder Wald, hinter dem sich, wie die Panzersoldaten wußten, die eigenen Truppen befanden. Bis zu ihnen war es nicht mehr weit. Nur, wie sollten sie den Fluß überwinden? Einen günstigeren Geländeabschnitt konnten sie nicht suchen, ringsum war alles vom Gegner besetzt. Sogar Motorengebrumm und das Klirren von Ketten waren zu vernehmen. Wie aber die Panzer das Steilufer hinabbringen? Durch die gegnerischen Truppen konnte sich die kleine Abteilung auch nicht hindurchschlagen, zu ungleich waren die Kräfte. Die Panzer zurücklassen und sich zu Fuß auf den Weg machen? Niemals! Da erinnerte sich Leutnant Sergejew daran, daß während seiner Ausbildung an der Offiziersschule die Lehrer von Panzersprüngen schnellfahrender Kampfwagen BT berichtet hatten. Auch in Zeitungen hatte er schon davon gelesen. Was im Frieden

möglich war, mußte im Krieg erst recht gehen! So faßte er den Entschluß zum Sprung. Als erstes Fahrzeug würde der Zugführerpanzer springen. Um Leben und Gesundheit seiner Leute nicht unnötig aufs Spiel zu setzen, befahl er allen, die Fahrer der beiden anderen Panzer ausgenommen, den Fluß zu durchschwimmen. Sergejew nahm den Platz des Fahrers in seinem Panzer ein. Er fuhr an und beschleunigte innerhalb weniger Sekunden auf der kurzen Strecke bis zum Fluß auf 50 km/h. Dann hatte der Panzer plötzlich keinen Boden mehr unter den Ketten. Er flog in einem flachen Bogen abwärts und klatschte, dem jenseitigen Ufer beachtlich näher gekommen, ins Wasser. Eine mächtige Wassersäule schlug über dem Fahrzeug zusammen. Doch der Fluß war hier nicht mehr all zu tief, und der Panzer erklomm, seinen Schwung ausnutzend, das Ufer. Ein nahes Gebüsch gewährte ihm Deckung. Nachdem die beiden anderen Fahrer den erfolgreichen Panzersprung ihres Zugführers gesehen hatten, folgten sie seinem Beispiel. Alles lief gut ab. Die Besatzungen nahmen wieder ihre Plätze in den Panzern ein. Unbemerkt vom Gegner (es war noch nicht vollständig hell geworden, und das Motorengeräusch war im Getöse der Kanonade untergegangen) erreichten sie den Wald. Eine halbe Stunde später wurden die Aufklärer freudig von ihren Genossen in Empfang genommen.

Woran hatte sich Leutnant Sergejew erinnert? Mitte der 30er Jahre hatte man in unserem Land die Möglichkeiten eines sogenannten dynamischen Überwindens von Hin-

Sowjetischer leichter Panzer BT-7		
Gefechtsmasse		13,8 t
Besatzung		3 Mann
Bewaffnung		1 45-mm-Kanone
		1 MG
Kampfsatz		132 … 188 Granaten
		2334 Patronen
Panzerung	Wannenbug	20 mm
	Bordwände	13 mm
	Turm	15 mm
Motorleistung		295 kW (400 PS)
Höchstgeschwindigkeit		
	mit Kettenfahrwerk	52 km/h
	als Radpanzer	73 km/h
Fahrbereich auf Straße		350/500 km

dernissen mit Panzern untersucht. Dazu gehörte unter anderem auch das Überspringen von Gräben und schmalen Flußläufen. Natürlich konnten nur schnellfahrende leichte Panzer wie die des Typs BT dazu eingesetzt werden.

Auf speziellen Versuchsplätzen rollten auf 50 km/h beschleunigte Panzer BT-2 und BT-5 über kleine »Sprungschanzen« und »segelten« bis zu 20 Meter durch die Luft.

Selbst leichte Schwimmpanzer T-37 und T-38 sprangen

von hohen und befestigten Ufern unter Übungsplatzbedingungen ins Wasser.

Diese Versuche hatten auch noch eine andere, nicht weniger wichtige Aufgabe: die dynamische Erprobung von Elementen des Laufwerks unter härtesten Bedingungen. Dank den bei diesen Versuchen erreichten Ergebnissen war es zum Beispiel gelungen, unseren berühmten T-34 mit einer höchst zuverlässigen Aufhängung der Laufrollen auszurüsten. Die in den Versuchen ermittelten Werte dienten als Grundlage für die Berechnung des Laufwerks aller Kettenfahrzeuge. Versuche ähnlicher Art wurden in keiner anderen Armee der Welt durchgeführt.

Die BT-Panzer waren in den 30er Jahren die bekanntesten sowjetischen Kampfwagen und in der Truppe sehr beliebt. Die Idee des Rad-Ketten-Panzers wurde schon in den 20er Jahren geboren, als die Konstrukteure nach neuen Wegen suchten, um die operative Beweglichkeit der Panzer bei Verlegungen auf Straßen zu erhöhen. So sah der Vorschlag des Amerikaners Christie die Vergrößerung des Laufrollendurchmessers auf die Ausmaße eines Autorades und die Verwendung einer abnehmbaren Kette vor. Bei Straßenfahrt wurde das Drehmoment vom Antriebsrad über eine Antriebskette auf das hintere Laufrollenpaar übertragen, während die erste Laufrolle jeder Seite wie bei einem Auto lenkbar war.

In unserem Land mit seinen riesigen Entfernungen räumte man einer derartigen Fahrzeuggattung große Perspektiven ein. Sowjetische Konstrukteure schufen 1931 einen Rad-Ketten-Panzer, der die Bezeichnung BT-2 (BT = Anfangsbuchstaben der russischen Bezeichnung »schnellfahrender Panzer«) erhielt, und befaßten sich verstärkt mit seiner technischen Vervollkommnung.

Am 23. Mai 1931 legte der Revolutionäre Kriegsrat der UdSSR noch vor Fertigstellung des Erprobungsmusters fest, die Produktion des neuen Panzers BT-2 zu beginnen, die dann auch im September 1931 anlief. An der Militärparade am 7. November gleichen Jahres auf dem Roten Platz nahmen schon drei der neuen Fahrzeuge teil.

Der BT-2 unterschied sich kaum von seinem Prototyp. An Stelle der Antriebskette übertrug ein Zahnradgetriebe (Zwischengetriebe) das Drehmoment auf das bei Radfahrt angetriebene Laufrollenpaar. Um den Panzer von Rad- auf Kettenfahrt (oder umgekehrt) umzurüsten, benötigte eine ausgebildete Besatzung nicht mehr als 30 Minuten. Die Gefechtsmasse des BT-2 betrug 11 t, die Besatzung bestand aus drei Mann. Bewaffnet war der Panzerturm mit einer 37-mm-Kanone und einem nicht mit der Kanone gekoppelten 7,62-mm-Maschinengewehr »DT«. Die Panzerung der Bugpartie, der Bordwände und des Turmes war 13 mm stark. Der Panzer wurde von einem wassergekühl-

ten 12-Zylinder-»Liberty«-Flugzeugmotor mit 295 kW (400 PS) Leistung angetrieben. Auf Straßen erreichte er mit Ketten eine Geschwindigkeit von 52 km/h, auf Rädern 72 km/h. Der Fahrbereich lag bei 200 km (Kette) und 300 km (Rad). Mit einem Funkgerät war der Panzer nicht ausgerüstet.

Dem neuen Gefechtsfahrzeug hafteten viele »Kinderkrankheiten« an. Die anfänglich verwendeten amerikanischen Motoren brachten immer neue Überraschungen; sie ließen sich schlecht starten und waren in dem engen Motorenraum äußerst anfällig für Überhitzungen. Nicht selten gerieten sie beim Anlassen in Brand.

Im Ergebnis zielstrebiger Entwicklungsarbeit entstand 1933 ein neues Modell, der BT-5, bei dem die Mängel seines Vorgängers beseitigt worden waren. Der Panzer erhielt den sowjetischen Motor M-5, ein verstärktes Laufwerk und einen anders geformten Turm. Die wichtigste Verbesserung aber war der Einbau einer 45-mm-Kanone wie beim T-26. Die Masse des Panzers war zwar auf 11,5 t gestiegen, doch blieben Geschwindigkeit und Panzerung unverändert. Einige BT-5 wurden mit einem kurzrohrigen (16,5 Kaliber) 76-mm-Geschütz bewaffnet und als Artilleriepanzer BT-5A bezeichnet.

In dem neu konstruierten zylindrischen Turm waren die 45-mm-Kanone und ein mit ihr gekoppeltes Maschinengewehr des Typs »DT« untergebracht. Ein Teil der Panzer erhielt noch ein zweites Maschinengewehr, das seinen Platz in der Turmnische fand. Der Kampfsatz der Kanone umfaßte in Abhängigkeit davon, ob ein Funkgerät eingebaut worden war oder nicht, 72 oder 115 Granaten. Für das Maschinengewehr waren 2709 Patronen vorhanden. Die Richtmechanismen für Kanone und Maschinengewehr wurden von Hand bedient.

Panzer des Typs BT-5 nahmen am spanischen Bürgerkrieg teil, wo sich ihre schwache Panzerung als Hauptmangel herausstellte.

Ab 1935 ging ein neues Modell, der BT-7, in Serie, das den Motor M-17T und Bandbremsen erhielt. Die ersten Fahrzeuge bekamen noch den zylindrischen Turm, der aber bald schon durch einen konischen ersetzt wurde. 1938 ging ein System zur Visierlinien-Stabilisierung der Kanone in die Erprobung. Im selben Jahr erhielt ein Teil der Panzer ein 76,2-mm-Geschütz mit einer Anfangsgeschwindigkeit der Granate von 383 m/s (BT-7A).

Im Vergleich zum Panzer BT-5 hatte der BT-7 eine etwas stärkere Panzerung, höhere Kraftstoffvorräte und demzufolge einen größeren Fahrbereich. Trotzdem konnte die ursprünglich vorgesehene Geschwindigkeit erreicht werden.

Die Wanne des BT-7 war gegenüber der des BT-5 um

60 mm verbreitert, das Bugteil abgerundet und die Form des Wannenhecks abgeändert worden. Ein Teil der Panzerplatten wurde durch Schweißnähte miteinander verbunden. Bei einer ganzen Reihe von Fahrzeugen hatte man noch ein Fla-MG auf den Turm montiert. Einige Panzer erhielten noch ein zusätzliches Maschinengewehr in der Turmnische. Die Kampfwagen waren mit einem Funkgerät mit Rahmenantenne ausgerüstet. Der Kampfsatz bestand aus bis zu 188 Granaten (bei Panzern mit Funkgerät waren es bis zu 146 Granaten) und 2394 Patronen.

Obwohl der Motor M-17T in Parametern und Qualität besser als der M-5 war, konnte auch er seine Herkunft als ehemaliger Flugzeugmotor nicht verleugnen und arbeitete mit Flugzeugbenzin. Da seine Produktion eingestellt wurde, war ein spezieller Panzermotor dringend notwendig. Und dieser Motor wurde entwickelt: der berühmte Dieselmotor W-2. Zunächst erprobte man ihn in Panzern der Typen BT-5 und BT-7, dann wurde er in die neuen Panzer BT-7M eingebaut.

Diese weitere und zugleich letzte Version der BT-Reihe erreichte mit dem Dieselmotor W-2 eine Geschwindigkeit von 62 km/h bei Ketten- und von 82 km/h bei Radbetrieb; der Fahrbereich betrug 600 bzw. 700 km. Der BT-7M hatte eine Masse von 14,6 t. Seine Produktion lief mit Aufnahme der Fertigung des T-34 im Frühjahr 1940 aus.

Wie auch sein Bruder T-26 diente der Panzer BT als Basisfahrzeug für viele andere Gefechtsfahrzeuge. Auf der Grundlage der BT-5 und BT-7 entstanden Flammenwerfer-Panzer, die zusätzlich zur Hauptbewaffnung mit einem Flammenwerfer ausgerüstet wurden, und Brückenleger-Panzer.

1935 wurden für die BT-Panzer metallische Schwimmkörper und 1936 eine Ausrüstung zum Überwinden von bis zu fünf Meter tiefen Wasserhindernissen durch Unterwasserfahrt erprobt.

Die Panzer der BT-Serie, hauptsächlich die BT-7, gehörten bis 1941 zu den Standardkampfwagen der Panzertruppenteile der Roten Armee.

Sowjetischer mittlerer Panzer T-28

Anfang Dezember 1939 bereiteten sich die Truppenteile der Roten Armee auf den Sturm der weißfinnischen Stellungen auf der Karelischen Landenge vor.

Die Weißfinnen hatten sich hervorragend verschanzt. Neben den nach dem neuesten Stand der Technik errichteten Stahlbetonbunkern hatten sie ein weitverzweigtes Netz von Pioniersperren angelegt, das aus mehreren Reihen Drahtverhauen, »Drachenzäunen« (Panzersperre in Form eines durchgängigen Streifens mit einer Vielzahl von Betonhöckern) und breiten Panzergräben bestand.

Kaum dämmerte am Tage des Sturmbeginns fahl der Morgen herauf, da überschüttete die sowjetische Artillerie den Gegner mit Tonnen von Stahl und Sprengstoff. Über die weißfinnischen Stellungen ergoß sich ein Feuermeer. Die Artillerievorbereitung dauerte lange; es schien, dort sei kein Stein auf dem anderen geblieben. Die Drahtsperren waren hinweggefegt, Bunker und Feuernester schwiegen. Die Kanonade brach urplötzlich ab. Auf das Signal einer roten Leuchtkugel rückten unsere Truppen vor. In ihrer Gefechtsordnung rollten Panzer des Typs T-26 zur unmittelbaren Unterstützung der Infanterie. Sich einen Weg

durch den tiefen Schnee bahnend, hatten sie schon den größten Teil des Niemandslandes hinter sich gelassen und näherten sich den gegnerischen Stellungen. In diesem Moment lebten viele Feuerpunkte der Weißfinnen wieder auf. Durch das starke MG-Feuer erlitt unsere Infanterie spürbare Verluste. Die Panzer waren bestrebt, sie zu decken, und versuchten, weiter vorzudringen. Doch vor ihnen zog sich ein Panzergraben hin. Während die Drahthindernisse und Höckersperren durch das Feuer der Artillerie größtenteils zerstört worden waren, hatte der Panzergraben fast nicht gelitten. Für leichte Panzer wie die T-26 war er jedoch zu breit; sie konnten ihn nicht überwinden. Eine kritische Lage war entstanden: Der Angriff der Infanterie konnte jeden Augenblick zum Erliegen kommen, doch das Angriffstempo durfte auf keinen Fall absinken. Doch die Hilfe war bereits unterwegs. Hinter den Infanteristen tauchten große, mehrtürmige Kampfwagen auf, die sich schon rein äußerlich stark von den T-26 unterschieden. Ohne das gegnerische Feuer zu beachten, fuhren sie auf den Panzergraben zu, rollten unbeirrt auf der einen Seite des Grabens hinein und auf der anderen wieder her-

Sowjetischer mittlerer Panzer T-28

Gefechtsmasse		28 t
Besatzung		6 Mann
Bewaffnung		1 76-mm-Geschütz
		4 MG
Kampfsatz		70 Granaten
		7938 Patronen
Panzerung	Wannenbug	30 mm
	Bordwände	20 mm
	Turm	20 mm
Motorleistung		370 kW (500 PS)
Höchstgeschwindigkeit		37 km/h
Fahrbereich auf Straße		220 km

aus! Was für die leichten T-26 unüberwindlich war, schien für die mittleren Panzer T-28 kein Hindernis zu sein. Immerhin hatten sie eine Grabenüberschreitfähigkeit von 3,5 m. Selbst die von irgendwoher feuernden kleinkalibrigen Kanonen der Weißfinnen konnten die T-28 nicht aufhalten, ihre Granaten durchschlugen die Panzerung der Kampfwagen nicht. Diese aber, furchteinflößend und majestätisch, führten das Feuer mit Kanone und MG aus ihren drei Türmen und rissen die Infanterie mit vorwärts. Der Angriff war von Erfolg gekrönt.

1931 hatte ein Kollektiv von Konstrukteuren unter der Leitung von S. A. Ginsburg mit der Projektierung dieses dreitürmigen Panzers begonnen. Zu jener Zeit war man der Ansicht, die Unterbringung der Bewaffnung in drei Türmen sei für mittlere Panzer besonders zweckmäßig. Das Erprobungsmuster des T-28 mit einer 45-mm-Kanone war Ende 1931 fertig. Bei den Serienpanzern (1933) baute man dagegen ein kurzrohriges 76-mm-Geschütz in den Hauptturm ein, der eine eingehängte Drehbühne und ein elektrisches Turmschwenkwerk zur schnellen Feuerverlegung erhielt. Das Feinrichten des Zieles erfolgte manuell mittels Seitenrichtmaschine. Weiter waren im Turm zwei Maschinengewehre in Kugelblenden installiert: eines vorn (nicht mit der Kanone gekoppelt) und eines in der Hecknische. Vor dem Hauptturm, rechts und links vom Platz des Fahrers, befand sich je ein MG-Turm mit einem Schußsektor von 220 Grad.

Der mittlere Bodendruck der Ketten des T-28 betrug 0,073 MPa. Durch eine geschickte Auswahl der Laufwerkselemente war es gelungen, einen ruhigen Lauf des Fahrzeugs zu erzielen. Dabei wurden kleine, in Vierergruppen aufgehängte Laufrollen verwendet. Das Laufwerk wurde von einer gepanzerten Schürze abgedeckt. Der Panzer war mit einem mechanischen Wechselgetriebe und Lenkkupplungen ausgerüstet sowie mit einem Funkgerät und einer Vorrichtung zum Anlegen von Nebelwänden ausgestattet.

1938 wurde eine leistungsfähigere 76,2-mm-Kanone (Rohrlänge 26 Kaliber) eingebaut. Bei den letzten Baulosen war der zylindrische Turm einem konischen gewichen.

Während der Kampfhandlungen auf der Karelischen Landenge stellte sich heraus, daß der Panzerschutz des Fahrzeugs nicht ausreichte. Draufhin wurde kurzfristig die Panzerung eines Teils der Kampfwagen durch die Anbringung zusätzlicher Panzerplatten verstärkt, so daß sich die Stärke der Bugpanzerung von Wanne und Turm auf 50 bis 80 mm, die Seiten- und Heckpanzerung auf 40 mm erhöhten. Die Fahrzeugmasse stieg dabei auf 31 bis 32 t an.
Für den Panzer T-28 war auch ein anhängbares Minenräumgerät entwickelt worden. 1938 entstand der Pionierpanzer IT-28. An Stelle des Turmes trug er eine 13 m lange Brücke mit einer Tragfähigkeit von 50 t, die in 3 min ausgelegt werden konnte. Seine Gesamtmasse belief sich auf 38 t, die Besatzung war fünf Mann stark, zur Bewaffnung gehörten zwei Maschinengewehre.
Der bis 1940 produzierte T-28 kam in den Kämpfen mit den Weißfinnen im Winter 1939–40 und in der Anfangszeit des Großen Vaterländischen Krieges zum Einsatz.

Britische Tankette »Carden-Loyd« Mk. VI

Als erster baute der Major der britischen Armee (später General und einer der bekanntesten Theoretiker der Panzertruppen) G. Martel 1924 mit eigenen Mitteln in seiner Garage eine einsitzige Tankette. Unabhängig davon fertigten die britischen Ingenieure Carden und Loyd, Besitzer einer kleinen Fabrik (die später vom Vickers-Armstrong-Konzern aufgekauft wurde), eine ganze Serie ein- und zweisitziger Tanketten. Während der Erprobungen stellte sich heraus, daß ein Mann allein die Funktion des Fahrers, Beobachters und Schützen nicht erfüllen kann. Ende 1928 wurden die Arbeiten an der Tankette durch die Entwicklung der gelungenen Ausführung Mk. VI gekrönt, die eines der bekanntesten, aber auch umstrittensten Muster der Panzertechnik wurde. Dieses Fahrzeug wurde in die Ausrüstung

Britische Tankette »Carden-Loyd« Mk. VI

Gefechtsmasse		1,4 t
Besatzung		2 Mann
Bewaffnung		1 MG
Kampfsatz		3500 Patronen
Panzerung	Wannenbug	9 mm
	Bordwände	6 mm
Motorleistung		16,5 kW (22,5 PS)
Höchstgeschwindigkeit		45 km/h
Fahrbereich auf Straße		160 km

der britischen Armee aufgenommen, fand aber wegen seiner schwachen Panzerung nur begrenzte Verwendung als Maschinengewehrträger oder Artillerieschlepper.

Die Tankette Mk. VI wurde von 16 Ländern gekauft. Einige von ihnen erwarben auch die Lizenz zum Nachbau. Auf Lizenzbasis schufen Polen die Tanketten TK und TKS, Italien die CV3/33, die Tschechoslowakei die MU-IV, Frankreich den SPW UE und Japan die Tankette Modell 94. Für den Bedarf der britischen Armee wurden 325, für den Export rund 100 Tanketten hergestellt.

Die Tankette »Carden-Loyd« Mk. VI war ein höchst einfaches und zuverlässiges Fahrzeug. Die tiefe Schwerpunktlage verhinderte ein Umstürzen an steilen Hängen. Der Motor war in der Wannenmitte zwischen den Plätzen von Fahrer und Schütze eingebaut. Dadurch konnte die Fahrzeuglänge gering gehalten werden, was sich vorteilhaft auf die Lenkbarkeit auswirkte. Die Tankette war mit einem Planetengetriebe und einem Kfz-Differential ausgerüstet, das zusammen mit den Seitenvorgelegen den Wendemechanismus bildete. Vier kleine Laufrollen mit Gummibandagen waren an Blattfedern, die gleichzeitig als Stoßdämpfer wirkten, elastisch aufgehängt. Stützrollen gab es keine; das Oberteil der Kette glitt in einer Hohlkehle. Das Antriebsrad griff mit seinen Zähnen in die Kette ein. Das Fahrzeug war oben offen. Nur einige für den Export bestimmte Exemplare erhielten eine geschlossene Wanne. Auf Grund des fehlenden Turmes war das Fahrzeug äußerst flach.

Die Tankette Mk. VI wurde etwa ein Jahr lang gebaut. Wegen der augenscheinlich taktischen Unzulänglichkeiten (hauptsächlich wegen des Fehlens eines Turmes, wodurch die Bewaffnung nicht ausreichend effektiv eingesetzt werden konnte) stellte man ihre Produktion ein.

Italienische Tankette CV3/35

In den 30er Jahren hatte die italienische Automobilindustrie ein hohes Entwicklungsniveau erreicht und Erfahrungen beim Bau von Panzerautos gesammelt. Deshalb rechnete das italienische Kriegsministerium, das 1929 von der Firma Vickers-Armstrong die Lizenz zum Bau der Tankette »Carden-Loyd« Mk. VI erworben hatte, mit einem schnellen Produktionsanlauf dieses Fahrzeugs, womit die bekannte Firma Fiat-Ansaldo beauftragt worden war. Die Tankette »Fiat-Carden-Loyd« CV29 unterschied sich von der britischen Ausführung durch den Einbau eines italienischen »Ravelli«-MG. Sie war oben geschlossen und hatte aufklappbare gepanzerte Luken. Die sofort einsetzenden Modernisierungsarbeiten führten 1931 zur Entstehung eines weiterentwickelten Modells mit verändertem Laufwerk, das nur einen Meter hoch war. Im nächsten Jahr entstand ein neues Baumuster mit einem Maschinengewehr links in der Wanne. Schließlich wurde die Tankette

1933 mit der Typenbezeichnung »Kleinstpanzer Fiat-Ansaldo« CV3/33 in die Ausrüstung der italienischen Armee übernommen. Bei der nächsten Modernisierung veränderte man das Laufwerk, das jetzt über sieben Laufrollen in gemischter Aufhängung verfügte (zwei Gestelle zu je drei Laufrollen, eine Laufrolle in einem Block mit dem Leitrad vertikal). Die verstärkte Panzerung und die vergrößerten Fahrzeugabmessungen führten zur Erhöhung der Gesamtmasse und machten den Einbau eines leistungsfähigeren Motors erforderlich.

1935 erschien die Modifikation CV3/35, bei der ein Zwillingsmaschinengewehr installiert worden war.

Auf den Fahrgestellen der Tanketten entstanden Flammenwerfer-Fahrzeuge, die eine Reichweite des Flammenstrahls von 45 bis 60 Metern erreichten und einen gepanzerten Anhänger zur Aufnahme des Brandgemisches erhielten.

Italienische Tankette CV3/35

Gefechtsmasse		3,3 t
Besatzung		2 Mann
Bewaffnung		2 MG
Kampfsatz		3200 Patronen
Panzerung	Wannenbug	12 mm
	Bordwände	8 mm
Motorleistung		30 kW (40 PS)
Höchstgeschwindigkeit		42 km/h
Fahrbereich auf Straße		110 km

Die Tanketten erfüllten zwar die Erwartungen der Italiener im Krieg gegen das technisch weit unterlegene Äthopien 1934–35, doch bereits während des spanischen Bürgerkrieges erwiesen sie sich im Kampf mit gegnerischen Panzern als völlig ungeeignet; sie waren selbst durch das Feuer großkalibriger Maschinengewehre verwundbar. Ungeachtet dessen gelangten sie auch noch im zweiten Weltkrieg zum Einsatz (in Nordafrika, Jugoslawien, Albanien und auf dem Gebiet der UdSSR).
Die Produktion der Tanketten wurde 1937 eingestellt, nachdem man mehr als 2500 Stück (hauptsächlich CV3/35) hergestellt hatte, wovon viele ins Ausland verkauft wurden (an Österreich, Brasilien, Bulgarien, China, Ungarn).

Französischer leichter Panzer »Renault« R 35

Mai 1940 in den Ebenen Nordfrankreichs. Vor nur sechs Tagen hatten die gepanzerten Horden der faschistischen Wehrmacht die Franzosen aus der scheinbaren Ruhe ihres »Abwarte- und Stellungskrieges« gerissen und waren in die Weiten Frankreichs eingefallen, ohne irgendwo auf ernsthaften Widerstand zu stoßen. Das war um so unverständlicher, da die Alliierten (Frankreich und Großbritan-

nien) über bedeutend mehr Panzer als der Aggressor verfügten. Wo blieben die so gerühmten »Renault« und »Vickers«?
Sechs Tage war die deutsche Panzerlawine auf den guten Straßen Frankreichs nach Westen gerollt. Im Morgengrauen des 16. Mai 1940 geriet der exakt berechnete und genau nach Plan vorgetragene deutsche Angriff unerwar-

tet ins Stocken. An diesem dunstigen Morgen waren die Soldaten des deutschen XIX. Panzerkorps, die im Raum von Laon übernachtet hatten, mit Hellwerden aufgestanden und hatten begonnen, ihre Gefechtsfahrzeuge, wie an den Vortagen, auf den nächsten Sprung nach Westen vorzu-

bereiten. Plötzlich rollten aus dem Wald an der linken Flanke des von den Deutschen besetzten Geländes einige Dutzend flache, langsam auf sie zukriechende Panzer. Die deutschen Panzersoldaten wärmten bereits die Motoren ihrer Kampfwagen vor und füllten ihre Kampfsätze auf. Da sie zudem noch in der Überzahl waren, brachte sie das Auftauchen französischer Panzer nicht aus dem Gleichgewicht. »Gleich werden wir es ihnen zeigen!« Und die mit dem schwarzen Balkenkreuz gekennzeichneten Panzer strebten dem Feind entgegen. Doch da passierte das Unerwartete: Die Granaten der deutschen Kanonen prallten an der Panzerung der französischen Kampfwagen wie Erbsen ab. In den Reihen der »Balkenkreuze« entstand Verwirrung. Sie wendeten, rollten zurück und lockten die französischen Panzer vor die Rohre der eigenen Artillerie. Gleichzeitig forderte das Korpskommando Luftunterstützung an. Trotzdem waren die deutschen Stellungen nicht zu halten. Der selbstsichere Theoretiker General Guderian, der zu diesem Zeitpunkt das XIX. Panzerkorps befehligte, schrieb später, daß er einige Stunden der Ungewißheit durchleben mußte. Er wußte schon, warum. Die französischen Panzer

Französischer leichter Panzer »Renault« R-35

Gefechtsmasse		9,8 t
Besatzung		2 Mann
Bewaffnung		1 37-mm-Geschütz
		1 MG
Kampfsatz		58 Granaten
		2500 Patronen
Panzerung	Wannenbug	32 mm
	Bordwände	40 mm
	Turm	45 mm
Motorleistung		60 kW (82 PS)
Höchstgeschwindigkeit		19 km/h
Fahrbereich auf Straße		138 km

waren fast bis zu seinem Gefechtsstand durchgebrochen. Unterstützt von Artillerie und Luftwaffe erholten sich die deutschen Panzersoldaten nach und nach von dem erhaltenen Schock. Sie stellten fest, daß die französischen Panzer nur sehr langsam fuhren und ihre Handlungen nicht aufeinander abgestimmt hatten. Ihre Ziele wählten sie irgendwie unsicher aus, als ob sie blind wären. Obwohl sich die deutschen P II an ihrer Panzerung die Zähne ausbissen, war das Feuer der französischen Kampfwagen nicht sehr wirkungsvoll. Kein Wunder, mußte doch bei der nur zweiköpfigen Besatzung der Kommandant neben seinen eigentlichen Pflichten (Beobachtung des Gefechtsfeldes, Auswahl des Zieles, Halten der Verbindung zu den anderen Panzern usw.) auch die Arbeiten des Richt- und Ladeschützen miterledigen. Daher auch die Unsicherheiten in der Bewegung, die niedrige Feuergeschwindigkeit und die mangelhafte Treffgenauigkeit. Bevor aber die Deutschen all diese Mängel erkannt hatten und für sich ausnutzen konnten, war es den Franzosen gelungen, den Gegner 20 Kilometer zurückzudrängen. Der Vormarsch der Truppen Guderians kam an diesem Abschnitt bis zum 19. Mai zum Stehen.

Die Panzer, die sich bei Laon auszeichneten, waren »Renault« R 35 der 4. Panzerdivision, die unter dem Kommando des damaligen Oberst de Gaulle stand.

Der R 35 war das Ergebnis der Weiterentwicklung des Standardpanzers der französischen Armee, des »Renault« FT. Die Renault-Werke hatten 1933 den Prototyp eines leichten Kampfwagens vorgestellt, der den Forderungen der Armee nach einem Panzer zur unmittelbaren Unterstützung der Infanterie entsprach. Die Panzerung war zuverlässig, die Bewaffnung nach damaligen Ansichten ausreichend für die Bekämpfung von Maschinengewehrnestern und lebender Kraft des Gegners.

Die französischen Konstrukteure hatten viele technische Neuerungen eingesetzt: vollständig gegossene Türme, Wannen aus Gußteilen, die verschraubt wurden. Das Gießen vereinfachte und beschleunigte die Produktion und ermöglichte es, sowohl die Stärke der Panzerung rationell zu differenzieren als auch eine kompaktere Wannenform zu erhalten. Als Federungselemente der Laufwerksaufhängung wurden Gummipufferfedern, sogenannte Silentblöcke, verwendet, deren Vorzug darin bestand, daß die elastischen Gummielemente in der Lage waren, Schwingungen durch ihre innere Reibung zu dämpfen. Nachteilig dagegen war die Abhängigkeit der Federcharakteristik von der Temperatur der Silentblöcke.

1935 übernahm man diese Panzer in die Ausrüstung der französischen Armee, und bis 1940 wurden mehr als 1200 R 35 gebaut. Ab 1937 erhielten die Kampfwagen eine 37-mm-Kanone mit längerem Rohr und besseren ballistischen Werten. Schließlich entstand 1939–40 die Modifikation R 40 mit leicht verändertem Laufwerk, das durch eine Panzerschürze geschützt wurde.

Vor dem Krieg kauften Jugoslawien, Rumänien und Polen R 35-Panzer. Nach der militärischen Niederwerfung Frankreichs im Jahre 1940 wurden die erbeuteten Kampfwagen von den Deutschen und Italienern als Basisfahrzeuge für eine Reihe von Selbstfahrlafetten genutzt. Nach dem Krieg wurden sie noch in Syrien und Palästina sowie bei den französischen Territorialtruppen eingesetzt.

Als Mängel des Panzers R 35 wären die beengten Platzverhältnisse im Fahrzeuginnern und die geringe Geschwindigkeit zu nennen. Die alte 37-mm-Kanone mit der niedrigen Anfangsgeschwindigkeit ihrer Granaten eignete sich nicht für den Kampf mit Panzern. Der Panzerkommandant war mit mehreren Funktionen völlig überlastet. Obwohl der R 35 sich anfangs als kein schlechter Begleitpanzer der Infanterie erwies, war er im zweiten Weltkrieg schon hoffnungslos veraltet.

Französischer mittlerer Panzer S 35

Im Jahre 1935 hatte die Firma Somua einen neuen mittleren Panzer entwickelt, der als bester französischer Vorkriegskampfwagen gilt. Mit seiner Geschwindigkeit war er sogar seinen leichten Geschwistern überlegen. Er wurde auch als Kavallerie-Panzer bezeichnet, da er dazu bestimmt war, in beweglichen Verbänden zusammen mit der Kavallerie zu handeln. Der S 35 war der erste Kampfwagen der Welt, dessen Wannenkonstruktion ausschließlich aus Gußteilen bestand. Auch der Turm war gegossen. Das Fahrzeug war gut gepanzert und relativ solide bewaffnet,

Französischer mittlerer Panzer S 35

Gefechtsmasse		20 t
Besatzung		3 Mann
Bewaffnung		1 47-mm-Kanone
		1 MG
Kampfsatz		118 Granaten
		3000 Patronen
Panzerung	Wannenbug	36 mm
	Bordwände	41 mm
	Turm	58 mm
Motorleistung		140 kW (190 PS)
Höchstgeschwindigkeit		37 km/h
Fahrbereich auf Straße		260 km

der Panzerung herabsetzte. Die Kommandantenkuppel hatte drei Sehschlitze mit gepanzerten Blenden.
Angetrieben wurde der Panzer von einem wassergekühlten 8-Zylinder-Motor der Firma Somua. Ein doppeltes Differential ermöglichte die Lenkung des Fahrzeugs. Die neun Laufrollen des Laufwerks waren an halbelliptischen Blattfedern aufgehängt. Eine klappbare Panzerschürze diente als Laufwerksverkleidung. Das Antriebsrad lag hinten.
Der Panzer hatte einen spezifischen Bodendruck von 0,085 MPa und konnte Steigungen bis 40°, Gräben bis zu 2,13 m Breite sowie Hindernisse bis zu 0,75 m Höhe überwinden.
1940 begann die Auslieferung der Modifikation S 40 mit einem stärkeren Motor (162 kW = 220 PS) und einer verbesserten Laufwerksaufhängung. Insgesamt wurden rund 450 Panzer beider Modifikationen gebaut. Panzerung und Bewaffnung waren stärker als die der deutschen Kampfwagen des Jahres 1940, doch hinsichtlich Geschwindigkeit, Schußfolge der Kanone sowie ihrer Ausstattung mit Funkgeräten und Führungstechnik waren die S 35/S 40 unterlegen. Die 1940 im Westfeldzug erbeuteten S 35 wurden in der deutschen Wehrmacht und der italienischen Armee weiterverwendet.

obwohl bei den ersten Baulosen noch eine 37-mm-Kanone eingebaut wurde.
Die Wanne bot innen viel Raum und wies eine große Zahl von Luken auf, die einerseits der Besatzung das Auf- und Absitzen sowie den Zugang zu den verschiedenen Aggregaten erleichterte, andererseits aber die Granatfestigkeit

Japanischer leichter Panzer »Ha-go« Modell 95

Der »Ha-go« war der meistgebaute japanische Panzer und entstand im Ergebnis der Weiterentwicklung der Kleinkraftwagen (Tanketten). Als die Konstrukteure 1935 diesen Panzer schufen, waren sie bemüht, die Bewaffnung und Panzerung im Vergleich zu den vorangegangenen Modellen zu verstärken. Von vornherein kam für sie nur der Einbau eines Dieselmotors in Betracht, den sie bereits in dem Versuchsmodell des mittleren Panzers »89B« erprobt hatten. Der Diesel fand seinen Platz rechts im Heck des Kampfwagens. Links befanden sich Kraftstoff- und Ölbehälter. Alle drei Besatzungsmitglieder – Fahrer links, Maschinengewehr-Schütze vorn rechts, Kommandant im Turm – fanden im Kampfraum Platz.

Der unregelmäßig geformte Turm ließ sich mit Hilfe einer Schulterstütze schwenken. Ein Maschinengewehr war in

Japanischer leichter Panzer »Ha-go« Modell 95		
Gefechtsmasse		7 t
Besatzung		3 Mann
Bewaffnung		1 37-mm-Kanone
		2 MG
Kampfsatz		120 Granaten
		1350 Patronen
Panzerung	Wannenbug	12 mm
	Bordwände	12 mm
	Turm	12 mm
Motorleistung		80 kW (110 PS)
Höchstgeschwindigkeit		40 km/h
Fahrbereich auf Straße		200 km

der hinteren Turmnische in einer Kugelblende befestigt, das zweite saß in einem Vorsprung der Wanne. Sowohl die Kanone als auch die Maschinengewehre waren selbst bei feststehendem Turm in einem begrenzten Schußsektor schwenkbar. Die Panzergranaten der Kanone durchschlugen auf eine Entfernung von 300 m eine 35 mm starke Panzerung.

Die Wanne des Panzers war eine gemischte Konstruktion; die Panzerplatten hatte man durch Schraub-, Niet- und Schweißverbindungen befestigt. Die Ausstattung des Fahrzeugs war äußerst primitiv. Beobachtungsgeräte fehlten; es gab nur Sehschlitze mit einem begrenzten Blickfeld ohne Schutz vor Kugeln und Splittern. Auf ein Funkgerät hatte man von vornherein verzichtet. Als »Bordsprechanlage« diente – wie auf einem Schiff – ein Sprachrohr vom Kommandanten zum Fahrer. Der Kommandant hatte alle Hände voll zu tun, da er die funktionellen Pflichten eines Kommandanten, Beobachters und Richtschützen erfüllen mußte. Die schlechten Beobachtungsmöglichkei-

ten aus dem Fahrzeug, die ungünstige Lage der Bewaffnung mit ihren eng begrenzten Schußsektoren und großen toten Räumen machten den Panzer im Gefecht auf kurze Entfernungen äußerst verwundbar. Die dünne Panzerung schützte nicht vor dem Feuer von Panzerabwehrwaffen. Seltsamerweise war der »Ha-go« gerade wegen seiner Einfachheit und Primitivität bei den japanischen Panzersoldaten sehr beliebt. Das dürfte auch eine der Ursachen dafür gewesen sein, daß der Kampfwagen über einen langen Zeitraum produziert wurde, obwohl nach 1941/42 weitaus bessere Modelle leichter Panzer entwickelt worden waren. So entstanden die leichten Kampfwagen »Ke-ri« Typ 3, »Ke-nu« Typ 4 und »Ke-ho« Typ 5 mit stärkerer Bewaffnung (47-mm-Langrohrkanone oder 57-mm-Kanone) und Panzerung (bis 25 mm). Von ihnen wurden nur 100 »Ke-nu« gegen Kriegsende gebaut. Bis zur Einstellung der Produktion des »Ha-go« 1944 sind von der herstellenden Firma rund 1300 Fahrzeuge dieses Typs ausgeliefert worden.

Japanischer mittlerer Panzer »Chi-ha« Modell 97

Zu Beginn des Japanisch-Chinesischen Krieges (1937) war die japanische Armeeführung zu der Auffassung gelangt, daß man unbedingt einen in großer Stückzahl vorhandenen mittleren Panzer benötige. Dieser Kampfwagen, der noch im gleichen Jahr von der Firma Mitsubishi projektiert wurde, war der »Chi-ha«. Bei diesem Panzer stützte man sich größtenteils auf die gleichen konstruktiven Lösungen wie beim leichten Panzer »Ha-go«: Das System der Laufwerksaufhängung hatte man beibehalten, den Panzer aber besser bewaffnet und gepanzert sowie den Turm für die Unterbringung von zwei Besatzungsmitgliedern ausgelegt.

Das Laufwerk des »Chi-ha« entstand in Gemischtbauweise: zwei Gestelle mit je zwei Laufrollen wie beim »Ha-go« und zwei Laufrollen in Einzelaufhängung (erste und letzte an schrägliegenden Spiralfedern). Der Kampfwagen erhielt einen Dieselmotor, ein Viergang-Wechselgetriebe mit Gleitzahnrädern und Verteilergetriebe sowie eine Haupt- und zwei Lenkkupplungen. Die Wanne war aus Panzerplatten zusammengenietet, die an Bug und Heck geneigt angebracht waren. Bis 1942 wurden insgesamt

1200 Panzer »Chi-ha« gefertigt. Nach der 1939 erfolgten Modernisierung wurde ein neuer Turm mit einer 47-mm-Langrohrkanone aufgesetzt, deren Panzergranate eine Anfangsgeschwindigkeit von 825 m/s erreichte und auf 500 Meter Entfernung eine 75 mm starke Panzerung durchschlug.

1941 wurde der Panzer »Chi-he« Typ 1 mit einer geschweißten Wanne und veränderter Bugpanzerung (bis 50 mm Stärke) einem neuen, stärker gepanzerten Turm und einem 175 kW (240 PS) leistenden 12-Zylinder-Dieselmotor entwickelt. Gefechtsmasse (17,2 t) und Geschwindigkeit (bis 44 km/h) hatten dabei zugenommen; die Besatzung war auf fünf Mann angewachsen. Ab 1942 wurden 587 dieser Fahrzeuge gebaut.

1942 entstand die nächste Modifikation, der Panzer »Chi-nu« Typ 3, der mit einer 75-mm-Kanone ausgerüstet war und deren Granaten über eine hohe Anfangsgeschwindigkeit verfügten. Durch die verstärkte Panzerung erhöhte sich die Gesamtmasse. 60 »Chi-nu« Typ 3 wurden insgesamt produziert.

Die Kampfwagen »Chi-ha« und »Chi-he« waren die Stan-

Japanischer mittlerer Panzer »Chi-ha« Modell 97

Gefechtsmasse		14 t
Besatzung		4 Mann
Bewaffnung		1 57-mm-Kanone
		2 MG
Kampfsatz		114 Granaten
		4035 Patronen
Panzerung	Wannenbug	25 mm
	Bordwände	25 mm
	Turm	25 mm
Motorleistung		125 kW (170 PS)
Höchstgeschwindigkeit		38 km/h
Fahrbereich auf Straße		210 km

dardpanzer der japanischen Armee. Sie wurden bis Kriegsende gefertigt und standen bis zu diesem Zeitpunkt auch im Truppendienst. Sie waren in konstruktiver Hinsicht hinter der allgemeinen Panzerentwicklung zurückgeblieben, schwach gepanzert und unzureichend bewaffnet.
Der Panzer »Chi-ha« diente als Basisfahrzeug für Befehlspanzer, Selbstfahrlafetten, Berge- und Instandsetzungsfahrzeuge sowie für Brückenlegepanzer.
Nach der Kapitulation Japans im September 1945 wurden rund 350 »Chi-ha« an die chinesische Volksbefreiungsarmee übergeben, wo sie noch einige Jahre in der Ausrüstung verblieben. Eine bestimmte Zahl von »Chi-ha«- und »Chi-he«-Panzern verblieb nach dem Krieg in japanischen Truppenteilen.

Tschechoslowakischer leichter Panzer LT-35

Der Panzer ist 1935 von den Škoda-Werken unter der Typenbezeichnung Š-IIa entwickelt und als Infanteriebegleitpanzer in die tschechoslowakische Armee eingeführt worden. Bis 1937 verließen rund 300 LT-35 die

Werkhallen. Der Kampfwagen verfügte über viele technische Neuerungen, die erst Jahre später auch im ausländischen Panzerbau Anwendung fanden. Die Anordnung des Antriebsrades am Heck erhöhte die Überlebensfähigkeit des Laufwerks. Pneumatische Servoantriebe (Mechanismen, die den Kraftaufwand des Fahrers beim Betätigen der Lenkhebel und Pedale verringern) erleichter-

ten die Bedienung von Kraftübertragung und Bremsen. Der Panzer war mit einem Planeten-Wechselgetriebe und einer Preßluft-Anlaßanlage ausgestattet. Die Konstruktion des Laufwerks ermöglichte es, das Gewicht des Fahrzeugs gleichmäßig auf alle Laufrollen zu verteilen, wodurch die durchschnittliche Laufleistung der Ketten, die bei anderen Kampfwagen bei 1500 bis 2000 km lag, auf 6000 km gesteigert werden konnte. Technisch veraltet war jedoch die Befestigung der Panzerplatten mittels Nieten. In den LT-35 war ein einreihiger Sechszylinder-Vergasermotor »Škoda« T-11 eingebaut. Seine spezifische Leistung war relativ gering, was in bestimmtem Maße durch das Zwölfgang-Wechselgetriebe ausgeglichen werden konnte. Die halbautomatische 37-mm-Kanone derselben Firma gewährleistete eine hohe Feuergeschwindigkeit sowie eine große Anfangsgeschwindigkeit der Granaten. Der Turm war mit einer Kommandantenkuppel ausgerüstet. Das Fahrzeug war technisch zuverlässig und leicht zu bedienen, galt aber Anfang der 40er Jahre als nicht mehr

Tschechoslowakischer leichter Panzer LT-35		
Gefechtsmasse		10,5 t
Besatzung		4 Mann
Bewaffnung		1 37-mm-Kanone
		2 MG
Kampfsatz		72 Granaten
		1800 Patronen
Panzerung	Wannenbug	25 mm
	Bordwände	16 mm
	Turm	25 mm
Motorleistung		88 kW (120 PS)
Höchstgeschwindigkeit		35 km/h
Fahrbereich auf Straße		190 km

ausreichend bewaffnet und gepanzert, um die Infanterie im Gefecht begleiten zu können.

Der LT-35 wurde als Panzer 35(t) von der faschistischen Wehrmacht im zweiten Weltkrieg in Polen, Frankreich, Afrika und an der sowjetischen Front eingesetzt. Am 1. Juni 1942 hatte die Wehrmacht noch 167 Panzer 35(t).

Bei starken Frösten fror das Preßluftsystem der pneumatischen Servoantriebe ein, und der Panzer fiel damit aus. Nach dem Winter 1941/42 wurden deshalb bei allen noch übriggebliebenen Kampfwagen 35(t) der Wehrmacht die pneumatischen Servoantriebe gegen mechanische ausgetauscht.

Deutscher leichter Panzer P I

1933 hatten mehrere deutsche Firmen ihre Entwürfe eines leichten Panzers vorgestellt, von denen sich das Projekt des Krupp-Konzerns als das beste erwies. Nach Erprobung der Prototypen im Dezember gleichen Jahres ging der Panzer im Juli 1934 als P I/A in Serie.

Der Panzer P I war mit einer gemischten Laufwerksaufhängung ausgerüstet. Die erste Laufrolle war einzeln an einer Spiralfeder befestigt, die übrigen hingen paarweise an Blattfedern. Die letzte Laufrolle erfüllte gleichzeitig die Funktion des Leitrades. Besonderes Erkennungsmerkmal des P I war die Stabilisierungsschiene, die beide Laufrollenpaare verband. Die Bewaffnung bestand aus einem Zwillings-Maschinengewehr. Bei einer Gefechtsmasse von 5,4 t erreichte das Fahrzeug eine Geschwindigkeit von 37 km/h.

1935 modernisierte man den Panzer durch Einbau eines leistungsgesteigerten 6-Zylinder-Motors, was eine höhere Geschwindigkeit ermöglichte. Die Wanne wurde etwas verlängert, eine zusätzliche Laufrolle angebracht und das Leitrad höher gesetzt. Obwohl Bewaffnung und Panzerung keinen Veränderungen unterworfen waren, erhöhte sich die Gesamtmasse dieser als P I/B bezeichneten Version.

Deutscher leichter Panzer P I/A	
Gefechtsmasse	5,4 t
Besatzung	2 Mann
Bewaffnung	2 MG
Kampfsatz	2250 Patronen
Panzerung Wannenbug	13 mm
Bordwände	13 mm
Turm	13 mm
Motorleistung	44 kW (60 PS)
Höchstgeschwindigkeit	37 km/h
Fahrbereich auf Straße	145 km

Der Panzer P I/B wurde bis 1938, sein Fahrgestell bis 1941 produziert. Insgesamt belief sich die Fertigung beider Modifikationen auf rund 1500 Einheiten. Auf der Grundlage des P I/B entstand eine Panzerabwehr-Selbstfahrlafette, der Panzerjäger »I«, von dem 170 Fahrzeuge hergestellt wurden. Die erbeutete tschechische 47-mm-Kanone mit einer Rohrlänge von 43 Kalibern setzte man in den gepanzerten, doch oben und hinten offenen Kampfraum. Die Panzergranate dieser Kanone durchschlug auf eine Entfernung von 500 Metern eine bis zu 70 mm starke Panzerung. Doch die Selbstfahrlafette erwies sich im Kampf mit den sowjetischen Panzern T-34 und KW als nicht effektiv, wurde von der Ostfront abgezogen und an den Fronten in Nordafrika eingesetzt, wo sie mit hinreichendem Erfolg verwendet wurde. 1940 baute man 38 P I zu SFLs mit einem 150-mm-Infanteriegeschütz um.

Auf dem Fahrgestell des P I basierten auch rund 190 Befehlspanzer, die an Stelle eines Turmes einen rechteckigen Aufsatz mit zwei Funkgeräten erhalten hatten. Ihre Besatzung bestand aus drei Mann, die Bewaffnung aus einem Maschinengewehr.

Die leichten Panzer P I waren zu Beginn des zweiten Weltkrieges bereits veraltet und wurden hauptsächlich zur Aufklärung eingesetzt.

Deutscher leichter Panzer P II

Im Juli 1934 erhielt die Firma MAN den Auftrag, einen leichten Panzer mit einer 20-mm-Kanone zu entwickeln. Zwei Jahre später kamen die ersten 75 Fahrzeuge zur Erprobung in die Wehrmacht (Modifikation P IIa). 1937 wurden sie durch 25 Kampfwagen des zweiten Bauloses, an denen einige Veränderungen am Triebwerk vorgenommen worden waren (P IIb), ergänzt. Wenig später wurden weitere 25 Fahrzeuge mit einer verbesserten Laufwerksaufhängung ausgeliefert. Wie die Erprobung zeigte, war der Motor des Fahrzeuges nicht leistungsfähig genug. Die nächste Serie von 100 Panzern erhielt daher einen Motor mit 103 kW (140 PS) Leistung.

1937 begann die Produktion von Fahrzeugen mit verändertem Laufwerk, das jetzt aus fünf an Blattfedern aufgehängten Laufrollen bestand. Der Panzer wurde in die Bewaffnung eingeführt und von 1937 bis 1940 in drei Versionen – A, B und C – gebaut. 1939 produzierte man einige Dutzend Kampfwagen der Modifikationen D und E, die ein »Christie«-Laufwerk erhielten: vier in Einzelaufhängung an Spiralfedern befestigte große Laufrollen, keine Stützrollen.

Der P II war der zu Beginn des zweiten Weltkrieges der in der deutschen Wehrmacht am zahlreichsten vertretene Panzer. Die Herstellung dieser Fahrzeuge, die 1940 bereits gedrosselt worden war, erhöhte sich 1941 auf 233 und 1942 auf 306 Stück. Insgesamt wurden 1780 Panzer verschiedener Modifikationen dieses Typs gebaut.

Der P II war ein zuverlässiger, manövrierfähiger und leicht zu bedienender Kampfwagen. Trotzdem war er mit seiner schwachen Bewaffnung und nur kugelsicherer Panzerung selbst den leichten polnischen Panzern 7TP unterlegen. Im Frankreichfeldzug der faschistischen Wehrmacht (Mai – Juni 1940) erlitten die P II schwere Verluste bei ihren Gefechten mit den Panzern der Briten und Franzosen. Den sowjetischen Panzern BT und T-26 waren sie ohnehin klar unterlegen. Die Deutschen setzten die P II deshalb später vorzugsweise als Aufklärungspanzer ein, vor allem die Fahrzeuge der Modifikationen D und E, die sich für diese Aufgabe als besonders geeignet erwiesen.

Ab 1942 verwendete man die noch verbliebenen P II als Basisfahrzeuge für Selbstfahrlafetten. 155 dieser Panzer wurden zu Flammenwerfer-Panzern umgerüstet. In Vorbereitung der geplanten Landung in Großbritannien kon-

Deutscher leichter Panzer P II/C	
Gefechtsmasse	8,9 t
Besatzung	3 Mann
Bewaffnung	1 20-mm-Kanone
	1 MG
Kampfsatz	180 Granaten
	2550 Patronen
Panzerung Wannenbug	14,5 mm
Bordwände	14,5 mm
Turm	14,5 mm
Motorleistung	103 kW (140 PS)
Höchstgeschwindigkeit	40 km/h
Fahrbereich auf Straße	200 km

struierten die Deutschen eine Schwimmvorrichtung für den P II, die aus Anbaupontons, einem Motor und einer Schiffsschraube bestand.

Während des Krieges waren deutsche Spezialisten bemüht, einen schnellfahrenden Spähpanzer zu schaffen, da sie die Ansicht vertraten, der in der Truppe befindliche P II sei wegen seiner zu geringen Geschwindigkeit nicht in der Lage, effektiv die Funktion eines Aufklärungsfahrzeugs zu erfüllen. Die Firma MAN, die bereits 1939 den Auftrag zur Entwicklung eines derartigen Fahrzeugs erhalten hatte, entschloß sich, ihren Vorlauf auf diesem Gebiet in Form der Versuchspanzer VK 901 und VK 1601 zu nutzen. Der Prototyp des neuen Fahrzeugs – der VK 1301 – hatte von ihnen die Einzelaufhängung der ineinander verschachtelten Laufrollen mit Drehstabfederung und die breiten Ketten – Voraussetzung für ausreichende Geländegängigkeit – übernommen. Eine weitere Verbesserung erfuhren die Beobachtungsgeräte und die installierte Nachrichtentechnik. Da der Turm nicht mit Sehschlitzen ausgestattet war, hatten der Kommandant und der Richtschütze Winkelspiegel mit einem 360°-Blickfeld erhalten. Unter der Typenbezeichnung P II/L »Luchs« wurden von 1943–44 100 Fahrzeuge gebaut. Die Gefechtsmasse des »Luchs« lag bei 13 t. Die Besatzung bestand aus vier Mann, die Bewaffnung umfaßte eine 20-mm-Kanone und ein 7,92-mm-Maschinengewehr. Bug- und Stirnpanzerung von Wanne und Turm war 30 mm, die Panzerung der Bordwände 20 mm stark. Ein 132-kW-Motor ermöglichte Geschwindigkeiten bis zu 60 km/h und einen Fahrbereich von 300 km.

Das Fahrgestell des P II, der 1942 bereits eindeutig veraltet war, fand jedoch Verwendung für den Bau einer ganzen Serie leichter Selbstfahrlafetten, die von 1942 bis 1944 produziert wurden. Der erste Auftrag zum Umbau des P II in eine Panzerabwehr-SFL wurde bereits im Dezember 1941 erteilt. Bis Mai des folgenden Jahres waren 150 Fahrzeuge der Versionen D und E umgerüstet, indem man sie mit erbeuteten 76-mm-Kanonen bestückte. Als eine ausreichende Zahl neuentwickelter leistungsfähigerer 75-mm-Panzerabwehrkanonen zur Verfügung stand, lief für sie die Produktion des Fahrgestells der Modifikation F an. Die von der Unterlafette abgehobene Kanone wurde auf der Wanne des P II installiert. Ihr Seitenrichtbereich war begrenzt. Diese Selbstfahrlafette, die die Bezeichnung »Marder« II erhielt, wurde ein Jahr lang bis Juni 1943 in 576 Exemplaren gefertigt. Dem schloß sich bis Anfang 1944 der Umbau weiterer 75 aus der Truppe abgezogener P II an. Der »Marder« hatte eine Gefechtsmasse von

10,8 t, die Besatzung bestand aus drei Mann. Der Richtschütze (gleichzeitig Kommandant der SFL) und der Ladeschütze waren von vorn und von der Seite durch 8 mm starke Panzerplatten geschützt. Die anderen Parameter (Panzerung der Wanne, Geschwindigkeit usw.) blieben gegenüber dem Basisfahrzeug unverändert.

Zum Ausgleich der erhöhten Gefechtsmasse und zur Aufnahme der Rückstoßenergie der Kanone rüstete man die Schwingarme der ersten, zweiten und letzten Laufrolle zusätzlich mit Spiralfeder-Stoßdämpfern aus. Die Fahrzeuge des Baujahres 1943 erhielten zusätzlich ein Maschinengewehr für den Nahkampf und andere Munitionshalterungen. Die Besatzung wurde durch einen vierten Mann verstärkt.

Von Februar 1943 bis Juni 1944 lief die Produktion der mit einer 105-mm-Haubitze bewaffneten Selbstfahrlafette »Wespe« (776 Stück), der das leicht verlängerte Fahrgestell des P II als Basis diente. Die allseitig, außer von oben, durch 10 mm starke Panzerplatten geschützte Haubitze war im Fahrzeugheck installiert, wodurch der Motor in den Wannenbug rückte. Die »Wespe« hatte eine Gefechtsmasse von 11 t, die Besatzung bestand aus vier Mann. Mit dieser Selbstfahrlafette waren die Artillerieregimenter der Panzerdivisionen ausgerüstet. Zu dieser SFL wurden auf gleichem Fahrgestell unbewaffnete Munitionstransporter geliefert, deren Konstruktion bei Notwendigkeit den nachträglichen Einbau der 105-mm-Haubitze unter feldmäßigen Bedingungen und somit die Umwandlung des Munitionstransporters in eine Selbstfahrlafette »Wespe« erlaubte.

KAPITEL 3

Auf den Schlacht-feldern des zweiten Weltkrieges

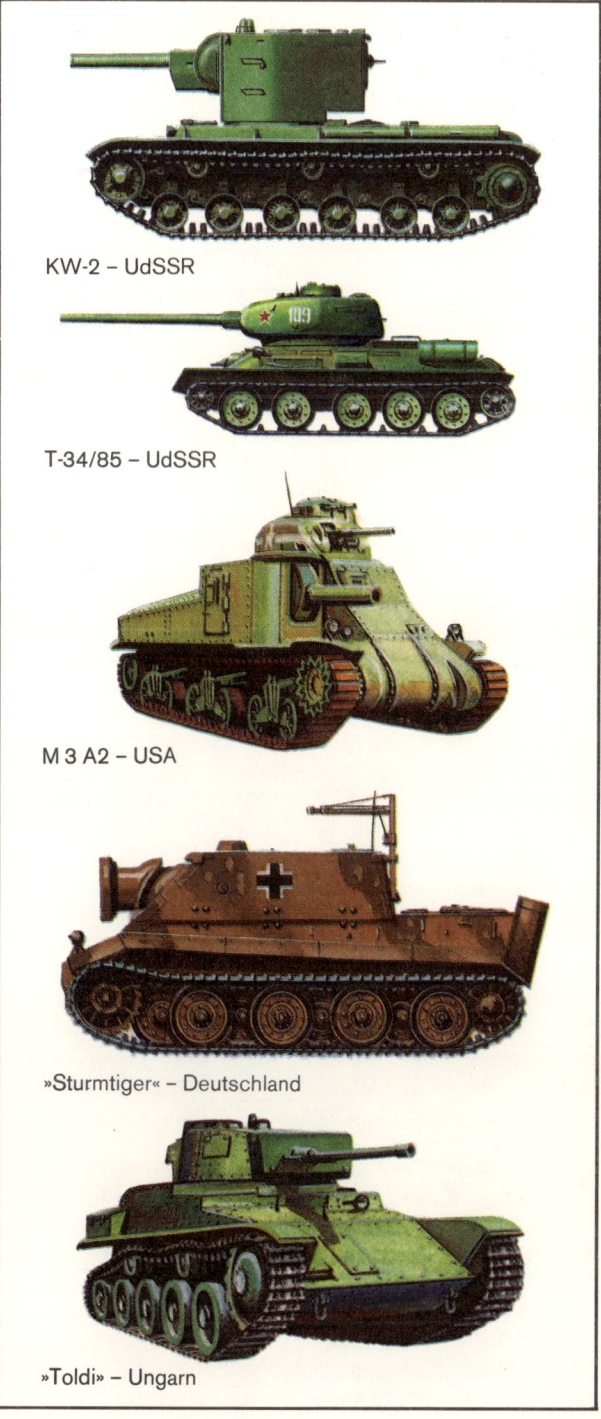

KW-2 – UdSSR

T-34/85 – UdSSR

M 3 A2 – USA

»Sturmtiger« – Deutschland

»Toldi« – Ungarn

Mit dem Einfall Hitlerdeutschlands in Polen am 1. September 1939 gegann der zweite Weltkrieg. Drei Tage später traten Großbritannien und Frankreich in den Krieg ein. Nach kurzer Zeit befanden sich 61 Staaten (von 67 damals existierenden) mit einer Einwohnerzahl von 1,7 Mrd. Menschen (80 % der damaligen gesamten Menschheit) mehr oder weniger aktiv im Kriegszustand. Nach dem vertragsbrüchigen Überfall des faschistischen Deutschlands im Juni 1941 auf die UdSSR war auch das Sowjetvolk gezwungen, Krieg zu führen, der zu Lande, zu Wasser und in der Luft tobte. Auf drei Kontinenten kam es zu Schlachten der Landstreitkräfte: in Europa, in Afrika und in Asien. Dabei waren stets Panzer im Einsatz. Auf den Feldern Europas, im Sand der Sahara, in den Bergen des Balkans und des Kaukasus, in der Tundra des hohen Nordens, in den Dschungeln Burmas, auf den Inseln des Stillen Ozeans – überall kämpften Panzer.

Im Verlauf des zweiten Weltkrieges entwickelten sich die Panzertruppen zur Hauptstoßkraft der Landstreitkräfte. Sie spielten eine gewaltige, genauer gesagt, eine entscheidende Rolle im Krieg und erfüllten, selbständig oder gemeinsam mit anderen Waffengattungen, unterschiedlichste Aufgaben in allen Gefechtsarten.

Während des Krieges vollzogen sich unermeßliche quantitative und qualitative Veränderungen in den Panzertruppen. Insgesamt rollten rund 350 000 gepanzerte Gefechtsfahrzeuge über die Schlachtfelder. An den größten Schlachten, beispielsweise an der im Kursker Bogen (1943) oder an der Berliner Operation (1945), nahmen auf beiden Seiten riesige Mengen von Panzern teil. In den Kampfhandlungen wurden die Konzeptionen zur Führung von Panzertruppen einer eingehenden Prüfung unterzogen und bei Notwendigkeit präzisiert.

Die militärische Führung der einzelnen Länder beurteilte die Rolle der Panzer höchst unterschiedlich, vor allem zu Beginn des Krieges. Die französische Militärdoktrin betrachtete den Kampfwagen ausschließlich als Mittel zur Begleitung der Infanterie und Kavallerie. Der Einsatz von Panzern zu selbständigen Handlungen im Bestand von mechanisierten und Panzerverbänden war nicht vorgesehen.

Das amerikanische Oberkommando hatte dem Panzer gleichfalls nur die untergeordnete Rolle der Infanteriebegleitung zugedacht. Italien folgte den französischen Ansichten. Rein italienisch war dagegen die Festlegung, die Panzer müßten auch im Gebirge handeln können. In Übereinstimmung mit diesen Forderungen entstanden auch die Tanketten CV3/33.

Die Briten erachteten es als notwendig, über zwei Grundtypen von Panzern zu verfügen: Kampfwagen zur Unterstützung der Infanterie (Infanteriepanzer) und Kampfwagen für selbständige Handlungen im Bestand von mechanisierten Verbänden (Kreuzerpanzer). Die Infanteriepanzer waren langsam, stark gepanzert und schwach bewaffnet, die Kreuzerpanzer relativ schnell, leicht gepanzert und ebenfalls schwach bewaffnet.

In der faschistischen Wehrmacht hatte sich die Theorie von General Guderian durchgesetzt, nach der die Panzer grundsätzlich massiert im Bestand von Großverbänden (Panzerdivisionen) im Zusammenwirken mit anderen Waffengattungen, in erster Linie aber mit der Luftwaffe, einzusetzen waren. Die Kampfwagen sollten nach Durchbruch der gegnerischen Verteidigung – ohne auf das Herankommen der Infanterie zu warten – in bestimmten Abschnitten in die operative Tiefe vorstoßen und durch ihre Handlungen im Hinterland des Gegners seine Verbindungen unterbrechen und seine Truppenführung desorganisieren.

Das japanische Oberkommando hatte sich die französischen Einsatzprinzipien zu eigen gemacht. Der Geschwindigkeit der Kampfwagen maß man keine allzu große Bedeutung bei. Allerdings berücksichtigte man die Besonderheiten des asiatischen Kriegsschauplatzes mit seinem zumeist tropischen Klima und den unzähligen Inseln.

Das sowjetische militärtheoretische Denken wies den Panzern eine wichtige Rolle zu und arbeitete moderne Methoden ihres Gefechtseinsatzes aus. Es war vorgesehen, Panzer in allen Gefechtsarten einzusetzen. Im Bestand der Schützendivisionen waren sie, im engen Zusammenwirken mit anderen Waffengattungen, für den Durchbruch der taktischen Verteidigungszone als Mittel zur unmittelbaren Unterstützung der Infanterie bestimmt. Der größere Teil der Kampfwagen aber befand sich in der Ausrüstung der Panzer- und mechanisierten Verbände, die die Aufgabe hatten, nach Durchbruch der gegnerischen Verteidigung den Erfolg in die operative Tiefe zu entwickeln.

Zu Kriegsbeginn entsprach die Panzertechnik Großbritanniens, Frankreichs und der USA weder zahlenmäßig noch in qualitativer Hinsicht den Anforderungen des modernen, manöverreichen Gefechts.

Die britischen Streitkräfte besaßen annähernd 1000 Panzer, hauptsächlich leichte Kampfwagen aus den 30er Jahren.

Während des Krieges stellte die britische Industrie schwerpunktmäßig Kreuzer- und Infanteriepanzer, in geringer Zahl auch leichte Luftlandepanzer her. Zunächst fertigte man den Kreuzerpanzer »Covenanter«, der aber wegen seiner schlechten taktisch-technischen Eigenschaften nicht zum Fronteinsatz gelangte und durch den »Crusader«

(1940/43), später durch »Sentor« und »Cromwell« (1943/44) abgelöst wurde. Parallel dazu entstanden die in geringer Stückzahl gebauten »Cavalier« (500 Stück) und »Challenger« (200 Stück), die gleichfalls nicht befriedigten. Letzter Kreuzerpanzer war der »Comet« (1944/45). Danach trugen die Briten ihre Idee von der Unterteilung der Panzer in zwei Grundtypen zu Grabe.

Das Rückgrat der britischen Panzerverbände, die Kreuzerpanzer, erreichten nie das Niveau der sowjetischen oder deutschen Kampfwagen ihrer Zeit. Die besten von ihnen, der »Cromwell« und der »Comet«, waren mit bereits überholten konstruktiven Lösungen projektiert worden (zum Beispiel mit senkrechter Anbringung der vorderen Panzerplatten).

Infanteriepanzer produzierte man auf der Insel bis 1944, anfangs den »Matilda«, später den »Valentine« und den »Churchill«. Gegen Kriegsende entstand als »Einheitspanzer« der »Centurion«, der nach dem Krieg zum britischen Standardkampfwagen wurde.

Selbstfahrlafetten sind in Großbritannien fast nicht gebaut worden. Den Bedarf der Streitkräfte deckte man durch Lieferungen aus den USA und Kanada. Obwohl die Produktionsziffern von Panzern in Großbritannien von Jahr zu Jahr stiegen, konnten die Briten ihren Bedarf an Panzertechnik aus eigener Fabrikation nicht decken. In den Kriegsjahren lieferte die Industrie rund 25 000 Kampfwagen, während über 25 000 Panzer und Selbstfahrlafetten aus den USA und Kanada stammten.

In den USA wurde der Panzer als Waffe anfangs unterschätzt und seine Rolle im modernen Krieg nicht erkannt. Erst die Erfolge der Deutschen im Jahre 1940 zwangen das amerikanische Oberkommando dazu, seine Ansichten zu revidieren, sich mit der Mechanisierung der Armee zu befassen und eine eigene Panzerindustrie zu schaffen. Ende 1940 entstand auf der Grundlage des Panzers M 2 A4 der leichte M 3, 1941 der mittlere M 3. Beide Fahrzeuge waren mit vielen Mängeln behaftet, vor allem aber viel zu schwach gepanzert und bewaffnet. Ungeachtet dessen lief ihre Serienproduktion weiter, wobei man parallel dazu versuchte, die Kampfwagen zu modernisieren. Da es nicht gelang, die Mängel zu beseitigen, erhielten die Panzerproduzenten die Aufgabe gestellt, ein neues Modell zu entwickeln. So entstanden der mittlere M 4, der beste und meistgebaute Panzer der amerikanischen (und britischen) Streitkräfte im zweiten Weltkrieg. Der leichte Kampfwagen M 3 wurde durch den M 5, später durch den M 24 abgelöst.

Erfolglos blieben dagegen alle Versuche, einen schweren Panzer zu konstruieren. Der in geringer Stückzahl gefertigte M 6 kam über das Versuchsstadium nicht hinaus.

Den 1944 entstandenen mittleren Kampfwagen M 26 betrachtete man als zeitweiligen Ersatz für einen schweren Panzer. Dieses Gefechtsfahrzeug war eine der gelungensten amerikanischen Konstruktionen der Kriegszeit.

Als es sich herausstellte, daß Panzer und Infanterie der Unterstützung durch Selbstfahrlafetten bedurften, wurden in den USA mehrere Modelle von SFL auf der Basis der Standardpanzer entwickelt und in Großserien gefertigt. Darunter befanden sich auch Jagdpanzer, so der M 10 mit einer 76-mm-Kanone und der M 36 »Slagger« mit einer 90-mm-Kanone auf dem Fahrgestell des Panzers M 4. Auf der gleichen Basis entstand eine Serie von Selbstfahrlafetten zur Artillerieunterstützung: die M 7 »Priest« mit einer 105-mm-Haubitze, die M 40 mit einer 155-mm-Kanone und die M 43 mit einer 203-mm-Haubitze. Die Fliegerabwehr-SFL M 15 und M 16 basierten auf dem Halbketten-SPW M 3, die M 19 jedoch auf dem leichten Panzer M 24.

Insgesamt stellte die amerikanische Industrie von Juni 1940 bis zum 30. August 1945 103 096 Panzer und Selbstfahrlafetten her.

Bei den amerikanischen Panzern waren Laufwerk und Kraftübertragung die am besten durchkonstruierten Baugruppen. Als anfänglich noch keine speziellen Panzermotoren zur Verfügung standen, wurde eine Vielzahl unterschiedlicher Triebwerke verwendet. Die letzten amerikanischen Kampfwagen zeichneten sich durch Zuverlässigkeit und Reparaturfreundlichkeit sowie eine akzeptable Geländegängigkeit und Panzerung aus. Doch ihre Bewaffnung blieb bis zum M 26 schwach. Dieser Umstand gestattete es ihnen nicht, sich auf einen offenen Feuerkampf mit den deutschen »Tigern« und »Panthern« einzulassen. Zu deren Bekämpfung wurden hauptsächlich die Luftstreitkräfte und, in geringerem Maße, auch die Jagdpanzer eingesetzt.

In Kanada fertigte man Panzer der Typen RAM (nach den Konstruktionsunterlagen des »Sherman«) und M 4 sowie Selbstfahrlafetten »Sexton« mit einer 87-mm-Haubitze. Der Produktionsausstoß belief sich auf insgesamt 5815 Panzer und SFL.

Am Vorabend des Großen Vaterländischen Krieges waren die Panzer- und mechanisierten Truppen zu einer der grundlegenden Waffengattungen und zur Hauptstoßkraft der Roten Armee geworden. Die sowjetischen Konstrukteure hatten neue Kampfwagen mit granatsicherer Panzerung, starker Bewaffnung und hoher Beweglichkeit geschaffen. Mit ihren Gefechtseigenschaften waren sie den Panzern der kapitalistischen Länder weit überlegen und entsprachen vollständig den Anforderungen eines modernen Krieges.

Da der deutsche Faschismus von Tag zu Tag dreister wurde, beschleunigten die sowjetischen Panzertruppen ihre Umrüstung auf die neue Kampftechnik, weil die Masse ihres Panzerparks aus in den 30er Jahren gebauten Kampfwagen bestand. Der Anteil der neuen mittleren Panzer T-34 und der schweren KW betrug bei Kriegsausbruch etwa 8 % aller Fahrzeuge. Bis zum 22. Juni 1941 waren 1861 von ihnen gebaut worden, wovon sich 967 T-34 und 508 KW in den grenznahen Militärbezirken befanden. 1939 war der leichte Panzer T-40 in die Bewaffnung eingeführt worden. Im Verlauf des Krieges verringerte sich der Anteil der leichten Panzer an der Gesamtzahl der Kampfwagen jedoch mehr und mehr, obwohl ihr Produktionsausstoß anfangs (in den Jahren 1941 und 1942) noch stark anstieg. Das war durch die dringende Notwendigkeit begründet, die Rote Armee innerhalb kürzester Zeit mit einer möglichst großen Zahl von gepanzerten Gefechtsfahrzeugen auszurüsten. Überdies konnte die Produktion leichter Panzer relativ einfach in Gang gebracht werden.

Im Herbst 1941 entstand der leichte Panzer T-60, 1942 der T-70. Die Verwendung von Kfz-Antriebsaggregaten und eine höchst einfache Konstruktion erlaubten eine kostengünstige Herstellung. Der Krieg zeigte aber, daß sie wegen ihrer schwachen Panzerung und Bewaffnung nicht kampffähig genug waren. Deshalb wurde ihre Herstellung ab Ende 1942 stark gedrosselt und ausgangs 1943 ganz eingestellt. Die dadurch freigewordenen Produktionskapazitäten wurden für den Bau von Selbstfahrlafetten auf der Basis des T-70 genutzt.

Von den ersten Stunden des Krieges an nahmen die T-34 an den Kampfhandlungen teil und bewiesen ihre unübertroffenen Gefechtseigenschaften. Der Gegner, der von der Existenz dieser neuen Panzer völlig überrascht worden war, wich jedem Zusammentreffen mit ihnen auf dem Gefechtsfeld aus. Seine Standardpanzer P III und P IV konnten es mit dem sowjetischen »Vierunddreißiger« nicht aufnehmen. Die Kanonen dieser Kampfwagen waren machtlos gegen die Panzerung des T-34, der seinerseits die deutschen Panzer aus der Entfernung des direkten Schusses (das ist die Strecke, auf der die Flugbahnhöhe der Granate die Zielhöhe nicht übersteigt und daher das Ziel mit hoher Wahrscheinlichkeit getroffen wird) vernichten konnte. Es dauerte über ein Jahr, bis die Deutschen unseren Panzern einigermaßen gewachsene Kampfwagen entgegenzustellen vermochten.

Die Panzerung des sowjetischen schweren Kampfwagens KW konnte zu Beginn des Krieges von keiner deutschen Panzer- oder Panzerabwehrkanone bezwungen werden. Einige konstruktive Unzulänglichkeiten führten zur Modernisierung des Panzers in der zweiten Hälfte des Jahres 1942, in deren Ergebnis der KW-1S entstand. Bereits Ende 1943 kamen die neuen schweren IS-2, die stärksten Panzer des zweiten Weltkrieges, zum Einsatz. Unmittelbar vor Kriegsende rollten noch weitaus kampfkräftigere schwere Panzer vom Typ IS-3, die aber nicht mehr an der Front eingesetzt wurden, aus den Werkhallen der sowjetischen Panzerindustrie.

Ab 1943 erhielten Selbstfahrlafetten eine weite Verbreitung in den sowjetischen Panzertruppen. Sie entstanden, indem Artilleriesysteme – Kanonen oder Haubitzen – auf ein selbstfahrendes Kettenfahrgestell montiert wurden. Der Unterschied zwischen den SFL und den Panzern, auf deren Basis sie gebaut wurden, bestand hauptsächlich im Fehlen eines Turmes und dem dadurch begrenzten horizontalen Richtbereich der Bewaffnung. Hauptursache für die Entwicklung derartiger Gefechtsfahrzeuge als Ergänzung zu den Panzern war die Möglichkeit, auf dem gleichen Basisfahrzeug ein weitaus schwereres und feuerkräftigeres Geschütz einzubauen, als das beim entsprechenden Panzer möglich war.

Vor dem Krieg waren in der UdSSR eine Reihe von Versuchsmustern selbstfahrender Artillerie geschaffen worden, die aber nicht in die Ausrüstung der Armee übernommen wurden. Erstes in Großserie gefertigtes Modell war die Selbstfahrlafette SU-76, deren Produktion Ende 1942 anlief und die als mobiles Mittel zur Begleitung der Infanterie eingesetzt wurde. Die SFL war mit der 76,2-mm-Divisionskanone Modell 1942 bewaffnet. Während des Krieges war die Umstellung der Produktion von Gefechtsfahrzeugen eine äußerst nachteilige Angelegenheit, weil dadurch der Ausstoß unweigerlich verringert wurde. Es mußten daher Basisfahrzeuge ausgewählt werden, die mit nur geringfügiger Modifikation für Selbstfahrlafetten verwendet werden konnten. Dieser Forderung entsprach z. B. das Fahrgestell des leichten Panzers T-70, aus dem durch Aufbau der oben genannten 76,2-mm-Kanone die SU-76 entstand. Danach wurden die SFL SU-122 (mit einer 122-mm-Haubitze auf der Basis des T-34) und die aus dem Panzer KW-1S abgeleitete SU-152 (mit einer 152-mm-Haubitzkanone) geschaffen.

Da die SU-76 mit ihren Fahreigenschaften die Forderung nach Begleitung der Panzer nicht erfüllen konnte und ihre Kanone für den Kampf mit den neuen deutschen Panzern »Tiger« und »Panther« nicht über die nötige Durchschlagskraft verfügte, entwickelte man innerhalb kürzester Zeit die SU-85 (auf der Basis des T-34), die im Herbst 1944 durch die noch leistungsfähigere SU-100 abgelöst wurde. 1943 entstand die schwere Selbstfahrlafette ISU-152, 1944 die schwere SFL ISU-122.

Weder die britischen noch die amerikanischen Streitkräfte verfügten während des Krieges über ähnliche Systeme. Nur in der deutschen Wehrmacht gab es mehrere Modelle von Sturmgeschützen und vollständig gepanzerten Panzerabwehr-Selbstfahrlafetten (Jagdpanzern).

1945 wurde auf der Basis der SU-76 die Fliegerabwehr-SFL ZSU-37 geschaffen. Sie war zur Fliegerabwehr in den Panzereinheiten auf dem Marsch und im Gefecht bestimmt und mit einer automatischen 37-mm-Flak (Schußsektor 360°) ausgerüstet. Die ZSU-37 hatte 11,5 t Gefechtsmasse; sie wurde durch eine sechs Mann starke Besatzung bedient.

Obwohl bis zum Ende des Großen Vaterländischen Krieges dem T-34, der Ende 1943 zum T-34/85 weiterentwickelt worden war, als mittlerem Panzer kein gleichwertiger Kampfwagen entgegentrat und die Panzersoldaten der Roten Armee mit diesem Gefechtsfahrzeug mehr als zufrieden waren, hatten die sowjetischen Konstrukteure den Blick schon weit nach vorn gerichtet. Unter Berücksichtigung der in den Gefechten und Schlachten gesammelten Erfahrungen begannen sie mit der Entwicklung eines neuen, noch vollkommneren Panzers, der den berühmten »Vierunddreißiger« noch übertreffen sollte. Bereits 1940 hatte der Chefkonstrukteur des T-34, M. I. Koschkin, den Gedanken geäußert, die Abmessungen des Kampfwagens zu verringern und den Motor quer zur Fahrtrichtung einzubauen. 1944 wurde diese Idee bei dem neuen mittleren Panzer T-44 verwirklicht, der den mit dem T-34 beschrittenen Weg fortsetzte und dem gewaltigen Erfahrungsschatz des Krieges Rechnung trug. Hauptaugenmerk hatte man dabei auf die Erhöhung des Panzerschutzes gelegt. Die bedeutend stärkere Bugpanzerplatte war aus einem Stück gefertigt, ohne Fahrerluke und Kugelblende für das Maschinengewehr. Auch die beim T-34 über den Ketten liegenden Bordwandnischen fehlten. Dadurch konnten die Wannenseiten senkrecht gehalten und stärker gepanzert werden. Diese verblüffende konstruktive Lösung zog trotz Verstärkung des Panzerschutzes keine Erhöhung der Gesamtmasse des Kampfwagens nach sich.

Der T-44 behielt die Hauptbewaffnung seines Vorgängers. Sein Turm hatte eine Hecknische, die den Großteil des Kampfsatzes (insgesamt 58 Granaten) aufnahm. Der Kommandant stand über Funk mit anderen Panzern und den Vorgesetzten in Verbindung. Ein neuer Motor mit veränderter Anbringung von Wasser- und Schmierölpumpe ermöglichte es, die Höhe der Wanne um 30 cm zu verringern. Bei der Kraftübertragung hatten die Konstrukteure eine neue Baugruppe, das Zwischengetriebe, eingeführt, daß die Weiterleitung des Drehmoments vom Motor zum

Wechselgetriebe übernahm. Alle Laufrollen waren einzeln aufgehängt und mit Drehstäben abgefedert.

Der T-44 nahm praktisch nicht mehr an Gefechtshandlungen teil. Er war jedoch der Vorläufer für einen weiteren, noch stärkeren Panzer, den Nachkriegs-Kampfwagen T-54. Hier die taktisch-technischen Daten des T-44:

Gefechtsmasse	31,5 t
Besatzung	4 Mann
Bewaffnung	1 85-mm-Kanone
	2 7,62-mm-MG
(1 MG mit der Kanone gekoppelt;	1 MG starr im Wannenbug,
	vom Fahrer bedient)
Panzerung	120 mm (Wannenbug)
Motor	Diesel W-44, 380 kW (520 PS)
Höchstgeschwindigkeit	51 km/h.

Die sowjetische Panzertechnik behauptete im Verlauf des gesamten Krieges ihre qualitative Überlegenheit über die Technik des Gegners. Ab Ende 1942 errang die Sowjetunion auch die zahlenmäßige Überlegenheit auf diesem Gebiet. Schon 1942 produzierte unsere Industrie viermal soviel Panzer wie die des faschistischen Deutschlands. Das war eine echte Heldentat der sowjetischen Panzerbauer. Der Generaloberst des ingenieurtechnischen Dienstes Sh. J. Kotin schrieb dazu: »Eine gewaltige Rolle spielte eine unbezahlbare Eigenschaft der sowjetischen Schule im Panzerbau: die maximal mögliche Einfachheit der Konstruktion, die nur dann zum Komplizierten strebte, wenn der gewünschte Effekt mit einfachen Mitteln nicht zu realisieren war.«

Von dieser Grundeinstellung ließen sich die führenden sowjetischen Konstrukteure leiten, zu denen N. A. Astrow, L. I. Gorlitzki, N. L. Duchow, Sh. J. Kotin, M. I. Koschkin, N. A. Kutscherenko, A. A. Morosow, L. S. Trojanow, N. F. Schaschmurin und andere gehörten.

Innerhalb von vier Kriegsjahren (bis 30. Juni 1945) lieferte die sowjetische Industrie der Front 96 099 Panzer und Selbstfahrlafetten (davon rund 22 000 SFL).

Sehen wir uns jetzt an, mit welcher Panzertechnik die faschistische Wehrmacht auf die Schlachtfelder des zweiten Weltkrieges rollte. Zu Beginn des Frankreichfeldzuges (10. Mai 1940) verfügten die fünf deutschen Panzerkorps über 2580 Kampfwagen. Die Verbündeten (Frankreich und Großbritannien) stellten ihnen 3800 Panzer in vier mechanisierten und vier Panzerdivisionen sowie einer Vielzahl von selbständigen Panzerbataillonen entgegen.

Die britischen und französischen Kampfwagen waren den deutschen an Panzerung und Bewaffnung überlegen. Doch die deutschen Panzertruppen waren besser ausgebildet, straff organisiert und zweckmäßiger geführt. Während die französischen und britischen Panzer in kleinen Gruppen ins Gefecht gingen, keine Verbindung untereinander und oftmals auch nicht zu der mit ihnen zusammenwirkenden Infanterie hatten, setzten die Deutschen ihre Kampfwagen massiert ein, was ihnen den Erfolg einbrachte.

Die technischen Mängel der deutschen Panzer kamen erst an der sowjetisch-deutschen Front so richtig zum Tragen. Ihre Geländegängigkeit und ihre Beweglichkeit abseits fester Straßen sehr niedrig. Mit ihrer Bewaffnung waren sie weit hinter den sowjetischen T-34 und KW zurückgeblieben, so daß die Faschisten einen neuen Panzer benötigten, um diesen Vorsprung zu verringern. Die Entwicklung eines neuen Kampfwagens aber kostete Zeit. Inzwischen blieb ihnen nichts weiter übrig, als die vorhandenen Kampfwagen umzurüsten. Dafür schien der P IV am besten geeignet. Ab 1942 begann man, in dieses Fahrzeug eine 75-mm-Langrohrkanone einzubauen und die Panzerung zu verstärken. Dadurch wurde seine Bewaffnung den sowjetischen Panzern zeitweilig ebenbürtig. Bei allen anderen Gefechtseigenschaften aber blieb die Überlegenheit des T-34 unangefochten.

1943 erschienen die Panzer P V »Panther« und P VI »Tiger« in größerer Zahl auf den Schlachtfeldern. Ihre Konstruktionen vereinten technische Lösungen, die die deutschen Konstrukteure am T-34 und KW als gelungen betrachteten, mit traditionell deutschen Bauformen. Bei diesen Kampfwagen war die Bewaffnung am gründlichsten überarbeitet worden. Die Fahrzeuge selbst wiesen noch ernste Mängel auf: ihre große Masse auf Grund eines nicht gelungenen konstruktiven Gesamtaufbaus, die ungenügende Zuverlässigkeit der Aggregate und Mechanismen sowie ihre nach wie vor unzureichende Geländegängigkeit. Die Antwort der sowjetischen Konstrukteure auf die P V und P VI ließ nicht lange auf sich warten. Vor den Granaten der neuen Kanonen, über die der T-34/85, der IS-2 sowie die Selbstfahrlafetten SU-85, SU-100 und ISU-122 verfügten, schützte auch die stärkere Panzerung der »Panther« und »Tiger« nicht.

Unverkennbar war die Überlegenheit der Panzer vom Typ IS gegenüber den »Tigern«. In dem Bestreben, diese Überlegenheit um jeden Preis zu beseitigen, entstand 1944 der schwere Kampfwagen P VI/B »Königstiger«. Doch diese Revanche mißlang: Die »Königstiger« erwiesen sich als zu unbeweglich und waren, ungeachtet ihrer noch stärkeren Panzerung, durch das Feuer der sowjetischen

100-mm-Panzerabwehrkanonen sowie der 122-mm-Panzer- und SFL-Kanonen verwundbar. Die »Königstiger« waren die schwersten Panzer, die je auf dem Schlachtfeld zum Einsatz kamen. Auf ihrer Basis entwickelte man die Panzerabwehr-Selbstfahrlafette »Jagdtiger« – das schwerste serienmäßig produzierte Gefechtsfahrzeug in der Geschichte des Panzerbaus mit einer Masse von 70 t, einer 128-mm-Kanone und einer bis zu 250 mm starken Panzerung.

Hier müssen auch die Versuche erwähnt werden, im Verlauf des Krieges überschwere Panzer und Selbstfahrlafetten zu entwickeln. Zunächst zu den Arbeiten der Deutschen. 1940 hatten Ferdinand Porsche und die Firma Henschel den Auftrag für einen Panzer erhalten, der mit einer 128-mm-Kanone bewaffnet und durch eine maximal mögliche Panzerung geschützt sein sollte. Nach vier Monaten war das erste und einzigste Exemplar des Porsche-Kampfwagens, das die Tarnbezeichnung »Maus« erhalten hatte, fertiggestellt. Hier seine taktisch-technischen Daten:

Gefechtsmasse		188 t
Besatzung		5 Mann
Bewaffnung		1 128-mm-Kanone
		1 75-mm-Kanone
		1 MG
Panzerung	Wannenbug	200 mm
	Bordwände	120 mm
	Turm	240 mm
Höchstgeschwindigkeit		20 km/h

Der Panzer der Firma Henschel (Projektbezeichnung E 100, Gefechtsmasse 140 t, Bewaffnung 1 150-mm- und 1 75-mm-Kanone) wurde nie gebaut. Es stellt sich die Frage, für welche Aufgaben derartige Kolosse eigentlich gedacht waren. Anscheinend war das selbst dem Oberkommando der Wehrmacht nicht klar, denn nur so läßt sich dessen mangelndes Interesse an diesen Fahrzeugen erklären. Schließlich konnten lange nicht alle Brücken das Gewicht dieser Kolosse tragen; von einer Verlegung im Eisenbahntransport konnte auch keine Rede sein. So kann man nur annehmen, daß sie als bewegliche Festungen in den Zwischenräumen zwischen den Bunkern stark befestigter Räume eingesetzt werden sollten.

Auch die Briten und Amerikaner versuchten, überschwere Fahrzeuge zu schaffen. In der Zeit zwischen 1943 und 1947 stellten die Briten sechs Sturmgeschütze A 39 »Turtle« (»Schildkröte«) mit einer Gefechtsmasse von 80 t, einer 94-mm-Kanone und einer bis 229 mm starken Panzerung her.

Die Amerikaner konstruierten 1943 das Sturmgeschütz T 28. Bei einer Gefechtsmasse von 88 t war das Fahrzeug mit einer 105-mm-Kanone bewaffnet. Seine Panzerung erreichte die Rekordstärke von 305 mm für die Stirnteile. Zu seiner Fortbewegung dienten vier Ketten. Diese überschweren britischen und amerikanischen Kampfwagen waren für den Durchbruch der »Siegfriedlinie« an der Westgrenze Deutschlands bestimmt.

Wenn hier von diesen Panzergiganten berichtet wird, müssen logischerweise auch die entgegengesetzten Extreme, die Minipanzer, jene ferngelenkten Kettenfahrzeuge, die teilweise oder vollständig gepanzert waren, erwähnt werden. Häufig wurden sie auch als »Kettentorpedos« bezeichnet.

Arbeiten zur Entwicklung ferngelenkter Fahrzeuge, die mit Hilfe einer Sprengladung befestigte Punkte, Bunker und Pioniersperren vernichten sollten, liefen schon vor dem Krieg in Japan und Frankreich.

Während des Krieges stellte die deutsche Firma Borgward mehrere Dutzend solcher Fahrzeuge mit einer Einsatzmasse von 1,5 t her, die über Funk ferngesteuert wurden. Danach entwickelte man einen 370 kg schweren Minipanzer mit Drahtlenkung, der 60 kg Sprengstoff transportierte. Das 1,5 km lange dreiadrige Steuerkabel wurde von einer Trommel abgespult, die sich an Bord des Fahrzeugs befand. Durch Betätigung der entsprechenden Knöpfe am Steuerpult konnte die »fahrende Mine« nach rechts und links gelenkt, angehalten und rückwärts gefahren sowie die Sprengladung gezündet werden. Zwei batteriegespeiste Elektromotoren verliehen dem Fahrzeug eine Geschwindigkeit von 10 km/h. Es sollte ein Aprilscherz sein (die Serienproduktion lief im April 1940 an), daß dieses Fahrzeug die Bezeichnung »Goliath« nach einer Figur aus der biblischen Geschichte von wahrhaft riesiger Größe und gigantischen Kräften erhielt. Bis Januar 1944 stellte man 2650 Exemplare davon her. Die »Goliaths« wurden in großer Zahl an der sowjetisch-deutschen Front zum Schaffen von Gassen in Minenfeldern verwendet. So machten sie zum Beispiel der 654. Panzerjägerbrigade, die mit dem Jagdpanzer »Elefant« ausgerüstet war, den Weg zum Angriff während der erfolglosen Offensive der Deutschen im Juli 1943 im Kursker Bogen frei.

Mit »Goliaths« ausgerüstete Einheiten sollten strukturmäßig zu jedem schweren »Tiger«-Bataillon gehören. In diesem Falle wurden die »Goliaths« von einem speziellen Panzer aus ferngelenkt. Allerdings gestatteten es die begrenzte Produktion und die hohen Verluste zum Leidwesen von Generaloberst Guderian nicht, allen Panzer-

bataillonen ständig Fernlenkpanzer zu unterstellen. Die »Goliaths« wurden auch gegen befestigte Feuerpunkte sowie im Ortskampf zur Zerstörung von Gebäuden und anderen Hindernissen verwendet. Dem Versuch, die »Goliaths« gegen sowjetische Panzer einzusetzen, war praktisch kein Erfolg beschieden, da die nur mit 5 mm starkem ungehärtetem Stahlblech verkleideten Fahrzeuge sehr leicht, sogar durch Gewehrkugeln, außer Gefecht gesetzt werden konnten. Ihre Steuerkabel wurden durch detonierende Minen oder Granaten leicht zerrissen. Wie die Gefechtserfahrungen zeigten, war auch die Sprengladung nicht ausreichend dimensioniert. Deshalb begannen ab April 1943 die Firmen Zündapp und Zachertz einen neuen »Goliath«, den B-V, zu fertigen, der 75 kg Sprengstoff an Bord nehmen konnte. Die Fahrzeuge dieses Typs waren durch 10 mm starke Weichstahlplatten geschützt. Bei einer Masse von 430 kg entwickelten sie eine Geschwindigkeit von 12 km/h. Bis September 1944 wurden insgesamt 4604 B-V gebaut. Danach liefen im Winter 1944/45 325 Fahrzeuge eines verbesserten Modells vom Band, die bei 370 kg Gefechtsmasse 100 kg Sprengstoff transportierten.

Zur gleichen Zeit entwickelte die Firma Borgward den funkferngesteuerten Sprengstoffträger B-IV und lieferte davon 900 Exemplare aus. Seine Gesamtmasse betrug 3,6 t, davon waren 500 kg Sprengstoff. Die Geschwindigkeit lag bei 38 km/h. Bis zum Einsatzraum übernahm ein Fahrer die Führung des B-IV. Diese Fahrzeuge erlitten im Juli 1943 im Kursker Bogen hohe Verluste, als sie Gassen in sowjetischen Minenfeldern schufen. Deshalb schützte man das Nachfolgemuster B-IV/C durch eine 20-mm starke Panzerung. Dadurch erhöhten sich bei den Fahrzeugen, von denen 1944 305 Stück gebaut wurden, die Gesamtmasse auf 4,85 t. Ein 57 kW (87 PS) leistender Benzinmotor verlieh dem B-IV/C eine Geschwindigkeit von 40 km/h.

In der Ausgangsstellung saß der Fahrer ab. Das von dort aus funkferngesteuerte Fahrzeug rollte auf sein Ziel zu, warf die Sprengladung ab, die durch einen Verzögerungszünder zur Detonation gebracht wurde, und kehrte dann zurück.

Doch weder die »Goliaths« noch die B-IV konnten die ihnen zugedachten Aufgaben vollständig lösen.

Im Verlauf des Krieges begann die deutsche Industrie, in immer größerer Zahl Selbstfahrlafetten verschiedenster Zweckbestimmung zu produzieren. Je mehr die Wehrmacht gezwungen war, Verteidigungshandlungen zu führen, um so größer wurde der Anteil der SFL im Verhältnis zu den Panzern. 1944 überstieg die Fertigung von SFL erstmalig den Bau von Panzern. In den letzten Kriegsmonaten wurden insgesamt doppelt soviel SFL wie Panzer produziert.

Die deutsche selbstfahrende Artillerie untergliederte sich in Sturmgeschütze, Jagdpanzer, Panzerjäger, Artillerieunterstützungs-SFL und Fla-SFL.

Auf die Idee, die Infanterie mit selbstfahrenden Artilleriesystemen auszurüsten, war das deutsche Oberkommando schon vor dem Krieg gekommen. Das sollten vollständig gepanzerte Fahrzeuge mit einer granatsicheren Panzerung sein. Die vereinfachte Konstruktion ohne Turm verbilligte die Produktion. Die hauptsächliche Zweckbestimmung dieser Gefechtsfahrzeuge war die Begleitung der Infanterie, in deren Gefechtsordnung sich die Sturmgeschütze (wie diese SFL in der deutschen Wehrmacht bezeichnet wurden) bewegten und feindliche Maschinengewehre sowie andere Ziele, die das Vorrücken der Infanterie behinderten, niederhielten.

Jagdpanzer waren vollständig gepanzerte SFL, deren Bewaffnung aus einer Panzerabwehrkanone bestand. Eine dieser Selbstfahrlafetten war der Jagdpanzer »Elefant«, der anfänglich als »Ferdinand« bezeichnet wurde.

Spezielle Panzerjäger baute man ab Ende 1943 auf dem Fahrgestell der P IV. Für die weitere Verstärkung der Bewaffnung (88-mm-Kanone) eignete sich der P IV schon nicht mehr als Basisfahrzeug, so daß man auf den P V »Panther« zurückgreifen mußte. Die von ihm abgeleitete SFL erhielt die Bezeichnung »Jagdpanther«.

Als Beispiel für die gelungene Weiterverwendung des Fahrgestells eines veralteten Panzers (hier des TNHP) für eine Selbstfahrlafette gilt der ab 1944 gebaute leichte Jagdpanzer »Hetzer«. Zu weiteren SFL-Typen zählten Systeme der Feldartillerie auf einem selbstfahrenden Chassis und Fla-SFL (sie alle waren nur teilweise bzw. leicht gepanzert). Für die deutsche SFL-Artillerie waren verschiedenartige Improvisationen und die Verwendung einer großen Zahl unterschiedlicher Fahrgestelle von veralteten (P I, P II) oder in Produktion befindlichen Panzern (P IV), von Versuchsmodellen und von erbeuteten Panzern sowie von SPW charakteristisch.

Verwendet wurden drei Artilleriesysteme: das 150-mm-Infanteriegeschütz, die leichte 105-mm- und die schwere 150-mm-Haubitze. Am gelungensten und daher in großer Stückzahl gebaut waren die 105-mm-SFL-Haubitze »Wespe« auf dem Fahrgestell des P II, von der 1943/44 rund 800 vom Band liefen, und die 150-mm-SFL-Haubitze »Hummel« auf der Basis des P III/IV mit einem Produktionsvolumen von über 700 Stück im selben Zeitraum.

Für die Jagdpanzer und Panzerjäger wurden mehrere Artilleriesysteme der Kaliber 47, 75, 88 und 128 mm verwendet. Wie bereits erwähnt, baute man schon 1939 un-

gefähr 170 leichte Panzer P I zu einer Panzerabwehr-SFL mit einer tschechischen 47-mm-Kanone um. Das oben offene Fahrzeug war vorn und an den Seiten 14 mm stark gepanzert. Drei Mann Besatzung bedienten die SFL.

Als sich herausstellte, daß die deutschen Panzerabwehr- und Panzerkanonen im Kampf mit den sowjetischen T-34 und KW völlig uneffektiv waren, forderte das Oberkommando des Heeres von der deutschen Industrie, kurzfristig eine durchschlagskräftige Panzerabwehrkanone zu schaffen. Inzwischen nahm man alles, dessen man habhaft werden konnte: 88-mm-Flak und erbeutete sowjetische 76,2-mm-Kanonen vom Typ F-22, die günstige ballistische Eigenschaften für den Kampf mit Panzern aufwiesen. Die wenig später entwickelte deutsche 75-mm-Panzerabwehrkanone »PAK 40« (Gefechtsmasse 1425 kg) blieb in ihrer Beweglichkeit weit hinter den alten 37-mm- und 50-mm-Panzerabwehrkanonen zurück. Deshalb entschloß man sich, neue Artilleriesysteme zur Panzerabwehr auf ein selbstfahrendes Chassis zu setzen. Da zum gleichen Zeitpunkt die Panzer P II und 38(t) veraltet waren und ihre Produktion auslief, verwendete man ihre Fahrgestelle im weiteren für die Panzerjäger.

Am zahlreichsten waren in der faschistischen deutschen Wehrmacht die SFL vom Typ »Marder«, die mit der 75-mm-»PAK 40« bewaffnet waren, vertreten. Der »Marder I« (170 Exemplare) entstand 1942 auf dem Fahrgestell des französischen SPW »Lorraine«; der »Marder II«, von dem 1942/43 rund 600 gebaut wurden, basierte auf dem P II, und beim »Marder III« (1943/44; 1560 Stück) verwendete man als Basisfahrzeug den Panzer P 38(t). Die stärkste Panzerabwehrwaffe war die SFL »Nashorn«, die eine 88-mm-Kanone erhalten hatte und in ihrem konstruktiven Aufbau der 150-mm-SFL-Haubitze »Hummel« glich.

Fla-SFL produzierte man 1943/44 auf der Basis der Panzer P IV und P 38(t).

Einige Worte zu den überschweren SFL »Karl« und »Thor«. Die mit einem 600-mm-Mörser bestückten Fahrzeuge waren zur Bekämpfung stark befestigter Objekte bestimmt. 1940/41 fertigte die Firma Rheinmetall sechs dieser SFL an. Sie hatten eine Masse von 124 t und konnten sich mit einer Geschwindigkeit von 10 km/h fortbewegen. Ihre 2,2 t schweren Granaten erreichten eine ungeheure Vernichtungskraft, aber nur die geringe Schußentfernung von 6,7 km. Deshalb wurden 1942 längere 540-mm-Rohre hergestellt, als die verschlissenen 600-mm-Rohre ersetzt werden mußten. Durch die Verringerung des Kalibers stieg die Schußentfernung auf 10 km an.

Die SFL »Karl« kamen bei der Beschießung der Festung Brest, bei der Belagerung von Sewastopol und im Herbst 1944 bei der Zerstörung Warschaus zum Einsatz.

Insgesamt produzierte die deutsche Industrie während des Krieges (1939 bis März 1945) rund 47 000 Panzer und Selbstfahrlafetten, wobei die SFL mit 22 600 fast die Hälfte der gebauten Gefechtsfahrzeuge ausmachten.

Zu Beginn der Kampfhandlungen im pazifischen Raum (7. Dezember 1941) verfügte die japanische Armee über einen Panzerpark von annähernd 2000 Fahrzeugen, hauptsächlich leichte Kampfwagen »Ha-go« und Tanketten. Von den mittleren Panzern »Chi-ha« gab es nur einige hundert. Ab 1940 wurde mehrmals der Versuch unternommen, die Standardpanzer »Ha-go« und »Chi-ha« zu modernisieren, doch in nennenswerter Zahl produzierte man nur den leichten »Ke-nu« und den mittleren »Chi-he«. 1942 schufen japanische Konstrukteure den Schwimmpanzer »Ka-mi«. Zum Kampf mit den amerikanischen Panzern und zur Unterstützung der eigenen Kampfwagen gingen die Japaner 1942 dazu über, in begrenzter Anzahl SFL zu bauen. Im Verlauf des gesamten Krieges litt der japanische Panzerbau ständig an Rohstoffmangel (Stahl) und am Fehlen qualifizierter Arbeitskräfte. Der Höhepunkt der Panzerfertigung fiel in das Jahr 1942 mit 1182 Kampfwagen. Danach nahm die Produktion stark ab. Insgesamt wurden von 1941 bis August 1945 rund 3700 Panzer und SFL hergestellt, in der Hauptsache Panzer »Chi-ha« und »Ha-go« sowie deren Modifikationen. An SFL wurden weniger als 150 Fahrzeuge ausgeliefert. Die japanischen Kampfwagen blieben hinsichtlich ihrer Bewaffnung, ihres Panzerschutzes und anderer Parameter weit hinter den Panzern der anderen kriegführenden Länder zurück.

Als Italien am 10. Juli 1940 in den Krieg eintrat, besaß seine Armee rund 1500 Panzer vornehmlich veralteter Konstruktionen (»Fiat« 3000, CV3/35). Während des Krieges wurden der mittlere Panzer M 13/40 sowie seine Versionen M 14/41 und M 15/42 gebaut, in geringen Stückzahlen auch leichte Panzer L6/40. Erwähnenswert war die Tendenz, Dieselmotore als Antriebsaggregate zu verwenden.

Ab 1943 begann die verstärkte Fertigung von Selbstfahrlafetten »Semovente« als Sturmgeschütz, Panzerabwehr- und Fla-SFL. Die Kapazitäten des italienischen Panzerbaus waren jedoch gering. 1941 rollten 780, 1942 650 und in der Periode von 1940 bis 1943 alles in allem nur ganze 2300 Panzer und SFL vom Band. Die Gefechtseigenschaften der Fahrzeuge ließen sehr zu wünschen übrig. Im Verlauf des Krieges setzten die Italiener auch erbeutete französische Panzer R 35, H 35 und S 35 ein.

Nachdem die ungarische Armee den leichten Panzer »Toldi« erhalten hatte, war ihr Oberkommando bestrebt, die Truppen auch mit mittleren Panzern auszurüsten. Die Suche nach einer geeigneten Lizenz führte 1940 zur Übernahme der Unterlagen des noch nicht fertig entwickelten Panzers T-21 von den Škoda-Werken. Dadurch mußten viele Baugruppen um- oder neukonstruiert werden. Für die 40-mm-Kanone entwarf man einen neuen Turm, der drei Mann aufnehmen konnte. Außerdem wurden die Panzerung verstärkt und die Motorleistung erhöht. Die Produktion dieses Panzers, der die Typenbezeichnung 40M »Turan« trug, lief im Oktober 1941 an. Für die Realisierung des ersten Auftrages über 230 Kampfwagen benötigte die ungarische Industrie zwei Jahre. 1942 wurden weitere 70 Panzer bestellt. Ab 1942 wurde der Panzer an die Truppe ausgeliefert. 285 Kampfwagen dieses Typs wurden bis 1944 fertiggestellt.

Angesichts der schwachen Bewaffnung dieses Kampfwagens begannen noch 1941 Entwicklungsarbeiten für einen modernisierten Panzer mit einer 75-mm-Kurzrohrkanone. Unter der Bezeichnung 41M »Turan« 75 oder »Turan« II erhielt die ungarische Armee ab Mai 1943 129 dieser Kampfwagen. Seine Gefechtsmasse betrug 16 t, die Besatzung bestand aus vier Mann. Außer mit der Kanone war der Panzer noch mit zwei Maschinengewehren bewaffnet. Die Stirnpanzerung erreichte eine Stärke von 61 mm. Das Fahrzeug entwickelte eine Geschwindigkeit bis zu 47 km/h. Die »Turan«-Panzer nahmen Anfang 1944 an Gefechten mit der Roten Armee teil, erlitten schwere Verluste und verschwanden schnell wieder von der Front.

Auf der Grundlage des »Turan« entstanden 1943/44 ungefähr 50 105-mm-SFL »Zrinyi«, die in ihrem konstruktiven Aufbau an die deutschen Sturmgeschütze oder die italienischen »Semovente« erinnerten. In der Bugpartie der vollständig gepanzerten Wanne war rechts eine 105-mm-Kurzrohrhaubitze eingebaut. Der Kampfsatz bestand aus 52 Schuß getrennter Munition (d. h. Granate und Hülse waren einzeln zu laden). Die SFL wurde zur Unterstützung der Infanterie eingesetzt. Wegen der geringen Anfangsgeschwindigkeit der Granate eignete sie sich nicht zur Panzerbekämpfung.

Dem Versuch, einen schweren Panzer zu entwickeln, war kein Erfolg beschieden. 1944 entstand das Versuchsmuster des schweren Kampfwagens »Tas« (38 t, 75-mm-Langrohrkanone, bis 120 mm starke Panzerung). Auf der Basis dieses Panzers war vorgesehen, eine Panzerabwehr-SFL mit deutscher 88-mm-Kanone zu schaffen. Die ungarische Industrie baute insgesamt 700 Panzer und SFL, die den sowjetischen in allen Parametern unterlegen waren.

In den Armeen der Slowakei, Rumäniens und Finnlands waren tschechische Panzer LT-35, LT-38, französische R 35, britische »Vickers 6t« sowie deutsche P IV im Einsatz.

Sowjetischer leichter Panzer T-50

Anfang 1940 fiel die Entscheidung, das Projekt eines leichten Panzers zu erarbeiten, der den veralteten T-26 ablösen sollte. Der Kampfwagen war für die Begleitung der Infanterie bestimmt. Seine Konstruktion sollte die Erfahrungen des spanischen Bürgerkrieges berücksichtigen. Zum leitenden Konstrukteur war der zu jener Zeit in Leningrad arbeitende L. S. Trojanow berufen worden. Ende 1940 waren zwei Fahrzeuge fertiggestellt. Nach entsprechenden Erprobungen und Verbesserungen wurde der Panzer im April 1941 für die Ausrüstung der Roten Armee bestätigt. Der auf hohem technischem Niveau stehende Kampfwagen mit einer relativ niedrigen Gesamtmasse von 13,5 t war nach allen Seiten 37 mm stark gepanzert. Die Wanne hatte man so konstruiert, daß die Bug-, Seiten- und Heckplatten der Panzerung geneigt und alle Kanten der Bugpartie abgeschrägt waren. Der konische Turm verfügte über eine

Kommandantenkuppel mit sechs Beobachtungsgeräten, deren Ausblicke mit gepanzerten Blenden verschlossen werden konnten. Bei der Laufwerkskonstruktion hatte

Sowjetischer leichter Panzer T-50		
Gefechtsmasse		13,5 t
Besatzung		4 Mann
Bewaffnung		1 45-mm-Kanone
		1 MG
Panzerung	Wannenbug	37 mm
	Bordwände	37 mm
	Turm	37 mm
Motorleistung		220 kW (300 PS)
Höchstgeschwindigkeit		60 km/h
Fahrbereich auf Straße		340 km

man sich für drehstabgefederte Einzelaufhängung der Laufrollen mit innerer Dämpfung entschieden. Der Dieselmotor ermöglichte die hohe spezifische Leistung von 15,5 kW (21 PS) je Tonne Fahrzeugmasse. Mit 0,056 MPa war sein spezifischer Bodendruck niedrig.

Von den vier Besatzungsmitgliedern hatten drei ihren Platz im Turm. Der Richtschütze verfügte neben dem Zielfernrohr noch über einen Winkelspiegel. Für den Fahrer war in seiner Luke ein Sehschlitz sowie ein drehbares Periskop eingebaut worden.

Der Kampfwagen war mit einem Funkgerät ausgerüstet. Für einen leichten Panzer war der T-50 gut bewaffnet und gepanzert. Außerdem besaß er gute Fahreigenschaften. In der Herstellung erwies er sich allerdings als kompliziert. Der Arbeitsaufwand entsprach fast dem für den Bau eines T-34. Während des Krieges (vorher war er nicht in Serie gegangen) stellte sich heraus, daß es unzweckmäßig war, einen derart teuren leichten Panzer weiterzubauen. Anfang 1942 wurde die Produktion der T-50 nach Fertigstellung des 65. Exemplars eingestellt.

Sowjetischer leichter Panzer T-60

Da die Armee dringend eine große Anzahl von Panzern benötigte, entschloß man sich, auch die Produktion leichter Panzer zu forcieren. In diesem Zusammenhang war das Fahrgestell des Schwimmpanzers T-40 von besonderem Interesse, bei dem Kfz-Aggregate verwendet wurden. Eine

Gruppe von Konstrukteuren unter Leitung von N. A. Astrow befaßte sich mit der Weiterentwicklung des T-40, vor allem mit der Verstärkung seiner Bewaffnung und Panzerung, wobei jedoch auf die Schwimmfähigkeit verzichtet werden mußte.

Sowjetischer leichter Panzer T-60

Gefechtsmasse		5,8 t
Besatzung		2 Mann
Bewaffnung		1 20-mm-Kanone
		1 MG
Kampfsatz		780 Granaten
		945 Patronen
Panzerung	Wannenbug	20 ... 35 mm
	Bordwände	15 mm
	Turm	25 mm
Motorleistung		51 kW (70 PS)
Höchstgeschwindigkeit		42 km/h
Fahrbereich auf Straße		450 km

Das neue Fahrzeug war aber für die Aufnahme der vorhandenen 45-mm-Panzerkanone zu leicht. Da eine radikale Umkonstruktion zu viel Zeit gekostet hätte, baute man die 20-mm-Schnellfeuer-Flugzeugkanone SchWAK-20 in den Panzer T-60 ein.

Das Laufwerk war unverändert vom T-40 übernommen worden. Die Wannenform überarbeitete man, um stärkere Panzerplatten anbringen zu können. Dabei erhöhte sich die Masse, und die Geschwindigkeit des Fahrzeuges verringerte sich.

Die Panzerplatten der Wanne wurden anfangs vernietet, später angeschweißt. Im Wannenvorderteil waren die Antriebswelle und die Seitenvorgelege sowie die Bedienungsmechanismen, im Mittelteil rechts der Motor, links der Kampfraum und im Heck die Kraftstoffbehälter untergebracht.

Der erste Serienpanzer verließ am 15. Dezember 1941 das Herstellungswerk. Im Herbst 1942 wurde die Produktion eingestellt.

Der T-60 hatte eine zufriedenstellende Manövrierfähigkeit sowie eine gute Geländegängigkeit und war einfach und billig in der Fertigung. Doch die Notwendigkeit, auch leichte Panzer stärker zu bewaffnen, führte dazu, daß der Kampfwagen Anfang 1942 durch den leichten Panzer T-70 ersetzt wurde. Der T-60 mit seiner 20-mm-Kanone konnte die Panzersoldaten nicht zufriedenstellen. Die Kampferfahrungen zeigten, daß seine Bewaffnung und Panzerung zu schwach waren.

Sowjetischer leichter Panzer T-70

Anfang 1942 schuf das Konstruktionsbüro von N. A. Astrow in Weiterentwicklung des T-60 den leichten Panzer T-70, der besser bewaffnet (45-mm-Kanone) und gepanzert war. Wanne und Turm besaßen rationell geneigte Panzerplatten, die vernietet oder verschweißt waren. Später verwendete man einen gegossenen Turm.

Beim T-70 war der konstruktive Aufbau des T-60 beibehalten worden. Der Fahrerraum befand sich vorn links in der Wanne, die Kraftübertragung war vorn rechts untergebracht. Weil man das Antriebsaggregat, zwei miteinander gekoppelte 6-Zylinder-Kfz-Motoren, entlang der rechten Bordwand in Tandembauweise angeordnet hatte, waren Kampfraum und Turm nach links gerückt. Wechselgetriebe und Hauptkupplung lagen ebenfalls rechts und waren mit den Motoren zu einem Block vereint worden, während die Antriebswelle und die Lenkkupplungen ihren Platz im Wannenvorderteil gefunden hatten.

Ab September 1942 wurde der T-70 mit einem verstärkten Laufwerk ausgeliefert, dessen Teile nicht mit dem alten austauschbar waren. Gleichzeitig verbreiterte man die Kettenglieder von 260 auf 300 mm. Auch die Laufrollen, das Leitrad und die Stützrollen erhielten eine größere Breite. Konstruktiven Veränderungen wurden auch das Antriebsrad und die Seitenvorgelege unterzogen.

Bei diesem Panzer war der vergebliche Versuch unternommen worden, eine Ladeautomatik für die Kanone zu installieren, um die niedrige Feuergeschwindigkeit zu erhöhen. Diese kam zustande, weil der Kommandant auch die Funktionen eines Richt- und Ladeschützen miterfüllen mußte, was ihn überforderte. Dieser Versuch mißlang. Die Produktion des T-70 wurde Anfang 1943 zugunsten des neuen Panzers T-80 eingestellt, dessen Turm vergrößert worden war und zwei Besatzungsmitgliedern Platz bot. Die Stärke der Panzerung war auf 25 mm erhöht und die Leistung jedes Motors von 51,5 auf 62,5 kW (von 70 auf 85 PS) gesteigert worden. Fahrzeugmasse (11,6 t) und

Sowjetischer leichter Panzer T-70		
Gefechtsmasse		9,8 t
Besatzung		2 Mann
Bewaffnung		1 45-mm-Kanone
		1 MG
Kampfsatz		90 Granaten
		945 Patronen
Panzerung	Wannenbug	35 ... 45 mm
	Bordwände	15 mm
	Turm	35 mm
Motorleistung		103 kW (140 PS)
Höchstgeschwindigkeit		45 km/h
Fahrbereich auf Straße		350 km

-höhe (2,17 m) nahmen gleichfalls zu. Der Kampfsatz betrug 94 Granaten. Laufwerk, Kraftübertragung, Bedienungsmechanismen usw. blieben gegenüber dem T-70 unverändert.

Der T-80 konnte fast als »Fla-Panzer« bezeichnet werden, da Kanone und Turm-MG ein Richten mit einem Erhöhungswinkel bis zu 60° zuließen. Er war mit einem Fla-Reflexvisier ausgerüstet und konnte gezielt auf Flugzeuge und die oberen Etagen von Gebäuden feuern.

Der Kampfwagen T-80 wurde nicht lange gebaut. Im Herbst 1943 stellte man seine Fertigung ein.

Der Verzicht auf die Produktion leichter Panzer lag in ihrer zu schwachen Bewaffnung und Panzerung begründet, die sich vor allem im Kampf mit den Panzern des Gegners nachteilig bemerkbar machten. Ungeachtet dessen waren der T-70 und der T-80 die besten leichten Kampfwagen des zweiten Weltkrieges.

Auf dem verlängerten Fahrgestell des T-70 entstanden die SFL SU-76 und die Fla-SFL ZSU-37.

Sowjetischer mittlerer Panzer T-34

»Im Morgengrauen des 6. Oktober begannen mehr als 100 deutsche Panzer und gepanzerte Fahrzeuge mit aufgesessener Infanterie bei dem Dorf Perwy Woin, südlich von Mzensk, den Angriff auf die Verteidigung der 4. Panzerbrigade.

Die Kampfwagen der Brigade hatten in den bis an die Straße heranreichenden Waldstücken und Gebüschen gedeckt Stellung bezogen. Auf die angreifenden deutschen Fahrzeuge eröffneten zuerst die 45-mm-Kanonen das Feuer. Die Artilleristen schossen im direkten Richten. Doch die Kräfte waren zu ungleich. Dutzende Panzer hielten mit zusammengefaßtem Feuer ein Geschütz nach dem anderen nieder. Bis zu 50 Panzer der ersten Staffel brachen in die Stellungen des Schützenbataillons ein und schnitten die Granatwerferbatterie von den Hauptkräften ab. Eine äußerst gefährliche Lage war entstanden.

Ich befahl Leutnant Kukarin, der Infanterie und den Granatwerferbedienungen zu Hilfe zu eilen. Sein T-34 verließ den Hinterhalt am Rande eines Wäldchens und rollte auf freies Feld hinaus. Bereits zu diesem Zeitpunkt war der ›Vierunddreißiger‹ bei den Frontsoldaten wegen seiner großen Feuerkraft, zuverlässigen Panzerung, guten Manövrierfähigkeit und hohen Geschwindigkeit sehr beliebt. Er übertraf die deutschen Kampfwagen P III und P IV bei weitem in der Geländegängigkeit, Stärke der Panzerung und der Durchschlagskraft seiner Kanone. Er war ein herrliches Fahrzeug, leistungsfähig, wendig, eine echte ›stählerne Schwalbe‹. Nicht umsonst bedachte selbst Guderian in seinen Erinnerungen – offensichtlich ehrlich gemeint – den T-34 nur mit lobenden Worten.

Der herankommende ›Vierunddreißiger‹ von Leutnant Kukarin eröffnete aus einer Entfernung von 600 bis 800 m das Feuer. Mit den ersten drei Schuß ließ der Richtschütze, Feldwebel Iwan Ljubuschkin, drei gegnerische Panzer in Flammen aufgehen. Die vierte Granate setzte einen weiteren deutschen Kampfwagen außer Gefecht.

Die faschistischen Panzer – buchstäblich alle – nahmen den ›Vierunddreißiger‹ unter Feuer. Eine der Granaten erreichte ihr Ziel und durchschlug die Bordwand. Der Panzer war in Qualm gehüllt. Wieder ein treffsicherer Schuß – und noch ein gegnerischer Panzer war vernichtet.

Kukarin befahl dem Fahrer Fjodorow, den Rückwärtsgang einzulegen. Aus größerer Entfernung waren die Granaten der deutschen Kampfwagen für den ›Vierunddreißiger‹ ungefährlich.

Der Fahrer, von einem Granatsplitter verwundet, unterdrückte die Schmerzen und ließ den T-34 rückwärts zum Wald rollen. Als der Panzer anhielt, nahm Ljubuschkin den Feuerkampf wieder auf. Noch vier deutsche Kampfwagen schoß er in Brand. Vor unseren Augen begannen die faschistischen Panzersoldaten, sich feige vom Gefechtsfeld zu stehlen. Allein Kukarins Panzer hatte in diesem Gefecht 16 deutsche Fahrzeuge vernichtet. Feldwebel I. T. Ljubuschkin wurde als erster der Brigade mit dem Titel eines Helden der Sowjetunion ausgezeichnet. Geschickt handelten auch die anderen Besatzungen. Die Gruppe von Leutnant Lawrinenko griff mit vier T-34 kühn eine ganze Kolonne deutscher Kampfwagen an, die durch eine Talsenke rollte. Nicht näher als nötig herankommend, schossen die T-34 mit ihren Granaten die gegnerischen Panzer in Brand. Unsere vier Kampfwagen manövrierten – mal hier, mal da auftauchend – so gekonnt, daß der Gegner den Eindruck gewinnen mußte, hier würde eine große Panzergruppe handeln. Die Deutschen erlitten spürbare Verluste. Lawrinenkos Panzer vernichtete 15 gegnerische Kampfwagen, zwei Panzerabwehrgeschütze und vier Motorräder.

Guderians Divisionen, die in diesem Gefecht keinen Schritt vorangekommen waren, verloren insgesamt 43 Panzer sowie viele andere Waffen und Kampftechnik.«

Das waren Auszüge aus den Erinnerungen des zweifachen Helden der Sowjetunion, Marschall der Panzertruppen M. J. Katukow, an die Gefechte bei Orjol und Mzensk. Für ihre erfolgreichen Handlungen wurde die 4. Panzerbrigade, die Katukow damals im Range eines Obersten befehligte, in 1. Garde-Panzerbrigade umbenannt.

Hier ein Zitat aus den Memoiren des ehemaligen Hitlergenerals Guderian: »Die 4. Panzerdivision wurde südlich von Mzensk von russischen Panzern angegriffen und erlebte böse Stunden. Zum ersten Male zeigte sich die Überlegenheit des russischen T-34 in krasser Form. Die Division hatte betrübliche Verluste.«

Sowjetischer mittlerer Panzer T-34/76

Gefechtsmasse		28,5 t
Besatzung		4 Mann
Bewaffnung		1 76,2-mm-Kanone
		2 MG
Kampfsatz		100 Granaten
		1953 Patronen
Panzerung	Wannenbug	45 mm
	Bordwände	45 mm
	Turm	52 mm
Motorleistung		370 kW (500 PS)
Höchstgeschwindigkeit		55 km/h
Fahrbereich auf Straße		300 km

Guderians gleichfalls vernichtend geschlagene Kollegen, die die Stärke des sowjetischen T-34 am eigenen Leibe verspürt hatten, äußerten sich ähnlich.

Lassen wir hier noch Generalleutnant Schneider zu Wort kommen, der als langjähriger Chef des Heereswaffenamtes der faschistischen Wehrmacht wahrhaftig nicht zu den Bewunderern sowjetischer Kampftechnik gezählt werden kann. Er schrieb in einem Beitrag zu dem 1953 in der BRD erschienenen Buch »Bilanz des zweiten Weltkrieges«: »Der Panzer T-34 rief eine Sensation hervor.« Generale sind es gewohnt, sich kurz zu fassen und ohne Gefühlsregungen zu äußern. Diejenigen aber, die dem T-34 von Angesicht zu Angesicht gegenüberstehen mußten, sprachen noch nach Jahren von einer Hölle, in die sie sich durch diesen Panzer versetzt fühlten.

Der T-34, von Freund und Feind gleichermaßen als bester Panzer des zweiten Weltkrieges anerkannt, war der Standardpanzer und von der Sache her auch der einzige mittlere Panzer der Sowjetarmee während des gesamten Großen Vaterländischen Krieges.

Als wichtige Entwicklungsschritte zum T-34 können der Versuchspanzer T-29 (von den taktischen Parametern her) und der BT (vom allgemeinen konstruktiven Aufbau und dem Laufwerk her) betrachtet werden.

In den 30er Jahren befaßten sich die sowjetischen Konstrukteure mit der Entwicklung mittlerer Kampfwagen für die Panzer- und mechanisierten Verbände, die für Handlungen in der operativen Tiefe des Gegners vorgesehen waren. Der mittlere Panzer T-28 entsprach den Anforderungen an einen derartigen Kampfwagen hinsichtlich der Bewaffnung und Schutzeigenschaften, war aber zu langsam.

Zur damaligen Zeit war man der Auffassung, kombinierte Rad-Ketten-Laufwerke besäßen eine große Perspektive. Im Ergebnis dessen entstand 1936 der T-29. Alle seine vier Laufrollenpaare waren angetrieben. Damit konnte der Panzer im reinen Radbetrieb 80 km/h, bei Kettenfahrt 56 km/h erreichen.

Der Panzer erwies sich aber als zu kompliziert und gelangte deshalb nicht in die Serienproduktion. Seine Entwicklung stellte aber eine wichtige Etappe bei der Schaffung eines mittleren Panzers neuen Typs dar.

1937 wurde M. I. Koschkin zum Chefkonstrukteur des Werkes in Charkow ernannt, das die BT-Panzer herstellte und intensiv an ihrer Modernisierung arbeitete.

Im selben Jahr erhielt Koschkins Konstruktionsbüro

die Aufgabe, einen neuen Rad-Ketten-Panzer mit granatfester Panzerung zu entwickeln.

1938 arbeitete das Konstruktionsbüro das Projekt des Panzers A-20 aus. Im Verlauf dieser Arbeit gelangten Koschkin und der leitende Entwicklungsingenieur A. A. Morosow zu der Erkenntnis, daß der neue mittlere Kampfwagen mit granatfester Panzerung, der in Großserie hergestellt werden sollte, nur ein reines Kettenfahrzeug sein konnte. Deshalb wurde zusätzlich das Projekt eines derartigen Panzers ausgearbeitet, das man als A-32 oder T-32 bezeichnete.

Im Sommer 1939 wurden die Versuchsmuster beider Panzer erprobt. Der A-20 hatte das gleiche Laufwerk wie der BT; bei ihm wurden jedoch drei Laufrollenpaare angetrieben. Seine Gefechtsmasse lag bei 18 t, die Besatzung bestand aus vier Mann, die Wanne war bis zu 20 mm stark gepanzert. Mit 65 km/h war die maximale Geschwindigkeit bei Rad- und Kettenfahrt gleich. Im Unterschied zum BT hatte der Panzer A-20 eine stärkere Panzerung und, was besonders wichtig war, eine bessere Wannenkonstruktion (Konstrukteur: M. I. Tarschinow). Die Panzerplatten waren unter großen Neigungswinkeln angebracht, wodurch ihre Beschußfestigkeit gegen Granaten bedeutend zunahm.

Der T-32 war bereits mit einer 76,2-mm-Kanone ausgerüstet und verfügte über eine Panzerung bis zu 30 mm Stärke. Das 19 t schwere Fahrzeug bot vier Besatzungsmitgliedern Platz und erreichte Geschwindigkeiten bis zu 65 km/h. Sein Laufwerk wies fünf Laufrollenpaare großen Durchmessers auf.

Die Prüfungskommission konstatierte eine Reihe von Vorzügen der neuen Fahrzeuge im Vergleich zu den Kampfwagen älterer Typs, unter anderem auch die neue Wannenform und die Verwendung des Dieselmotors W-2 als Antriebsaggregat. In ihrer Einschätzung hieß es, beide Fahrzeuge zeichneten sich durch Einfachheit aus und seien für die Nutzung in der Roten Armee geeignet.

Die weiteren Versuche ergaben eine deutliche Überlegenheit des reinen Kettenfahrzeugs. Zu dessen Gunsten sprachen auch die bei den Kampfhandlungen auf der Karelischen Landenge 1939 gesammelten Erfahrungen. Vor den Konstrukteuren stand das Problem, die Panzerung des mittleren Kampfwagens weiter zu verstärken. Die mit dem T-32 durchgeführten Versuche zeigten, daß dieses Fahrzeug noch über große Reserven an mechanischer Zuverlässigkeit verfügte, die eine Erhöhung der Gesamtmasse um mehrere Tonnen gestatteten. Dieses zusätzliche Gewicht konnte zur Heraufsetzung der Stärke von Wannen- und Turmpanzerung bis auf 45 mm genutzt werden.

Auf Vorschlag der Kommission legte das Volkskommissariat für Verteidigung am 19. Dezember 1939 fest, den Kettenpanzer T-32 mit 45-mm-Panzerung in die Bewaffnung einzuführen. Das neue Fahrzeug erhielt die Typenbezeichnung T-34. So entstand der berühmteste Panzer des zweiten Weltkrieges.

Im Februar/März 1940 unternahmen zwei Versuchsmodelle des T-34 eine Testfahrt von Charkow nach Moskau, wo sie Regierungsmitgliedern vorgeführt wurden. Die Vorbereitung der Serienproduktion des T-34 übernahmen die engsten Mitarbeiter des Chefkonstrukteurs. Koschkin selbst erkrankte schwer und starb am 26. September 1940. Der Staatspreis 1. Klasse, den er, A. A. Morosow und N. A. Kutscherenko für die Entwicklung des T-34 erhielten, konnte Koschkin nur noch postum verliehen werden. An der Schaffung des Panzers waren weiterhin M. I. Tarschinow, I. I. Baran, A. A. Maloschtanow und andere Konstrukteure und Ingenieure beteiligt.

Die Serienproduktion des T-34 begann im Juli 1940. Bis zum Beginn des Großen Vaterländischen Krieges wurden 1225 Panzer dieses Typs gebaut.

Vom Augenblick seines Erscheinens an übertraf der T-34 mit seinen Gefechts- und Fahreigenschaften einige Jahre lang die im Dienst stehenden mittleren und sogar schweren Panzer anderer Armeen. Das verdankte er einer rationellen Form der Panzerwanne, seiner starken Bewaffnung (die 76,2-mm-Langrohrkanone war eine absolute Neuheit für die mittleren Panzer jener Jahre) und dem Einbau eines Dieselmotors, was die Brandgefahr im Panzer verringerte und den Fahrbereich vergrößerte. Die Einzelaufhängung der Laufrollen ermöglichte eine hohe Fahrtgeschwindigkeit in durchschnittenem Gelände, während die breiten Ketten und der damit geringe spezifische Bodendruck eine gute Geländegängigkeit bewirkten. Die einfache Konstruktion des Kampfwagens erleichterte sowohl die Massenproduktion als auch seine Instandsetzung unter feldmäßigen Bedingungen.

Der »Vierunddreißiger« wurde ununterbrochen verbessert und technisch vervollkommnet. Anfangs war der Panzer mit einer 76,2-mm-Kanone (Rohrlänge 30,5 Kaliber) bewaffnet, deren Granaten eine Anfangsgeschwindigkeit von 635 m/s erreichten. Ab zweitem Halbjahr 1941 gelangte die leistungsfähigere 76,2-mm-Kanone Modell 1940 (Rohrlänge 41,5 Kaliber) zum Einbau. Sie verlieh den Granaten eine Anfangsgeschwindigkeit von 662 m/s. Die 6,3 kg schwere Panzergranate durchschlug auf eine Entfernung von 500 m eine 69 mm, auf 1000 m eine 61 mm starke Panzerung. Während des Krieges erhielt der Panzer eine neue Kette mit tieferem Profil, wodurch sich die Bodenhaftung verbesserte, und Laufrollen mit innerer

Dämpfung, was zu beträchtlichen Einsparungen an teurem Kautschuk führte. Eine wichtige Verbesserung, die einer effektiveren Führung der Panzereinheiten zugute kam, war der Einbau eines Funkgerätes in alle Panzer.

Um die Herstellungstechnologie zu vereinfachen und den Ausstoß an Fahrzeugen zu erhöhen, begann man mit der Fertigung gegossener Türme für den T-34. Die Panzerwanne entstand durch automatisches Flußmittelschweißen.

Im Winter 1942/43 fing man an, sechseckige Türme zu verwenden. Der Panzer erhielt zusätzliche innere und äußere Kraftstoffbehälter. 1943 erschien auf den Türmen eine Kommandantenkuppel. Dadurch verbesserten sich die Beobachtungsmöglichkeiten, und die Führung des Gefechts wurde erleichtert. Der Panzer erhielt ein Fünfgang-Wechselgetriebe und verfügte nun über noch bessere Fahreigenschaften. Neue Luftfilter und Schmiersysteme erhöhten die Nutzungsfristen und die Laufzeit des Motors.

1943 entstand das Modell eines neuen Panzers, des T-43. Bewaffnung, Motor, Kraftübertragung und Laufwerk stimmten mit dem T-34 überein. Neu war die Federung der Laufrollen-Schwingarme durch Drehstäbe (beim T-34 hatte man Schraubenfederung für ausreichend gehalten). Die Panzerung hatte man bedeutend verstärkt (Bug und Bordwände 75 mm, Turm 90 mm). Die Gefechtsmasse stieg auf 34 t, Geschwindigkeit und Geländegängigkeit verringerten sich unbedeutend. Diese Entwicklung wurde jedoch nicht fortgesetzt und der T-43 nicht für die Ausrüstung bestätigt.

Als die Deutschen im Sommer 1943 ihre »Tiger« und »Panther« in größerer Zahl an die Front warfen, beschloß das sowjetische Oberkommando, die Bewaffnung des T-34 zu verstärken.

In kürzester Zeit schufen sowjetische Konstrukteure im Herbst desselben Jahres einen neuen Turm mit verstärkter Panzerung und einer 85-mm-Langrohrkanone. Am 15. Dezember 1943 wurde die neue Modifikation als T-34/85 zur Serienproduktion freigegeben, die noch im selben Monat anlief. Anfang 1944 trafen die T-34/85 in den Garde-Panzertruppenteilen ein. Die Gefechtsmasse des Panzers hatte sich nur unwesentlich erhöht, was seine Manövrierfähigkeit aber nicht beeinträchtigte. Die Besatzung erweiterte sich um ein fünftes Mitglied.

Die 85-mm-Kanone SIS-S-53 Modell 1944 (Rohrlänge 51,5 Kaliber) verschoß 9,2 kg schwere Panzergranaten mit einer Anfangsgeschwindigkeit von 792 m/s. Die Durchschlagsleistung auf 500 m Schußentfernung lag bei 111 mm, auf 1000 m bei 102 mm Panzerstahl. Zum Kampfsatz der Kanone gehörten weiterhin Splitterspreng- und Unterkalibergranaten.

Im Verlauf des Krieges entstanden auf der Basis des T-34 einige Selbstfahrlafetten: die SU-122, SU-85 und SU-100.

1943 produzierte man den Panzer OT-34 mit dem Flammenwerfer ATO-41, der an Stelle des Bug-MG eingebaut wurde; 1944 den Panzer OT-34/85 mit dem Flammenwerfer ATO-42. Die Kampfwagen hatten 100 bzw. 200 l (ATO-42) Brandgemisch an Bord. Die Schußweite des Kerosin-Masut-Gemisches lag bei 60 bis 70 m, bei Verwendung von zähflüssigen Gemischen bei 100 m.

Noch während des Krieges erhielt die Armee Anbau-Minenräumgeräte für den T-34. Der Kampfwagen diente weiterhin als Basis für eine Reihe von Spezialfahrzeugen, wie Panzerzugmaschinen, gepanzerten Instandsetzungsfahrzeugen und Brückenlegepanzern.

Die sowjetischen Panzerbauer schufen mit dem T-34 eines der vortrefflichsten Gefechtsfahrzeuge der Welt, das zum klassischen Beispiel eines mittleren Panzers wurde und die Entwicklungsrichtungen des modernen Panzerbaus bestimmte. Der T-34 übertraf alle ausländischen mittleren Kampfwagen seiner Zeit mit seinen wichtigsten Gefechtseigenschaften im Komplex. Er blieb das direkte Vorbild aller Panzer im Verlauf vieler Jahre und mußte sich nur Verbesserungen seiner Bewaffnung gefallen lassen. Die Einfachheit seiner Konstruktion ermöglichte eine Massenproduktion. Der T-34 ist der meistgebaute Panzer der Welt. Er war vom ersten bis zum letzten Tag des Großen Vaterländischen Krieges im Gefechtseinsatz.

Sowjetischer schwerer Panzer KW

Im Verlauf der sowjetischen Dezemberoffensive vor Moskau im Jahre 1941 griff die 32. Panzerbrigade südlich der Hauptstadt an. Zur Besatzung eines der Kampfwagen der Brigade gehörten der Panzerfahrer Stabsfeldwebel W. Grigorjew, der Richtschütze S. Stupin und der an Stelle des Kommandanten handelnde Politoffizier W. Schabunin. Eines der Gefechte dieser Kampfwagenbesatzung beschrieb die Zeitung »Krasnaja Swesda« vom 4. März 1982 wie folgt:

»... Vor uns war deutlich eine kleine Kolonne deutscher Panzer zu erkennen. Es waren sieben Kampfwagen. Grigorjew fuhr seinen Panzer in eine günstige Stellung. Auf Befehl von Schabunin eröffnete Stupin das Feuer aus der Kanone. Mit dem ersten Schuß setzte er einen gegnerischen Panzer in Brand. Auch der zweite verschwand in einer Qualmwolke und blieb stehen. Der dritte Kampfwagen aber kam schnell näher. Plötzlich wurde ihr Fahrzeug von einem starken Schlag erschüttert. Ein Volltreffer hatte den Turm von Grigorjews Panzer beschädigt und die Kanone verklemmt. Der Kampfwagen konnte nicht mehr schießen. Durch den Sehschlitz erkannte Grigorjew, wie der näherkommende deutsche Panzer begann, seine Kanone in Richtung des beschädigten KW zu schwenken. Weiter rechts rückten zwei Panzerabwehrkanonen vor. Natürlich war noch Zeit, sich zurückzuziehen. Doch das hätte bedeutet, dem Gegner den Weg freizugeben.

›Ich setze zum Rammen an!‹ schrie Grigorjew und jagte den Panzer vorwärts.

Schabunin konnte nur noch ein bestätigendes ›Los!‹ zur Antwort geben.

Eine gegnerische Granate schlug auf die Panzerung, prallte aber zur Seite ab. Grigorjews Panzer stürmte vor. Noch ein kurzer Augenblick – und er prallte mit seiner Masse von 50 t auf den deutschen Kampfwagen, der anschließend umstürzte.«

So wurde einer der ersten Panzerrammstöße in der Schlacht vor Moskau vollzogen.

Das Fahrzeug, das den Gegner gerammt hatte, war ein schwerer Panzer vom Typ KW, seinerzeit der stärkste Kampfwagen der Welt. Seine Wanne aus dicken Panzerplatten verfügte über eine derart hohe Festigkeit, daß es

möglich war, den Gegner zu rammen. Stabsfeldwebel Grigorjew wurde später Held der Sowjetunion.

Im Februar 1939 begann das von Sh. J. Kotin geleitete Konstruktionsbüro mit der Entwicklung eines eintürmigen schweren Panzers, der die Bezeichnung KW (Klim Woroschilow) erhielt. Als verantwortlicher Konstrukteur wurde N. L. Duchow berufen.

Als im selben Jahr der sowjetisch-finnische Konflikt begann, setzte man direkt vom Werk aus zwei KW und einen Werkstattwagen an die Front in Marsch. Am 17. Dezember bestanden die Panzer ihre Feuertaufe erfolgreich. Unter Gefechtsbedingungen kristallisierten sich die wichtigsten Vorzüge des KW, die mächtige Panzerung und die starke Bewaffnung, besonders schnell und deutlich heraus.

Am 19. Dezember 1939 wurden die Panzer für die Bewaffnung bestätigt. Im Sommer 1940 lief die Serienproduktion des Modells KW-1 an.

Gleichzeitig wurde eine geringe Zahl von Panzern des Typs KW-2 gefertigt. Der mit einer 152-mm-Haubitze bewaffnete Kampfwagen erhielt einen relativ großen Turm, wodurch die Gesamthöhe des Fahrzeugs auf 3,25 m anstieg. Die Panzer KW-2 waren eigentlich Artillerie-Selbstfahrlafetten mit schwenkbarem Turm. Die Feuerführung war nur im Stand möglich. Der 52 t schwere KW-2 hatte eine Besatzung von sechs Mann und war etwas langsamer als der KW-1.

Bereits Anfang 1941 wurde der Panzer KW-1 modernisiert. Die Panzerung des Wannenbugs verstärkte man auf 105 mm. Als neue Hauptwaffe kam die feuerkräftigere 76,2-mm-Kanone Modell 1940 (Rohrlänge 41,5 Kaliber) zum Einbau. Die Gesamtmasse des Kampfwagens nahm dadurch spürbar zu. Er erhielt einen 7 t schweren gegossenen Turm. Ein Gußturm mit einer derartigen Masse stellte eine große technologische Errungenschaft dar. Seine Entwicklung war ein gewaltiger Erfolg der sowjetischen Metallurgie.

1940 produzierte unsere Industrie 243, im ersten Halbjahr 1941 393 Panzer KW-1 und KW-2. Der KW-1 übertraf den T-34 an Panzerung und verfügte über die gleiche Bewaffnung wie dieser, stand dem »Vierunddreißiger« jedoch an Geschwindigkeit und Beweglichkeit nach. Seine

Sowjetischer schwerer Panzer KW

Gefechtsmasse		47,5 t
Besatzung		5 Mann
Bewaffnung		1 76-mm-Kanone
		3 MG
Kampfsatz		114 Granaten
		3000 Patronen
Panzerung	Wannenbug	100 mm
	Bordwände	75 mm
	Turm	95 mm
Motorleistung		440 kW (600 PS)
Höchstgeschwindigkeit		35 km/h
Fahrbereich auf Straße		250 km

Überlegenheit über die deutschen Panzer zu Beginn des Krieges war aber noch frappierender als die des T-34. Nicht eine einzige deutsche Panzerkanone oder Pak konnte die Panzerung des KW durchschlagen.

Mit Ausbruch des Großen Vaterländischen Krieges wurde das Leningrader Kirow-Werk nach Tscheljabinsk verlegt und in Tscheljabinsker Kirow-Werk (TKW) umbenannt. Ungeachtet aller mit der Evakuierung und dem Neuaufbau des Werkes an anderer Stelle verbundenen Schwierigkeiten erhielt die Front in der zweiten Jahreshälfte 1941 933 Panzer vom Typ KW.

Die Erfahrungen seines Gefechtseinsatzes zeigten, daß die Beweglichkeit des KW unbedingt erhöht sowie einige Baugruppen und Aggregate verbessert werden mußten. Im zweiten Halbjahr 1942 wurde der Panzer einer Modernisierung unterzogen, die N. F. Schaschmurin als verantwortlicher Konstrukteur leitete. Das nun als KW-1S bezeichnete Modell hatte eine Gefechtsmasse von 42,5 t. Die Gewichtseinsparung war das Ergebnis einer verringerten Stärke der Panzerung und verminderter Abmessungen der Wanne. Wechselgetriebe und Hauptbewaffnung waren neu konstruiert, Kühl- und Schmiersystem verbessert worden. Der Turm hatte eine Kommandantenkuppel erhalten, um die Rundumbeobachtung zu verbessern. Die Geschwindigkeit stieg auf 42 km/h. Der Kampfwagen KW-1S wurde ein gutes Jahr lang produziert. In dieser Zeit nahm die Industrie auch die Produktion des Flammenwerferpanzers KW-8 auf, der mit einem Flammenwerfer und einer 45-mm-Kanone im Turm ausgerüstet war.

Letzte serienmäßig gefertigte Modifikation des KW war das Muster KW-85, das ab Herbst 1943 gebaut wurde. Auf die veränderte Wanne des KW-1S setzte man den für den zukünftigen schweren Panzer IS-1 entwickelten gegossenen Turm mit einer 85-mm-Kanone und einer 100 mm starken Panzerung. Im Vergleich zum KW-1S erhöhte sich die Fahrzeugmasse auf 46 t. Die Zahl der Besatzungsmitglieder wurde auf vier, die der Maschinengewehre auf zwei verringert. Die Geschwindigkeit des Panzers blieb unverändert.

Ende 1943 machte der KW dem neuen schweren Panzer IS-1 in der Produktion Platz.

Der KW erwies sich als eine gelungene Konstruktion eines schweren Panzers. In den Panzerschlachten behauptete er stets und ständig die Initiative. Dank seiner Überlegenheit konnte der KW immer den direkten Zweikampf mit den Panzern des Gegners suchen, während die deutschen Kampfwagen einem Aufeinandertreffen auswichen. Bis Ende 1942 blieb er der stärkste Panzer auf dem Gefechtsfeld.

Sowjetischer schwerer Panzer IS-2

Durch die gestiegene Effektivität der deutschen Panzerabwehr und angesichts der neuen deutschen Panzer »Tiger« und »Panther« war ein stärkerer Panzer als der KW jedoch dringend erforderlich. Die Entwicklungsarbeiten an dem neuen Modell übernahm ab Frühjahr 1942 eine spezielle Konstruktionsgruppe unter Leitung von N. F. Schaschmurin, zu der A. S. Jermolajew, L. E. Sytschew, A. I. Blagonrawow und andere gehörten.

Im Herbst 1943 wurde das Projekt des Panzers, den man als IS (Iosif Stalin) bezeichnete, zum Abschluß gebracht. Wenig später waren bereits die Erprobungsmuster fertiggestellt. Nach Abschluß der Erprobungen befürwortete eine spezielle Kommission des Staatlichen Komitees für Verteidigung die Einführung des neuen Panzers in die Ausrüstung der Roten Armee. Im Dezember 1943 begann die Serienproduktion unter der Typenbezeichnung IS-1 bzw. IS-85.

Der Panzer war mit der von F. F. Petrow konstruierten halbautomatischen 85-mm-Kanone bewaffnet und mit 44 t nur wenig schwerer als der KW-1S, aber wesentlich besser gepanzert, weil die Panzerung bedeutend rationeller auf Wanne und Turm verteilt war. Damit verfügte der Kampfwagen über einen in der Sprache der Konstrukteure als Panzerung differenzierter Stärke bezeichneten Panzerschutz. Die Wanne wurde aus den gegossenen Bugteilen und aus den gewalzten Platten der Bordwände, des Hecks, des Wannenbodens und der Wannenabdeckung zusammengeschweißt. Der Turm war gegossen. Der Einbau platzsparender Planeten-Lenkgetriebe, die A. I. Blagonrawow konstruiert hatte, ermöglichte die Verringerung der Wannenbreite des IS-1 im Vergleich zum KW-1S um 18 cm.

Doch mit Erscheinen des IS-1 war das Problem der weiteren Verstärkung der Bewaffnung schwerer Panzer noch nicht gelöst. Das galt um so mehr, als es zur gleichen Zeit gelungen war, die 85-mm-Kanone in den mittleren Panzer T-34 einzubauen. Es war unzweckmäßig, einen schweren und einen mittleren Kampfwagen mit Kanonen gleichen Kalibers nebeneinander in der Ausrüstung zu haben.

Ein von F. F. Petrow geleitetes Kollektiv legte Ende 1943 die Berechnungen und Pläne zur Installierung einer 122-mm-Kanone im Panzer IS vor. F. F. Petrow hatte seiner Entwicklung die 122-mm-Korpskanone zugrunde gelegt und deren Rohr mit geringfügig verringerter Länge auf die Oberlafette der 85-mm-Panzerkanone gesetzt. Ende Dezember 1943 begann die Werkserprobung des Kampfwagens mit der neuen Kanone. Nach einer Reihe von Verbesserungen (unter anderem ersetzte man den Drehkolbenverschluß durch einen Keilverschluß, um die Feuergeschwindigkeit zu erhöhen) wurde die halbautomatische 122-mm-Panzerkanone Modell 1943 am 31. Dezember gleichen Jahres als neue Waffe für den IS-2, den stärksten Panzer des zweiten Weltkrieges, bestätigt.

Dank den gründlich durchdachten konstruktiven Lösungen erhöhten sich die Abmessungen des IS-2 im Vergleich zum KW nicht, während Geschwindigkeit und Manövrierfähigkeit zugenommen hatten. Der Panzer war einfach zu bedienen und zeichnete sich durch die Möglichkeit aus, seine Aggregate unter feldmäßigen Bedingungen wechseln zu können.

Die 122-mm-Kanone verfügte über eine 1,5mal höhere Mündungsenergie als die 88-mm-Kanone des »Tigers«. Ihre Granate mit 25 kg Masse hatte eine Anfangsgeschwindigkeit von 790 m/s. Auf 500 m Schußentfernung durchschlug sie Panzerungen bis zu 140 mm Stärke.

Seine Feuertaufe erhielt der IS-2 im Februar 1944 bei Korsun-Schewtschenkowski, wobei er unübertroffene Gefechtseigenschaften offenbarte. Die deutsche Führung verbot ihren Panzersoldaten das direkte Duell mit dem IS-2.

Noch vor Kriegsende wurde der IS-2 modernisiert. Im zweiten Quartal 1944 verbesserte man das Zielfernrohr und

Sowjetischer schwerer Panzer IS-2		
Gefechtsmasse		46 t
Besatzung		4 Mann
Bewaffnung		1 122-mm-Kanone
		1 12,7-mm-Fla-MG
		3 MG
Kampfsatz		28 Granaten
		2331 Patronen
Panzerung	Wannenbug	120 mm
	Bordwände	90 mm
	Turm	100 mm
Motorleistung		380 kW (520 PS)
Höchstgeschwindigkeit		37 km/h
Fahrbereich auf Straße		220 km

verbreiterte man die gepanzerte Walzenblende der Kanone. Ab zweitem Halbjahr 1944 gelangten IS-2 mit geänderter Wannenform – die Bugpartie war der des T-34 angeglichen worden – zur Auslieferung. Der Panzerfahrer

erhielt an Stelle der Beobachtungsluke einen Sehschlitz mit Winkelspiegel. Der verbesserte Kampfwagen erhielt die Bezeichnung IS-2M.

Nach dem Kriege baute man im Zuge der Hauptinstandsetzung den geringfügig veränderten Motor des T-54, eine Feuerlöschanlage, Nachtsichtgeräte und vieles andere mehr in den IS-2 ein. Der Kampfsatz wurde um sieben Granaten erhöht, das Maschinengewehr aus der Hecknische des Turmes entfernt.

Durch die Anbringung von sogenannten Bordbunkern (Kisten, die Ersatzteile, Werkzeuge, Zubehör und die persönliche Ausrüstung der Besatzung aufnahmen) und einer neu gestalteten Kettenabdeckung änderte sich das Äußere des Panzers. Außerdem erhielt der Kampfwagen große Nebelbehälter vom Typ BDSch.

Der modernisierte Panzer IS-2M war mit seinen Gefechtseigenschaften bis in die Mitte der 60er Jahre den besten ausländischen Kampfwagen ebenbürtig. Obwohl seine Masse auf 48 t gestiegen war, erhöhte sich seine Geschwindigkeit durch den stärkeren Motor und eine verbesserte Kraftübertragung auf 40 km/h.

Sowjetische Selbstfahrlafette SU-76

Die leichte SFL SU-76 wurde auf der Basis des Panzers T-70 als effektives und mobiles Mittel zur Begleitung der Infanterie und Kavallerie entwickelt. Nach der Fertigstellung und Erprobung einiger Versuchsfahrzeuge begann im Herbst 1942 ihre Serienproduktion.

Um die 76,2-mm-Kanone auf das Fahrgestell des Panzers T-70 setzen zu können, mußten dessen Wanne verlängert, das Laufwerk verstärkt und eine Laufrolle hinzugefügt werden. Bei den ersten Baulosen war der Kampfraum durch eine 7 mm starke gepanzerte Decke von oben geschlossen. Es stellte sich jedoch heraus, daß diese die Besatzung behinderte, vor allem wegen der fehlenden

Abzugsmöglichkeiten für die beim Schießen in den Kampfraum dringenden Pulvergase. Außerdem stellte eine Deckenpanzerung mit einer derart geringen Stärke sowieso keinen effektiven Schutz dar. Deshalb verzichtete man schon bald auf sie. Die veränderte SFL erhielt die Typenbezeichnung SU-76M, wurde aber häufig nur SU-76 genannt.

Ihre Kanone besaß eine Rohrlänge von 41,5 Kalibern und einen halbautomatischen Fallkeilverschluß. Zum Kampfsatz gehörten Splitterspreng-, Panzer- und Unterkalibergranaten. Die Panzergranate durchschlug auf 500 m Entfernung eine 71 mm starke Panzerung.

Sowjetische Selbstfahrlafette SU-76M

Sowjetische Selbstfahrlafette SU-76M	
Gefechtsmasse	10,5 t
Besatzung	4 Mann
Bewaffnung	1 76,2-mm-Kanone
Kampfsatz	60 Granaten
Panzerung Stirnpanzerung	20 . . . 35 mm
Bordwände	15 mm
Motorleistung	103 kW (140 PS)
Höchstgeschwindigkeit	45 km/h
Fahrbereich auf Straße	270 km

Ungeachtet der relativ schwachen und nicht allseitig geschlossenen Panzerung erwies sich die SU-76 auf dem Gefechtsfeld als gelungene SFL. Ihre Herstellung wurde auch nach Auslaufen der Produktion des T-70 im Jahre 1943 nicht eingestellt, sondern bis Kriegsende mit ständig steigenden Stückzahlen fortgesetzt. Nach dem T-34 war sie das meistgebaute sowjetische Gefechtsfahrzeug. Warum produzierte man neben den stark gepanzerten und leistungsstärkeren SFL SU-85 und SU-100 die SU-76 weiter? Die Antwort auf die Frage liegt in der einfachen Konstruktion und unkomplizierten Fertigung der SU-76 begründet. Für diese SFL wurde nicht das Fahrgestell eines Standardpanzers, sondern das solide durchkonstruierte Chassis eines Panzers verwendet, der selbst nicht mehr gebaut wurde. Dadurch konnte der Produktionsausstoß an Standardpanzern in vollem Umfang beibehalten werden. Außerdem war die SU-76 leichter und wendiger als die Selbstfahrlafetten SU-85 und SU-100. Mit ihrer niedrigen Gefechtsmasse und den geringen Abmessungen konnte sie ohne große Schwierigkeiten die Deckungs- und Tarneigenschaften des Geländes voll ausnutzen und so die Infanterie wirkungsvoll unterstützen und ständig begleiten.

Sowjetische Selbstfahrlafette SU-100

Bereits 1943 begann sich abzuzeichnen, daß die 76,2-mm-Kanone der SU-76 für den Kampf mit den neuen deutschen Panzern nicht feuerkräftig genug sein würde. Daraufhin schufen sowjetische Spezialisten auf der Basis des T-34 in kurzer Zeit die Selbstfahrlafette SU-85, die das wichtigste Mittel im Kampf mit den gegnerischen Panzern und zur unmittelbaren Unterstützung der eigenen Kampfwagen bis zum Erscheinen der SU-100 war.

Die SU-85 war das Werk der Konstrukteurgruppe von L. I. Gorlitzki. Schon im August 1943 griff die SU-85 beim Forcieren des Dnepr und in der Ukraine in die Kampfhandlungen ein. Sie war mit einer 85-mm-Kanone – der gleichen Waffe, die später in den T-34/85 eingebaut wurde – ausgerüstet.

Zu dem Zeitpunkt, da die SU-85 in die Rote Armee eingeführt wurde, ging auch die neue Variante des T-34/85 ihrer konstruktiven Vollendung entgegen. Parallel dazu tauchten in immer größerer Zahl deutsche schwere Panzer an der Front auf. Das alles erforderte die Entwicklung eines noch stärkeren Panzerjägers, der durch den Einbau einer 100-mm-Kanone in eine aus dem T-34 abgeleitete SFL entstand. So wurde die SU-100 geschaffen. Im Juli 1944 fand sie Aufnahme in die Ausrüstung der Streitkräfte. Die Serienproduktion begann im September. Wenig später stellte man den Bau der SU-85 ein.

Die SU-100 ähnelte in der Konstruktion ihrer Vorgängerin, der SU-85, sehr. Die Wanne war aus stark geneigten Panzerplatten geschweißt. So verfügten beispielsweise die Bug- und Stirnpanzerung über einen Neigungswinkel von 50°; sie waren im Vergleich zur SU-85 weiter verstärkt worden.

Der Aufbau, der den Kampfraum umschloß, besaß eine Stirnpanzerplatte, die die Fortsetzung der Bugplatte der Wanne darstellte. In diese Panzerplatte hatte man die Kanone eingebaut. Die Seitenwände des Kampfraumes hatten eine Neigung bis zu 20° erhalten. In Fahrtrichtung rechts lag die Kommandantenkuppel, deren Basis über die rechte Bordwand hinausragte. Das war auch das äußere Unterscheidungsmerkmal zur SU-85, die keine Kommandantenkuppel aufwies.

Die für die SU-100 verwendete 100-mm-Kanone war ein umgebautes Schiffsgeschütz. Ihre Panzergranate durchschlug auf Entfernungen bis 1000 m bei einem Auftreffwinkel von 90° Panzerungen bis zu 150 mm Stärke. Damit

Sowjetische Selbstfahrlafette SU-100	
Gefechtsmasse	31,6 t
Besatzung	4 Mann
Bewaffnung	1 100-mm-Kanone
Kampfsatz	34 Granaten
Panzerung Stirnpanzerung	75 ... 100 mm
Bordwände	45 mm
Motorleistung	380 kW (520 PS)
Höchstgeschwindigkeit	55 km/h
Fahrbereich auf Straße	310 km

war die Durchschlagsleistung um 60 % größer als die der 85-mm-Kanone der SU-85.

Die SU-100 war eine der stärksten und besten Selbstfahrlafetten des zweiten Weltkrieges.

Sowjetische Selbstfahrlafetten ISU-122 und ISU-152

Jenes ungewöhnliche Gefecht, bei dem der Sieger, Unterleutnant Klimenkow, direkt auf dem Schlachtfeld ausgezeichnet wurde, spielte sich 1944 ab. Erteilen wir dazu dem ehemaligen Kommandeur eines SFL-Artillerieregiments D. Kobrin das Wort:

»Plötzlich rollten links von uns deutsche Panzer. Achtzehn Fahrzeuge in Kolonne! Was sollte das nur werden? Rybalko verzog keine Miene, blies nur ein wenig die Backen auf und befahl laut dem neben ihm stehenden Klimenkow:
›Den deutschen Panzern mit Feuer den Weg verlegen!‹

›Zu Befehl, den Weg verlegen!‹ antwortete Klimenkow und eilte zu seinem Fahrzeug.

Der erste Schuß, abgegeben auf eine Entfernung von 1800 Metern, setzte den Spitzenpanzer der Deutschen in Brand. Der zweite Kampfwagen scherte aus der Kolonne aus – und wurde abgeschossen, der dritte umfuhr die Panzerwracks – und war Sekunden später nur noch ein qualmender Schrotthaufen. Nachdem den vierten Kampfwagen das gleiche Schicksal ereilt hatte, zogen sich die Deutschen, von Klimenkow aufgehalten, eiligst zurück, wohl annehmend, sie hätten es mit einer ganzen Batterie zu tun.«

Das Fahrzeug, dessen Kanone – gerichtet von einem erfahrenen Panzersoldaten – mit der Treffsicherheit eines Scharfschützen gefeuert hatte, war eine SFL des Typs ISU-122.

Sowjetische Selbstfahrlafette ISU-152	
Gefechtsmasse	46 t
Besatzung	5 Mann
Bewaffnung	1 152-mm- Kanonenhaubitze
Kampfsatz	20 Granaten
Panzerung Stirnpanzerung	90 … 100 mm
Bordwände	60 … 75 mm
Motorleistung	380 kW (520 PS)
Höchstgeschwindigkeit	37 km/h
Fahrbereich auf Straße	220 km

Kaum war Ende 1943 der schwere Panzer IS-1 in die Bewaffnung eingeführt worden, entschloß man sich, auf seiner Basis eine vollständig gepanzerte SFL zu schaffen. Dabei stieß man anfänglich auf einige Schwierigkeiten. Immerhin war die Wanne des IS-1 merklich schmaler als die des KW-1S, auf dessen Fahrgestell 1943 die schwere SFL, SU-152 mit einer 152-mm-Kanonenhaubitze entstanden war. Doch die Anstrengungen der Konstrukteure aus dem Tscheljabinsker Kirow-Werk und der Artilleristen unter Leitung von F. F. Petrow waren von Erfolg gekrönt. Bereits Ende 1943 wurden 35 SFL ISU-152 auf der Basis des IS-2 ausgeliefert, die mit einer 152-mm-Kanonenhaubitze bewaffnet waren.

Die schwere Selbstfahrlafette ISU-122 (Basisfahrzeug war ebenfalls der IS-2) wurde mit der 122-mm-Feldkanone Modell 1937 ausgerüstet, die man zum Einbau in die SFL hergerichtet hatte. Als das Konstruktionsbüro F. F. Petrows die 122-mm-Panzerkanone Modell 1944 entwickelt hatte, verwendete man diese auch für die SFL; die mit dem neuen Geschütz die Typenbezeichnung ISU-122S trug. Die Kanone Modell 1937 hatte einen Drehkolbenverschluß, das Modell 1944 einen halbautomatischen Keilverschluß. Dadurch wurde es möglich, die Feuergeschwindigkeit von 2,2 auf 3 Schuß je Minute zu erhöhen. Die Kanone Modell 1944 war im Gegensatz zum Modell 1937 mit einer Mündungsbremse ausgerüstet. Die 122-mm-Panzergranate war 25 kg schwer und erreichte eine Anfangsgeschwindigkeit von 800 m/s. Der Kampfsatz bestand aus getrennter Munition; Granate und Kartusche wurden einzeln geladen.

Im Höhenrichtbereich der Kanone gab es geringfügige Unterschiede zwischen der ISU-122 (−4° bis + 15°) und der ISU-122S (− 2° bis + 20°). Der Seitenrichtbereich war mit 11° nach rechts und links bei beiden Fahrzeugen gleich. Die Gefechtsmasse der ISU-122 betrug 46 t.

Die Besatzung beider SFL bestand aus dem Kommandanten, dem Richtschützen, dem ersten und dem zweiten Ladeschützen sowie dem Fahrer. Der sechseckige Kampfraum war allseitig gepanzert. Das auf der Unterlafette befestigte Geschütz (bei der ISU-122S in der Walzenblende sitzend) war auf die rechte Fahrzeugseite gerückt. Im Kampfraum befanden sich außer der Bewaffnung und dem Kampfsatz noch die Kraftstoff- und Ölbehälter. Der Fahrer saß vorn links neben der Kanone und verfügte über eigene Beobachtungsgeräte. Eine Kommandantenkuppel fehlte. Der Kommandant führte die Beobachtung durch einen auf der Kampfraumdecke befestigten Winkelspiegel.

Die schweren sowjetischen Selbstfahrlafetten spielten eine große Rolle bei der Erringung des Sieges. Sie bewährten sich hervorragend in den Straßenkämpfen in Berlin und beim Sturm der mächtigen Festungsanlagen Königsbergs.

In den 50er Jahren erfuhren die in der Bewaffnung der Roten Armee verbliebenen Selbstfahrlafetten ISU, wie auch die Panzer IS-2, eine Modernisierung. Die neuen Fahrzeuge ISU-152K wurden auch mit Nachtsichtgeräten ausgerüstet.

Britischer Infanteriepanzer Mk. II »Matilda«

21. Mai 1940. Die Panzerkolonnen der faschistischen Wehrmacht, die (11 Tage zuvor) die belgische Grenze überschritten hatten, stießen unaufhaltsam nach Westen, zum Meer, vor. Ihre Aufgabe bestand darin, das britische Expeditionskorps von der französischen Armee abzuschneiden und zu vernichten. Der britische Oberbefehlshaber, Lord Gort, war bestrebt, sich von dem nachdrängenden Gegner zu lösen, um seine Kräfte zu retten. Deshalb befahl er, alle noch einsatzbereiten Panzer zusammenzuziehen und einen Gegenangriff gegen die am weitesten vorgestoßenen Teile des Panzerkorps von General Rommel zu führen. An diesem Gegenangriff nahmen die Überreste des 4. und 7. Bataillons der Königlichen Panzerkräfte teil. Insgesamt hatte man mehrere Dutzend Kampfwagen konzentriert, von denen aber nur 16 mit einer Kanone ausgerüstet waren. Die übrigen hatten ausschließlich Maschinengewehrbewaffnung. Was weiter geschah, beschrieb der deutsche Befehlshaber folgendermaßen: »Starke Panzerkräfte des Gegners griffen meine Truppen im Raum Arras an und fügten ihnen schwere Verluste an Menschen und Technik zu. Unsere eiligst nach vorn geworfenen Panzerabwehrkanonen waren gegen die stark gepanzerten britischen Kampfwagen machtlos. Die meisten unserer Geschütze wurden entweder durch das Feuer der britischen Panzerkanonen vernichtet oder mitsamt ihren Bedienungen von den Ketten der feindlichen Panzer niedergewalzt. Die britischen Kampfwagen rollten unsere Feuerstellungen auf und warfen die hier befindlichen SS-Truppenteile nach Süden zurück. Erst das Feuer der Divisionsartillerie und der 8,8-cm-Fliegerabwehrkanonen brachte den Angriff der gegnerischen Panzer zum Stehen.« Was sich dort auch immer abgespielt haben mag, die Briten schafften es, die Verteidigung rund um die Häfen an der belgischen Küste zu organisieren, über die sie in den nächsten zehn Tagen fast alles evakuierten, was vom britischen Expeditionskorps noch übriggeblieben war. Ihre Panzer, die wesentlichen Anteil an dem erfolgreichen Gegenangriff hatten, gehörten zum Typ »Matilda«, deren Panzerung zu jener Zeit ohne Beispiel, deren Bewaffnung allerdings äußerst schwach war.

Im April 1938 hatte die Firma Vickers-Armstrong den Prototyp des neuen Infanteriepanzers A12 fertig. Bereits im September 1937, noch vor Erprobung des ersten Musters, war eine Bestellung über 65 Fahrzeuge eingegangen, von denen allerdings bis Kriegsausbruch lediglich zwei gebaut wurden. Das Modell erhielt die Bezeichnung Infanteriepanzer Mk. II »Matilda«.

Erstmalig im britischen Panzerbau hatte man bei dem »Matilda« auf einen Rahmen der Wanne verzichtet und die verschraubten Panzerplatten und Gußteile (Wannenbug) als selbsttragende Konstruktion ausgebildet. Der Turm mit der an ihm befestigten Drehbühne trug eine schwenk-

Britischer Infanteriepanzer Mk. IIA* »Matilda« III

Gefechtsmasse		26,5 t
Besatzung		4 Mann
Bewaffnung		1 40-mm-Kanone
		1 MG
Kampfsatz		93 Granaten
		2925 Patronen
Panzerung	Wannenbug	78 mm
	Bordwände	70 mm
	Turm	75 mm
Motorleistung		135 kW (184 PS)
Höchstgeschwindigkeit		24 km/h
Fahrbereich auf Straße		260 km

bare Kommandantenkuppel mit einer zweigeteilten Luke, die einen Winkelspiegel aufnahm. Der Turm wurde mittels einer vom Fahrzeugmotor angetriebenen Hydraulik oder von Hand geschwenkt. Im Turm waren der Kommandant,

der Richtschütze und der Ladeschütze/Funker untergebracht.

In den Panzer hatte man zwei 6-Zylinder-Dieselmotoren »A.E.C.« (bei den Modifikationen Mk. II und Mk. IIA) oder »Leyland« (Modifikation Mk. IIA*) sowie ein Planeten-Wechselgetriebe mit Servoantrieben, die die Bedienung des Kampfwagens erleichterten, eingebaut.

Die Panzer wurden in mehreren Versionen produziert: Mk. II »Matilda« I, Mk. II »Matilda« II, Mk. IIA* »Matilda« III*, IV und V, die sich durch den verwendeten Motor, die Kraftstoffbehälter usw. unterschieden.

Auf der Grundlage des Mk. II entstanden Flammenwerfer- und Brückenlegepanzer. Für ihn entwickelte man auch ein Anbaugerät zum Minenräumen. Bis August 1943 wurden insgesamt 2987 Fahrzeuge gebaut.

Panzer des Typs Mk. IIA* wurden 1941 bis 1943 in die Sowjetunion geliefert.

1939 übertraf der Panzer »Matilda« alle Kampfwagen der Welt in der Stärke seiner Panzerung. In den Jahren 1940 bis 1941 konnte er hinreichend erfolgreich gegen die deutschen Typen antreten. Doch er war zu langsam, hatte einen zu geringen Fahrbereich sowie eine unbefriedigende Geländegängigkeit und Zuverlässigkeit. Seine Bewaffnung erwies sich als äußerst schwach. Ein Teil der »Matilda«-Panzer wurde deshalb mit einer 75-mm-Haubitze bestückt (»Matilda« III und IV CS als Panzer zur Infanterie-Nahunterstützung nach dem Vorbild des deutschen P IV mit Kurzrohrkanone).

Britischer Infanteriepanzer Mk. III »Valentine«

Seit 1934 wurden in Großbritannien die Kampfwagen A9 und A10 entwickelt, die zunächst als Infanteriepanzer gedacht waren, wegen ihrer schwachen Panzerung aber in Kreuzerpanzer umklassifiziert wurden. Die Konstruktionsarbeiten zu diesen Fahrzeugen lagen in den Händen des Ingenieurs G. Carden, der aber 1935 bei einem Flugzeugunglück ums Leben kam. Dadurch stagnierten die weiteren Arbeiten ein ganzes Jahr, so daß die Projekte erst 1937 realisiert wurden. Noch vor Fertigstellung der Panzer A9 und A10 hatte Carden den Auftrag für einen leichten und billigen Infanteriepanzer erhalten, dessen Panzerung jeder beliebigen Panzerabwehrwaffe jener Zeit standhalten sollte. So wurde der Panzer A11 geschaffen, der 1936/37 erfolgreich alle Erprobungen durchlief. Im

Britischer Infanteriepanzer Mk. III »Valentine« V		
Gefechtsmasse		17 t
Besatzung		3 Mann
Bewaffnung		1 57-mm-Kanone
		1 MG
Kampfsatz		46 Granaten
		600 Patronen
Panzerung	Wannenbug	60 mm
	Bordwände	30 . . . 60 mm
	Turm	65 mm
Motorleistung		101 kW (138 PS)
Höchstgeschwindigkeit		24 km/h
Fahrbereich auf Straße		145 km

April 1938 beauftragte man die Firma Vickers-Armstrong, einen weiteren Infanteriepanzer zu entwickeln, der leichter als der »Matilda« werden sollte. Die Firma legte den Entwurf eines Kampfwagens vor, bei dem die wichtigsten Aggregate und Baugruppen der Panzer A9, A10 und A11 verwendet wurden. Der neue Panzer sollte über eine niedrige Silhouette, eine 40-mm-Kanone und eine bis zu 60 mm starke Panzerung verfügen. Der Vertrag über den Bau des neuen Kampfwagens wurde im Juli 1939 abgeschlossen. Mit Kriegsausbruch wurde von der Firma verlangt, seiner Produktion höchsten Vorrang vor allen anderen Aufträgen einzuräumen. Seine Typenbezeichnung erhielt der Infanteriepanzer Mk. III nach dem heiligen St. Valentin, weil die Firma den Auftrag zur Schaffung des neuen Kampfwagens am Vorabend des 1. Mai, dem St. Valentins-Tag, erhalten hatte. Neben Vickers-Armstrong bauten in Großbritannien weitere zwei Konzerne den »Valentine«.

Im Juli 1940 verließen die ersten Fahrzeuge das Werk. Bis Anfang 1945 wurden in Großbritannien 6855 »Valentine«, einschließlich der Spezialfahrzeuge, gefertigt. Im Herbst 1941 begann auch Kanada mit der »Valentine«-Produktion und stellte bis Mitte 1943 1420 Exemplare her. Damit war der »Valentine« der meistgebaute britische Panzer.

Der Wannenrahmen hatte einen rechteckigen Querschnitt. Die Panzerplatten waren aufgeschraubt, wurden später dann allerdings aufgenietet. Im Turm fanden zwei Besatzungsmitglieder Platz: rechts von der Kanone der Kommandant, der gleichzeitig die Aufgaben eines Ladeschützen erfüllen mußte, links der Richtschütze. Bei den Fahrzeugen der Modifikationen III und V waren drei Besatzungsmitglieder im Turm untergebracht, wobei der Kommandant in der Mitte hinten saß. Der Turm ließ sich mit Hilfe eines elektrischen Turmschwenkwerks oder von Hand schwenken. Der Panzer war mit einem Dieselmotor, einer Mehrscheiben-Hauptkupplung und einem mechanischen Wechselgetriebe ausgerüstet.

Der »Valentine« gelangte in elf Modifikationen zur Auslieferung. Die erste Version »Valentine« I war noch mit einem Vergasermotor ausgerüstet, den beim »Valentine« II ein Dieselmotor der Firma A.E.C. ersetzte. Die Modifikationen VIII und IX erhielten eine 57-mm-Kanone, aber kein Turm-MG. Das war, wie sich herausstellte, ein schwerer Fehler, der bei der nächsten Baureihe »Valentine« X korrigiert wurde. Die letzte Ausführung, den »Valentine« XI, bewaffnete man mit einer 75-mm-Kanone. Schließlich und endlich verwendeten die Briten ein gegossenes Bugteil,

das die Kanadier entwickelt hatten. Im Verlauf von dreieinhalb Jahren war der Panzer, obwohl in elf Versionen weiterentwickelt, lediglich um eine einzige Tonne schwerer geworden.

Auf der Basis des Panzers »Valentine« wurden die beiden einzigen britischen Typen von Selbstfahrlafetten gebaut. Von der als »Bishop« bezeichneten SFL waren 1940 100 Exemplare gefertigt worden. Sie verfügte über eine 87-mm-Haubitze in einem allseitig gepanzerten Kampfraum. Der Kampfsatz wurde in einem Anhänger mitgeführt. Die SFL »Bishop« kam in den Gefechten in Nordafrika und auf Sizilien (1943) zum Einsatz.

Ab 1943 stellten die Briten 665 SFL »Archer« her, die mit einer leistungsfähigen 76-mm-Panzerabwehrkanone bestückt war. In dem oben offenen Kampfraum war die Pak mit dem Rohr in Richtung Triebwerksraum, der jetzt in Fahrtrichtung vorn lag, installiert. Weiterhin erhielt die SFL einen stärkeren Dieselmotor, der 141 kW (192 PS) leistete. Die SFL »Archer« nahmen an den Kämpfen in Italien und in Westeuropa teil. Sie befanden sich noch lange in der Ausrüstung der britischen Streitkräfte. 1956 wurden sie bei der Aggression gegen Ägypten eingesetzt.

Aus dem »Valentine« leitete man Minenräum-, Flammenwerfer- (mit einem in dem rechts vom Fahrer befindlichen Türmchen eingebauten Flammenwerfer und einem gepanzerten Anhänger zur Aufnahme des Brandgemischs) und Brückenlegepanzer ab. Im Zuge der Vorbereitungen auf die Eröffnung der zweiten Front 1944 rüsteten die Briten 625 »Valentine«-Panzer mit Schwimmvorrichtungen aus. Obwohl der »Valentine« zu den Infanteriepanzern rechnete, wurde er wegen fehlender Kreuzerpanzer sehr oft in Panzertruppenteilen eingesetzt.

Der »Valentine« erwies sich als ein ausreichend kampffähiges Fahrzeug und kam auf allen Kriegsschauplätzen zum Einsatz. Seine Hauptmängel waren die schwache Bewaffnung (vor allem bei den ersten Modifikationen) und die kleine Besatzung (nur zwei Mann im Turm). Einfach und technisch zuverlässig, war er bei den britischen Panzersoldaten sehr beliebt, obwohl seine Bedienung erhebliche Anstrengungen erforderte. Gegen Kriegsende war der Panzer veraltet. Er konnte nur noch an zweitrangigen Frontabschnitten oder zum Schutz und zur Begleitung von SFL eingesetzt werden.

Alle Modifikationen des »Valentine«, außer der I, wurden im Rahmen des Lend-Lease-Abkommens auch an die Sowjetunion geliefert.

Britischer Infanteriepanzer Mk. IV »Churchill«

In Übereinstimmung mit dem vom Komitee der Stabschefs erteilten Auftrag war Ende 1940 der Infanteriepanzer A22 geschaffen worden, dessen Produktion unter der Typenbezeichnung Mk. IV im Juni 1941 anlief. Bis 1945 wurden 5640 Fahrzeuge in elf Modifikationen gebaut, die sich in ihrer Bewaffnung und Panzerung, dem Fertigungsverfahren des Turmes u. a. voneinander unterschieden. Dabei wuchs die Masse des Kampfwagens von 38,5 auf 40 t an, während seine Geschwindigkeit von 25 auf 20 km/h absank.

Der Panzer wies eine Vielzahl konstruktiver Mängel auf. Winston Churchill bemerkte dazu sarkastisch: »Der Pan-

zer, der meinen Namen trägt, hat mehr Fehler als ich selbst.«

So mußten 16 grundlegende Veränderungen an der Kraftübertragung, am Lenksystem und am Laufwerk vorgenommen werden. 1942 war man gezwungen, von den bis dahin produzierten 1200 Panzern 1000 umzubauen.

Der »Churchill« zeichnete sich durch eine altmodische Form aus; die Ketten waren um die gesamte Wanne geführt. Die rechteckige Wanne bestand aus dem aus Profilstahl gefertigten Rahmen, der mit aufgenieteten Stahlplatten beplankt war, auf denen wiederum die eigentlichen Panzerplatten festgeschraubt waren. Der zwischen

Britischer Infanteriepanzer Mk. IV »Churchill« VII	
Gefechtsmasse	45 t
Besatzung	5 Mann
Bewaffnung	1 75-mm-Kanone
	2 MG
Kampfsatz	82 Granaten
	6525 Patronen
Panzerung Wannenbug	152 mm
Bordwände	95 mm
Turm	152 mm
Motorleistung	260 kW (350 PS)
Höchstgeschwindigkeit	20 km/h
Fahrbereich auf Straße	200 km

den Ketten weit zurück sitzende Fahrer hatte ein äußerst begrenztes Sichtfeld. Um seine Tätigkeiten zu erleichtern, hatte man einen hydraulisch-pneumatischen Kraftverstärker für die Kupplung eingebaut. Die Laufrollen hatten Einzelaufhängung. Die kurzen Schwingarme wurden durch vertikale Spiralfedern abgefedert.

Die Panzer der Modifikation I und II waren mit einer 40-mm-Kanone bewaffnet, die im Herbst 1941 von einer 57-mm-Kanone in einem geschweißten Turm (»Churchill« III) abgelöst wurde. Auf die gleiche Kanone rüstete man auch die Panzer der ersten Modifikationen um. Der »Churchill« IV erhielt einen gegossenen Turm. Er zeigte bei den Kämpfen in Tunesien (Mai 1943) keine schlechte Geländegängigkeit auf sandigem Untergrund sowie eine gute panzerbrechende Wirkung der Granaten seiner 57-mm-Kanone. Zur selben Zeit hatte man 120 »Churchill« IV den Turm des amerikanischen »Sherman«-Panzers mit einer 75-mm-Kanone aufgesetzt. Diese Kanone war den Briten aber zur Panzerbekämpfung zu schwach, und sie kehrten wieder zu ihrer 57-mm-Kanone zurück.

Die Versionen V und VIII waren als Unterstützungspanzer mit einer 95-mm-Haubitze bewaffnet, während die Baureihen VI und VII die neue britische 75-mm-Kanone erhielten, deren Durchschlagsleistung aber gleichfalls hinter der der 57-mm-Kanone zurückblieb.

Ihren ersten Gefechtseinsatz erlebten die Panzer vom Typ »Churchill« II am 19. August 1942 bei der »Probelandung« der Westalliierten bei Dieppe in Nordwestfrankreich.

1942 erhielt die UdSSR durch die Lend-Lease-Lieferungen Panzer »Churchill« I, II und III, die unter anderem an der Schlacht im Kursker Bogen (Juli–August 1943) sowie an der Befreiung Kiews (November 1943) teilnahmen. Bei unseren Panzersoldaten waren diese Kampfwagen wegen ihrer zahlreichen Mängel und der schwachen Bewaffnung nicht sehr gefragt.

Britischer Kreuzerpanzer Mk. VIII »Cromwell«

Die Erfahrungen aus den Kämpfen 1940 in Frankreich forderten nachdrücklichst, Kreuzerpanzer mit einer stärkeren Kanone als dem 40-mm-Geschütz zu bewaffnen.

Nach einer 1941 gestellten Aufgabe wurden der Kreuzerpanzer Mk. VII (A24) »Cavalier« mit einem »Liberty«-Motor und vielen vom »Crusader« übernommenen Baugruppen (im Juni 1941 wurden 500 Exemplare in Auftrag gegeben) und das Projekt Mk. VIII (A27) entwickelt. Ein Teil der A27-Panzer mußte noch mit dem »Liberty«-Motor ausgerüstet werden und wurde als »Sentor« bezeichnet. Zur gleichen Zeit hatte man den »Rolls Royce«-Flugzeugmotor »Merlin« zum Panzermotor »Meteor« weiterentwickelt und im weiteren in die Panzer des Projekts A27 eingebaut, die dann die Bezeichnung »Cromwell« erhielten. Der Prototyp des »Cromwell« war im Januar, der des »Sentor« im Juni 1942 fertig. Gegen Jahresende begann ihre Serienproduktion.

Die Panzer »Sentor« (950 Exemplare) und »Cromwell« (rund 500 Exemplare) unterschieden sich äußerlich kaum voneinander. Die Modifikationen des »Cromwell« von I bis VIII wichen in ihrer Bewaffnung (der »Cromwell« VIII erhielt eine 95-mm-Haubitze als Hauptwaffe) und ihrer Panzerung (bei den Versionen VII und VIII war die Stirnpanzerung durch zusätzlich aufgeschweißte Platten auf 101 mm erhöht worden) voneinander ab.

Im Januar 1943 entwickelte man auf der Grundlage der amerikanischen 75-mm-Panzerkanone unter Verwendung von Bauteilen der britischen 57-mm-Kanone eine eigene

75-mm-Panzerkanone, die in den ab Oktober 1943 an die Truppe ausgelieferten »Cromwell« IV eingebaut wurde. Die späteren Versionen des »Cromwell« bewaffnete man gleichfalls mit dieser Kanone, während die vordem gefertigten Baureihen auf sie umgerüstet wurden.

Die Wanne war aus Panzerplatten zusammengenietet oder, wie bei den Modifikationen Mk. V und VII, zusammengeschweißt. Die einzelnen aufgehängten Laufrollen hatten Vertikalfedern und hydraulische Stoßdämpfer. Das mechanische Wechselgetriebe war in einem Block mit dem Differential-Lenkgetriebe ausgeführt.

Der »Cromwell« erwies sich als brauchbarer Panzer mit einer hohen spezifischen Leistung (16 kW je Tonne Fahrzeugmasse) und großer Geschwindigkeit. Jedoch schränkte der enorme spezifische Bodendruck von rund 0,1 MPa seine Geländegängigkeit ein. Die ausreichend starke Panzerung wies keine rationellen Neigungswinkel auf. Auch ihre weitere Verstärkung bei den letzten Modifikationen bot deshalb gegenüber den Kanonen der deutschen »Panther« keinen zuverlässigen Schutz.

Die »Cromwell« kamen erstmalig bei der Landung der Alliierten in der Normandie am 6. Juni 1944 zum Einsatz.

Britischer Kreuzerpanzer Mk. VIII »Cromwell« IV		
Gefechtsmasse		27,5 t
Besatzung		5 Mann
Bewaffnung		1 75-mm-Kanone
		2 MG
Kampfsatz		64 Granaten
		4950 Patronen
Panzerung	Wannenbug	76 mm
	Bordwände	46 mm
	Turm	76 mm
Motorleistung		440 kW (600 PS)
Höchstgeschwindigkeit		64 km/h
Fahrbereich auf Straße		160 km

Auch am Koreakrieg 1950–53 nahmen »Cromwell« teil, waren hier aber den Panzern der koreanischen Volksarmee deutlich unterlegen.

»Cromwell«-Panzer hielten sich bis in die 60er Jahre in der Bewaffnung der britischen Steitkräfte, bis sie vollständig durch modernere Kampfwagen abgelöst wurden.

Amerikanischer mittlerer Panzer M 3 »Stuart«

Der leichte Panzer M 3 ist eine Weiterentwicklung des leichten Kampfwagens M 2 A4. Die Verstärkung der Panzerung mit der damit einhergehenden Zunahme der Gesamtmasse machte eine Verstärkung des Laufwerks erforderlich. Das große Leitrad wurde nach unten verlegt, um die Auflagefläche der Kette zu vergrößern. Die Laufrollen waren paarweise in Gestellen mit vertikalen Spiral-

federn angeordnet. Das Wechsel- und die Lenkgetriebe wurden zu einem Block vereint.
Nach Produktionsbeginn nahm man eine Reihe von Veränderungen und Verbesserungen vor. So wurde der genietete Turm durch einen gegossenen ersetzt, der später an Stelle der vieleckigen eine runde Form erhielt. Ab Mitte 1941 rüstete man die Kanone des Panzers mit einer

Amerikanischer leichter Panzer M 3 A3 »Stuart« V

Gefechtsmasse		12,3 t
Besatzung		4 Mann
Bewaffnung		1 37-mm-Kanone
		3 MG
Kampfsatz		174 Granaten
		7500 Patronen
Panzerung	Wannenbug	16 ... 50 mm
	Bordwände	25 mm
	Turm	43 mm
Motorleistung		185 kW (250 PS)
Höchstgeschwindigkeit		57 km/h
Fahrbereich auf Straße		175 km

Stabilisierung aus. Weiter erhielt das Fahrzeug zwei zusätzliche abwerfbare Kraftstoffbehälter mit einem Fassungsvermögen von je 95 Litern. Ab 1942 wurden die Panzerwannen geschweißt und in einige Fahrzeuge Dieselmotoren eingebaut.

Zur Verringung der Gesamthöhe erhielten die Panzer der Modifikationen M 3 A1 1942 keine Kommandantenkuppel mehr. Auch auf das Kurs-MG verzichtete man. Zum Schwenken des Turmes und seiner Drehbühne wurde ein elektrisches Turmschwenkwerk eingebaut.

Die Version M 3 A3 erhielt eine geschweißte Wanne völlig neuer Form mit rationellen Neigungswinkeln der Bug- und Bordwandpanzerplatten. Das größere Volumen der Wanne nutzte man zur Vergrößerung des Kampfsatzes und zur Erhöhung der Kraftstoffvorräte.

Ihren ersten Gefechtseinsatz erlebten die Panzer des Typs M 3 im Bestand der britischen 8. Armee im November 1941 in Nordafrika, wobei sich ihre schwache Bewaffnung und Panzerung, selbst im Vergleich mit den italienischen M13/14, offenbarte. Doch die Zuverlässigkeit des Laufwerks und der Mechanismen sowie die Beweglichkeit dieser Panzer lagen weit über dem damaligen technischen Niveau. Die M 3 waren die schnellsten Panzer ihrer Jahre. Nur sie waren in der Lage, das hohe Tempo bei der Verfolgung der sich zurückziehenden italienisch-deutschen Truppen zu gewährleisten. Bis Kriegsende wurden diese Kampfwagen unter den Bedingungen einer fehlenden starken Panzerabwehr erfolgreich gegen die Japaner in den Dschungeln Burmas und auf den Inseln des Stillen Ozeans eingesetzt. Insgesamt stellte man 13 499 Panzer M 3 her. M 3-Kampfwagen sowie die ab Juli 1943 hergestellten Panzer M 5 gelangten durch das Lend-Lease-Abkommen auch in die UdSSR.

Die bei Kriegsende aus der Bewaffnung der amerikanischen Streitkräfte ausgemusterten Fahrzeuge M 3 wurden an andere Armeen übergeben.

Amerikanischer mittlerer Panzer M 4 »Sherman«

Die Amerikaner waren sich über die Mängel ihres mittleren Panzers M 3 (nicht zu verwechseln mit dem oben besprochenen leichten Panzer M 3 »Stuart«) vollständig im klaren und begannen, kaum daß der M 3 in Serie gegangen war, im März 1941 mit der Entwicklung eines neuen Kampfwagens, der den M 3 ablösen sollte. Die Projektierungsarbeiten lagen in den Händen der Konstrukteure des Rock Island-Arsenals. Der neue Panzer, bei dem anfänglich das Laufwerk, der Motor und die Kraftübertragung von seinem Vorgänger übernommen worden waren, erhielt eine neue Wanne, eine rationelle Formgebung und eine in einem Drehturm untergebrachte Bewaffnung. Als der Prototyp T 6 im September 1941 der militärischen Führungsspitze vorgeführt wurde, entschloß

man sich, ihn mit einigen Änderungen zur Serienproduktion freizugeben und die Fabrikationsstätten nach und nach vom Bau des M 3 auf die Fertigung des M 4 umzustellen. Ein Versuchsmuster des M 4 war im Februar 1942 fertig. Von seinem Prototyp T 6 unterschied es sich durch den Wegfall der Luken in den Bordwänden der Wanne. Nur 13 Monate nach der Entscheidung, einen neuen Panzer zu schaffen, begann seine Produktion.

Der Kampfwagen wurde in mehreren Modifikationen hergestellt, die hinsichtlich Motor, Laufwerk, Bewaffnung sowie der Fertigungsverfahren von Wanne und Turm voneinander abwichen.

Obwohl der Reihenfolge nach die Fahrzeuge mit der Typenbezeichnung M 4 die erste Modifikation darstellten,

Amerikanischer mittlerer Panzer M 4 A3 E8 »Sherman«		
Gefechtsmasse		35 t
Besatzung		5 Mann
Bewaffnung		1 76-mm-Kanone
		1 12,7-mm-Fla-MG
		3 MG
Kampfsatz		71 Granaten
		4650 Patronen
Panzerung	Wannenbug	76 mm
	Bordwände	58 mm
	Turm	100 mm
Motorleistung		370 kW (500 PS)
Höchstgeschwindigkeit		40 km/h
Fahrbereich auf Straße		160 km

die Produktionsumstellung auf jene Variante des M 4 zu vollziehen, deren Fabrikation sie auf Grund ihrer technischen Traditionen vorgeschlagen hatten. Der M 4 hatte eine geschweißte Wanne, deren Bugteil zunächst aus drei miteinander verschraubten, dann aus einem gegossenen und einem gewalzten Bauelement bestand. Auch die Art und Weise der Installierung des Bug-MG änderte sich. Die Modifikation M 4 war mit einem luftgekühlten Motor »Wrigth Continental« R-975 ausgerüstet. Bei den neuen Panzern hatte man, obwohl im großen und ganzen das Laufwerk des mittleren Panzers M 3 übernommen worden war, die Konstruktion der Laufrollengestelle verändert (ausgenommen die ersten Baulose) und die Stützrollen weiter nach hinten versetzt.

Der M 4 A1 erhielt die gleiche Wanne und den gleichen Motor wie der M 4. Die anfangs eingebaute 75-mm-Kanone M 2 wurde durch das Modell M 3 gleichen Kalibers ersetzt. Im Verlauf der Serienproduktion dieses Typs fielen die früher eingebauten starren Kurs-MG weg.

Der M 4 A2 verfügte über zwei Dieselmotoren GMC-6046. Mit dieser Modifikation des Panzers wurde hauptsächlich die Marineinfanterie ausgerüstet. Eine begrenzte Anzahl

begann zuerst die Herstellung der Baureihe M 4 A1 (März 1942 bis Dezember 1943) sowie M 4 A2 (April 1942 bis Mai 1944) und erst dann der Bau des M 4 (Juli 1942 bis Januar 1944). Ursache dafür war die zeitlich unterschiedliche Bereitschaft der einzelnen Herstellerwerke, von M 4 A2 wurde nach den Lend-Lease-Vereinbarungen an Großbritannien und die UdSSR geliefert. Beide Modifikationen (M 4 A1 und M 4 A2) waren mit 75-mm oder 76-mm-Kanonen bewaffnet.

Die in der US-Army am weitesten verbreitete Bauart war der M 4 A3, der von Juni 1942 bis Mai 1945 produziert wurde und eine geschweißte Wanne sowie den speziell für die Belange der Panzertruppen konstruierten Motor »Ford« GAA-8 erhalten hatte. Vom M 4 A3 wurden 11 424 Fahrzeuge hergestellt.

Die Panzer M 4 A4 (Bauzeit Juli 1942 bis September 1943) erhielten eine verlängerte Wanne, um das Antriebsaggregat »Chrysler« C, das aus fünf Motoren bestand, unterbringen zu können.

Der M 4 A6 hatte ebenfalls die Wanne des M 4 A4, war aber mit dem Dieselmotor »Caterpillar« RD-1820 ausgerüstet. Die beiden letzten Modifikationen waren mit 75-mm-Kanonen bewaffnet.

Die Bezeichnung M4 A5 blieb den in Kanada gefertigten Panzern RAM vorbehalten. Britischen Traditionen folgend, rüstete man sie dort mit 40-mm- (RAM I) oder mit 57-mm-Kanonen (RAM II) aus.

Als gelungenste Version wird der M 4 A3 angesehen. Der Panzer hatte eine aus ebenen Platten zusammengeschweißte Wanne mit einem runden, gegossenen und abnehmbaren Bugteil, das gleichzeitig als Gehäuse für die Lenkgetriebe und die Seitenvorgelege diente. Bei Notwendigkeit konnten Motor und Kraftübertragung nach Abnahme des Bugteils der Wanne komplett ausgebaut werden. Die Frontpanzerung war um 47° nach hinten geneigt, die Bordwände standen senkrecht. Bei dem im Fahrzeugheck untergebrachten Motor waren Zylinderblock und Kurbelgehäuse aus Aluminiumguß. Das Antriebsrad lag vorn.

Die im M 4 eingebaute 75-mm-Kanone wurde sehr bald als nicht ausreichend durchschlagskräftig für den Kampf mit den »Tigern« und »Panthern« betrachtet. Im August 1942 wurde daraufhin der Versuch unternommen, den M4 A1 mit einer 76-mm-Kanone zu bewaffnen. Doch der alte Turm eignete sich nicht zur Aufnahme der neuen Kanone. 1943 wurde der Versuchspanzer T 23, der Prototyp des zukünftigen M 26, mit einer 90-mm-Kanone entwickelt. Seinen Turm, allerdings mit der 76-mm-Kanone und einem mit ihr gekoppelten 7,62-mm-Maschinengewehr, setzte man ohne die geringsten Änderungen auf den M 4. Die Produktion von Panzern mit diesem Turm lief im März 1944 an. Die Panzergranate der neuen Kanone erreichte eine Anfangsgeschwindigkeit von 810 m/s (an Stelle von 620 m/s der bisherigen 75-mm-Kanone) und durchschlug auf 900 m Entfernung eine 100 mm starke

Panzerung. Rechts auf dem Turm war ein 12,7-mm-Fla-MG installiert. Das dritte Maschinengewehr (Kaliber 7,62 mm) befand sich in einer Kugelblende in der Bugplatte der Wanne. Der Turm hatte eine Drehbühne, die sich unabhängig von der Schwenkrichtung des Turmes drehen ließ. Durch die Unterbringung des Kampfsatzes auf dem Boden des Kampfraumes mußte die Drehbühne höher gelegt werden, wodurch die Fahrzeughöhe zunahm. Ein Teil der Panzer war mit sogenannten »feuchten« Munitionshalterungen ausgerüstet, bei denen die Granaten in einem Behältergestell lagerten, das mit Äthylenglykol oder Wasser gefüllt war. Bei einem Treffer in die Granathalterung verhinderte die Flüssigkeit ein Detonieren der Munition, indem sie jeden Entstehungsbrand sofort löschte. Zur Kanone gehörte ein Kreiselabfeuergerät, ein Vorläufer des heutigen Vertikalstabilisators. Ein elektrohydraulisches Turmschwenkwerk, das vom Richtschützen bedient wurde und vom Kommandanten doubliert werden konnte, übernahm das horizontale Richten.

Von den fünf Besatzungsmitgliedern waren drei im Turm untergebracht. Im Vorderteil der Wanne saßen links der Fahrer und rechts von ihm sein Gehilfe. Jeder von ihnen besaß eine eigene Luke mit eingebauten Beobachtungsgeräten.

Verschiedene M 4 A3 erhielten ein verbessertes Laufwerk, weil das alte wegen der zu schmalen Ketten, des harten Fahrverhaltens und des schnellen Verschleißes der Spiralfedern laufend beanstandet wurde. Durch alle diese Neuerungen (anderer Turm, neue Kanone usw.) stieg die Gefechtsmasse von anfänglich 30,6 auf 35 t an. Die als M 4 A3 E8 bezeichnete Modifikation des Panzers rüstete man mit dem Laufwerk des Versuchsmusters T 23 aus, dessen Laufrollengestelle vier (je zwei nebeneinander) Laufrollen und neukonstruierte Schwingarme hatten. Die Spiralfedern ordnete man waagerecht an und ergänzte ihre Federwirkung durch Gummipuffer. Jetzt konnte jede beliebige Laufrolle ausgewechselt werden, ohne das gesamte Laufrollengestell demontieren zu müssen.

Bei den Panzern M 4 A3 E8, die in der Truppe den Beinamen »zuverlässige Acht« trugen, war die Panzerung etwas verstärkt. Dieses Modell war die Krönung der M 4-Entwicklung und wurde ausschließlich vom amerikanischen Heer eingesetzt.

Die Panzer M 4, die man in Großbritannien »General Sherman« getauft hatte, wurden zum Standardpanzer und zum besten Kampfwagen der britischen Streitkräfte. In Nordafrika trafen sie erstmalig im Oktober 1942 in einer Stückzahl von 270 Fahrzeugen ein und erhielten am 24. Oktober ihre Feuertaufe bei El Alamein. Zusammen mit dem mittleren Panzer M 3 machten die »Sherman«

über die Hälfte aller Kampfwagen der britischen 8. Armee aus. Den Briten wurden alle Modifikationen, hauptsächlich aber die Version M 4 A4, geliefert. Insgesamt erhielten sie rund 5000 Panzer, die kanadischen RAM nicht mitgerechnet. Nachdem die Briten den »Sherman« auf ihre 76-mm-Kanone umgerüstet hatten (was den Austausch des Turmes erforderlich machte), erhielten sie den stärksten Panzer, über den ihre Armee während des gesamten Verlaufs des zweiten Weltkrieges verfügte. Die umgerüsteten Panzer trugen die Bezeichnung »Sherman Firefly« und wurden ab Februar 1944 den Truppen zugeführt. Sie stellten die einzigen Kampfwagen der Alliierten dar, die in der Lage waren, es mit den deutschen »Tigern« und »Panthern« aufzunehmen, wenn auch nur im Kampf auf geringe Entfernung.

Der M 4 war kein schlechter Panzer und einfach herzustellen. Das erleichterte seine Massenproduktion in Fabrikationsstätten, die bis dato über keinerlei Erfahrungen im Panzerbau verfügten. Bis Kriegsende wurden 48 071 M 4 aller Modifikationen, einschließlich der kanadischen RAM und der M 4 A1 »Grizzly«, gefertigt. Der M 4 zeichnete sich durch Zuverlässigkeit in der Nutzung, Einfachheit der Konstruktion und Reparaturfreundlichkeit aus, war aber relativ schwach bewaffnet und gepanzert. Man war bestrebt, diese Mängel zu beseitigen. So wurde z. B. beim M 4 A3 E2 durch Anbringung zusätzlicher Panzerplatten die Stärke der Bugpanzerung bis auf 100 mm erhöht. Dieses Fahrzeug galt als zeitweiliger Ersatz für den noch nicht fertigen schweren Panzer T 26 E1, dessen Turm (mit einer 250 mm starken Panzerung) einfach auf den M 4 gesetzt wurde. Der M 4 war dem deutschen P IV mehr oder weniger ebenbürtig, konnte aber kein offenes Gefecht mit den »Tigern« und »Panthern« führen. In Korea (1950–53) erfüllten sich die in den M 4 A3 E8 gesetzten Erwartungen nicht, da er in Bewaffnung und Geländegängigkeit dem T-34/85 unterlegen war.

Auf der Basis des Panzers M 4 wurden mehrere Selbstfahrlafetten, Pionierpanzer und Hilfsfahrzeuge geschaffen, unter anderen die Jagdpanzer M 10 und M 36, die 155-mm-selbstfahrende Kanone M 40 und die 203-mm-SFL-Haubitze M 43. Viele Panzer waren mit Abschußvorrichtungen für Raketengeschosse ausgerüstet.

Im Zuge des Lend-Lease-Abkommens wurden »Sherman«-Panzer an Großbritannien, die Bewegung Freies Frankreich und an die Sowjetunion geliefert (M 4 A2 und M 4 A4). Nach dem Krieg verblieben sie noch lange in der Ausrüstung der Armeen fast aller kapitalistischen Großmächte und kamen in zahlreichen militärischen Konflikten zum Einsatz (in Korea 1950–53, im Nahen Osten in den Armeen Israels und Ägyptens, in Vietnam usw.). Selbst in den letzten Jahren fanden in den Streitkräften Israels modernisierte M 4-Kampfwagen »Super Sherman« Verwendung. Diese Fahrzeuge erhielten einen Turm mit einer französischen 105-mm-Kanone, einen 340 kW (460 PS) leistenden Dieselmotor und moderne optische Geräte. Die Granaten der französischen Kanone sind mit der Munition der in den anderen Panzern der israelischen Armee verwendeten 105-mm-Kanonen austauschbar. Die Gefechtsmasse des »Super Sherman« stieg auf 39,6 t. Bei einem Fahrbereich von 240 km kann der Panzer eine Geschwindigkeit von 45 km/h entwickeln. Ein Teil der M 4 wurde in Israel in SFL mit einer 155-mm-Haubitze oder zu selbstfahrenden 160-mm-Granatwerfern umgebaut.

Das Fahrgestell des »Sherman« diente als Basisfahrzeug für eine Vielzahl von SFL, Pionierpanzern, Berge- und Instandsetzungsfahrzeugen sowie anderen Spezialmaschinen.

Deutscher mittlerer Panzer P III

1936 entwickelte die Firma Daimler-Benz den mittleren Panzer P III, der 1938 in die Serienproduktion überführt wurde. Das 19,5 t schwere Fahrzeug war mit einer halbautomatischen 37-mm-Kanone und drei MGs bewaffnet. Es erreichte eine Geschwindigkeit von 40 km/h. Wanne und Turm waren 30 mm stark gepanzert.

Nach dem Feldzug von 1940 forderte Hitler, die P III auf eine 50-mm-Langrohrkanone umzurüsten. Damit sollte der Stärke der Panzerung der britischen »Matildas« Rechnung getragen werden. Doch das Heereswaffenamt ließ lediglich eine Kanone mit einer Rohrlänge von 42 Kalibern einbauen, die ihren Granaten nur eine niedrige Anfangs-

geschwindigkeit verlieh. Die mit dieser Kanone ausgestatteten Versionen F, G und H bildeten 1941 den Grundstock der deutschen Panzertruppen.

In den Gefechten an der sowjetisch-deutschen Front erwiesen sich die P III als zu schwach bewaffnet und gepanzert. Alle Versuche, die Gefechtseigenschaften des P III denen des T-34 anzugleichen, brachten nicht die gewünschten Ergebnisse. Durch die Anbringung von zusätzlichen Panzerplatten erhöhte man die Stärke der Bugpanzerung auf 60 bis 70 mm.

Die Panzer der Bauserie J (ab Dezember 1941) erhielten schließlich eine 50-mm-Kanone mit einer Rohrlänge von 60 Kalibern, deren Panzergranaten bei einer Anfangsgeschwindigkeit von 835 m/s auf 500 m Schußentfernung eine Panzerung von 75 mm durchschlugen, während die Unterkalibergranaten mit ihrer Anfangsgeschwindigkeit von 1130 m/s auf die gleiche Entfernung eine Durchschlagsleistung von 115 mm Panzerstahl erzielten.

Die letzten Panzer P III (Modifikationen M und N; 1942/43 in einer Stückzahl von 660 gebaut) waren mit der gleichen 75-mm-Kurzrohrkanone bewaffnet, mit der anfangs der P IV ausgerüstet war. 1943 produzierte man auf dem Fahrgestell des P III 100 Flammenwerferpanzer.

Deutscher mittlerer Panzer P III/L		
Gefechtsmasse		22,7 t
Besatzung		5 Mann
Bewaffnung		1 50-mm-Kanone
		2 MG
Kampfsatz		92 Granaten
		4950 Patronen
Panzerung	Wannenbug	50 mm
	Bordwände	30 mm
	Turm	57 mm
Motorleistung		220 kW (300 PS)
Höchstgeschwindigkeit		40 km/h
Fahrbereich auf Straße		155 km

Der P III war in technischer Hinsicht kein schlechtes Fahrzeug. Bei seiner Konstruktion waren viele Neuheiten berücksichtigt worden: Einzelaufhängung und Drehstabfederung der Laufrollen, Erleichterung der Bedienung durch Verwendung von Servo-Antrieben und Planeten-Lenkgetrieben usw. Doch der hohe spezifische Bodendruck und das niedrige Masse-Leistung-Verhältnis hatten jedoch eine unzureichende Beweglichkeit und eine nur mäßige Geländegängigkeit dieses Gefechtsfahrzeuges zur Folge.

Diese Eigenschaften konnten auch bei der Modernisierung des Panzers nicht verbessert werden, da immer der gleiche Motor von 220 kW (300 PS) Leistung eingebaut wurde, die Gefechtsmasse aber von Modifikation zu Modifikation zugenommen hatte. Da der Kampfwagen nicht über die für eine grundlegende Modernisierung notwendigen konstruktiven Reserven verfügte, wurde seine Produktion im August 1943 nach der Herstellung von 5700 Fahrzeugen in 12 Versionen eingestellt. Die dadurch freiwerdenden Fertigungskapazitäten nutzte man für den Bau von Sturmgeschützen auf der Basis des P III.

Deutscher mittlerer Panzer P IV

Die Entscheidung über die Schaffung eines mittleren Panzers mit einer 75-mm-Kurzrohrkanone war im Januar 1934 zugunsten des Projekts der Firma Krupp gefallen. Von 1937 bis 1938 wurden rund 200 Kampfwagen der Versionen A, B, C und D des P IV gebaut.

Diese Panzer hatten eine Gefechtsmasse von 18 bis 20 t, eine bis zu 20 mm starke Panzerung und einen Fahrbereich auf Straße von 200 km. Ihre Geschwindigkeit lag nicht über 40 km/h. Im Turm waren eine 75-mm-Kanone mit einer Rohrlänge von 23,5 Kalibern und ein mit ihr gekoppeltes Maschinengewehr installiert worden.

Beim Überfall auf Polen am 1. September 1939 verfügte die deutsche Wehrmacht alles in allem über 211 Kampfwagen P IV.

Der Panzer zeigte sich von seiner besten Seite und wurde gemeinsam mit dem P III als Standardpanzer bestätigt. Ab Dezember 1939 begann seine Massenproduktion, 1940 wurden 280 Fahrzeuge hergestellt.

Zu Beginn des Frankreichfeldzuges am 10. Mai 1940 befanden sich in den im Westen konzentrierten Panzerdivisionen 278 Kampfwagen P IV. Einzigste Schlußfolgerung aus dem Polen- und dem Frankreichfeldzug, die der deutsche Panzerbau für den P IV zog, war die Verstärkung der Panzerung des Wannenbugs auf 50 mm, der Bordwände auf 30 mm und des Turmes auf gleichfalls 50 mm. Die Fahrzeugmasse der von 1941 bis 1942 gebauten Version F1 stieg auf 22 t. Die Kette verbreiterte man um 20 auf 400 mm.

Die sowjetischen T-34 und KW demonstrierten vom ersten Tage des Großen Vaterländischen Krieges an die Überlegenheit ihrer Bewaffnung und Panzerung über den P IV. Das faschistische Oberkommando forderte die Umrüstung des P IV auf eine Langrohrkanone. Im März 1942 erhielt er eine 75-mm-Kanone mit einer Rohrlänge von 43 Kalibern (Modifikation F2).

1942 entstanden die Fahrzeuge der Version G, ab 1943 der Version H und ab März 1944 der Version J. Die Panzer der letzten beiden Modifikationen hatten eine Bugpanzerung von 80 mm und eine Kanone mit einer Rohrlänge von 48 Kalibern. Die Gefechtsmasse hatte sich auf 25 t erhöht, wodurch sich die Geländegängigkeit merklich verschlechterte. Der P IV/J verfügte über erhöhte Kraftstoffvorräte und einen auf 300 km gestiegenen Fahrbereich. Ab 1943 baute man zusätzlich 5 mm starke Panzerschürzen an, die die Bordwände sowie den Turm hinten und an der Seite vor Hohlladungsgranaten und den Geschossen von Panzerbüchsen schützten.

Die geschweißte Wanne einfacher Konstruktion wies keine rationellen Neigungswinkel der Panzerplatten auf. In der Wanne waren viele Luken vorhanden, die zwar den Zugang zu den Aggregaten und Mechanismen erleichterten, gleichzeitig aber auch die Beschußfestigkeit gegenüber Granaten herabsetzten. Innere Zwischenwände unterteilten die Wanne in drei Räume. Vorn im Fahrerraum befanden sich das Wechselgetriebe und die Seitenvorgelege. Hier hatten auch der Fahrer (links) und der MG-Schütze/Funker ihre Plätze, die mit eigenen Beobachtungsgeräten ausgestattet waren. Im Kampfraum mit dem vieleckigen Turm waren drei Besatzungsmitglieder untergebracht: der Kommandant, der Richt- und der Ladeschütze. Der Turm hatte seitliche Luken, was seine Beschußfestigkeit verringerte. Die Kommandantenkuppel war mit fünf gepanzerten Beobachtungsgeräten ausgerüstet. Auch zu beiden Seiten der Walzenblende und in den Luken der seitlichen Turmwände waren Beobachtungsgeräte eingebaut. Das Schwenken des Turmes erfolgte elektrisch oder von

Deutscher mittlerer Panzer P IV/H		
Gefechtsmasse		25 t
Besatzung		5 Mann
Bewaffnung		1 75-mm-Kanone
		2 MG
Kampfsatz		87 Granaten
		3150 Patronen
Panzerung	Wannenbug	80 mm
	Bordwände	30 mm
	Turm	50 mm
Motorleistung		220 kW (300 PS)
Höchstgeschwindigkeit		40 km/h
Fahrbereich auf Straße		210 km

Hand, das vertikale Richten der Kanone manuell. Zum Kampfsatz gehörten Splitterspreng-, Nebel-, Panzer-, Unterkaliber- und Hohlladungsgranaten. Die 6,8 kg schwere Panzergranate hatte eine Anfangsgeschwindigkeit von 790 m/s und durchschlug auf eine Entfernung von 1000 m eine Panzerung bis zu 95 mm Stärke. Die 4,1 kg schwere Unterkalibergranate erreichte eine Anfangs- geschwindigkeit von 990 m/s und durchschlug bei glei- cher Schußentfernung eine Panzerung bis zu 110 mm. (Angaben für die Kanone mit 48 Kalibern Rohrlänge.)

Im Triebwerksraum, der im Fahrzeugheck lag, war ein wassergekühlter 12-Zylinder-Vergasermotor der Firma Maybach eingebaut. Das Laufwerk bestand aus acht Lauf- rollen kleinen Durchmessers mit Gummibandagen, die paarweise an einem Schwingarm befestigt waren. Als elastisches Element wurden Blattfedern verwendet.

Der P IV erwies sich als zuverlässiges und einfach zu bedienendes Fahrzeug. Doch seine Geländegängigkeit, besonders bei den letzten überladenen Modifikationen, konnte nicht befriedigen.

Mit seiner Bewaffnung und Panzerung war er den Kampf- wagen der Westmächte, ausgenommen die amerikani- schen M 4 verschiedener Versionen und die britischen »Comet«, überlegen. Dem T-34 war er in allen Parametern, außer der Stärke der Bugpanzerung, unterlegen.

Panzer des Typs P IV wurden den ganzen Krieg über in zehn Modifikationen mit einer Stückzahl von insgesamt 9500 Fahrzeugen gebaut. Damit war der P IV der in der Wehrmacht am häufigsten vertretene Kampfwagen. Auf seiner Basis produzierte man Sturmgeschütze, Jagd- panzer, 88-mm- und 150-mm-SFL, Fla-SFL und andere Fahrzeuge.

Anfang 1943 wurden in Vorbereitung der Sommeroffen- sive im Kursker Bogen auf den Fahrgestellen der P III/IV unter Verwendung von Baugruppen beider Panzer zwei offene SFL geschaffen. In ihrem konstruktiven Aufbau waren sie einander gleich: der Kampfraum lag hinten, der mit dem Getriebe zu einem Block vereinte Motor vorn. Beide SFL hatten eine Gefechtsmasse von 24 t und erreichten eine Geschwindigkeit von 42 km/h. Die Geschützbedienung war von vorn, von der Seite und teilweise auch von hinten durch gepanzerte Schilde von 10 mm Stärke geschützt. Die erste SFL, das »Nashorn«, war mit einer feuerkräftigen 88-mm-Kanone bewaffnet. Bis Kriegsende entstanden 494 dieser Fahrzeuge. Für den Einsatz als Panzerabwehr-SFL war ihre Panzerung jedoch eindeutig zu schwach. Für die Artillerieregimenter der Panzerdivisionen hatte man die SFL »Hummel« entwickelt, die mit einer von der Lafette abmontierten 150-mm-Feldhaubitze ausgerüstet war. Von der »Hummel« wurden 714 Exemplare gebaut. Die Besatzung beider SFL bestand aus fünf bzw. sechs Mann.

Deutscher mittlerer Panzer P V »Panther«

Die Entwicklungsarbeiten an dem Nachfolgemuster des P IV begannen 1937, als mehreren Firmen die Aufgabe gestellt wurde, einen 30 ... 35-t-Panzer zu schaffen. Die Firmen nahmen sich Zeit, weil das deutsche Oberkommando kein sonderliches Interesse an einem schweren Panzer zeigte, keine exakten technischen Parameter vorgab und mehrmals die Aufgabenstellung veränderte. So baute man nur vereinzelte Exemplare, zu denen 1937 der DW 1 der Firma Henschel gehörte, der ein Schachtellaufwerk besaß, das später die Panzer »Tiger« und »Panther« erhielten. 1938 entstand mit dem DM 2 ein zweiter Versuchspanzer. Schließlich wurden im Sommer 1941 die Testfahrzeuge VK 3001(H) und VK 3001(P) nach den Entwürfen des bekannten österreichischen Konstrukteurs Ferdinand Porsche in den Henschel-Werken gefertigt.

Die Niederlagen der deutschen Panzer in den Gefechten mit den sowjetischen T-34 und KW zwangen die faschistische Heeresleitung, die Entwicklung des neuen Kampfwagens beschleunigt voranzutreiben.

Die bisherigen Prototypen mit ihren 75-mm-Kurzrohrkanonen wurden verworfen. Schon im Juli 1941 hatte die Firma Rheinmetall den Auftrag erhalten, kurzfristig eine leistungsfähige Panzerkanone zu entwickeln. Auf Vorschlag Guderians studierte eine spezielle Kommission die Vorzüge des T-34 an Hand erbeuteter Teile dieses Panzers. Am 20. November 1941 legte sie die Ergebnisse ihrer Arbeit vor und unterstrich dabei die hervorstechenden Besonderheiten des T-34: geneigte Anbringung der Panzerplatten, Langrohrkanone, breite Ketten, Dieselmotor. Bereits am 25. desselben Monats beauftragte das Reichsministerium für Bewaffnung und Munition die Firmen Daimler-Benz und MAN, einen neuen, starken Panzer zu schaffen, dessen taktisch-technische Vorgaben sich an den Parametern des T-34 orientierten.

Im Mai 1942 begutachtete die sogenannte »Panther-Kommission« die Projekte beider Firmen. Daimler-Benz stellte einen Kampfwagen vor, der schon rein äußerlich stark an den T-34 erinnerte. Der konstruktive Aufbau war wie beim »Vierunddreißiger« mit hinten liegendem Triebwerksraum und Antriebsrad ausgelegt. Acht ineinander verschachtelte Laufrollen großen Durchmessers waren paarweise aufgehängt und durch Blattfedern abgefedert. Den Turm hatte man nach vorn gerückt und die Panzerplatten der Wanne genau wie beim T-34 angebracht. Die Firma schlug vor, einen Dieselmotor und ein hydraulisches Lenksystem einzubauen.

Beim MAN-Projekt lag der Motor hinten, das Wechselgetriebe aber vorn. Das Schachtellaufwerk hatte Einzelaufhängung mit zweifacher Drehstabfederung. Der Kampfraum lag zwischen dem Motor- und dem Kraftübertragungsraum (Fahrerraum). Dadurch war es möglich geworden, den Turm weiter hinten aufzusetzen und in ihm eine Kanone mit überlangem Rohr einzubauen.

Das Projekt von Daimler-Benz hatte Niveau. Seine Laufwerkselemente waren billiger sowie einfacher zu fertigen und zu warten als bei der MAN-Entwicklung. Doch die Forderung nach Unterbringung einer 75-mm-Langrohrkanone war nicht erfüllt worden. Die »Panther-Kommission« sprach sich daher einmütig für den MAN-Entwurf aus. Auch glaubte sie nicht an die Vorzüge eines hinten liegenden Motors und einer im Heck eingebauten Kraftübertragung, wie sie der Prototyp von Daimler-Benz aufwies. Doch das entscheidende war, daß sich der Daimler-

Benz-Turm nicht für die Aufnahme der neuen 75-mm-Kanone mit einer Rohrlänge von 70 Kalibern eignete. Zwar war zu dieser Zeit der Turm der Firma Rheinmetall mit der geforderten Kanone schon fertig, doch war es unmöglich, ihn auf den Daimler-Benz-Panzer aufzusetzen. So erhielt MAN den Auftrag für die Fertigung der ersten Partie Panzer, während man Daimler-Benz vorschlug, die Arbeiten an ihrem Panzer einzustellen und die Produktion des MAN-Fahrzeugs aufzunehmen. Kurze Zeit später begannen auch andere Firmen (Krupp, Henschel u. a.) mit der Herstellung von »Panther«-Kampfwagen.

Der eigentliche Prototyp des »Panther« war im September 1942 fertiggestellt und wurde einer eingehenden Erprobung unterzogen. Im November begann die Fabrikation der Nullserie. Die Fahrzeugmasse hatte die Projektvorgabe um 8 t überschritten, so daß die geforderte spezifische Leistung nicht erreicht wurde. Nach einigen Überarbeitungen und Veränderungen (Verstärkung der Bugpanzerung der Wanne auf 80 mm, Einbau eines MG im Fahrzeugbug) lief die Fertigung der ersten Serienmodifikation D1 im Januar 1943 an. Die überhastete Überleitung in die Produktion hatte eine Unmenge von »Kinderkrankheiten« zur Folge. In den ersten Monaten fielen die »Panther« häufig wegen der verschiedensten Defekte aus. Diese Mängel wurden im Verlauf des Fertigungsprozesses beseitigt. Ab zweitem Halbjahr 1943 liefen Panzer der Version A vom Band. Sie waren mit einer neuen Kommandantenkuppel mit sieben gepanzerten Winkelspiegeln und einem Bug-MG in einer Kugelblende ausgestattet. Die Baureihe G (ab 1944) unterschied sich durch eine veränderte Stärke und größere Neigungswinkel der Bordwände (60° an Stelle von 50°) sowie durch einen vergrößerten Kampfsatz von den anderen Versionen. Diese Fahrzeuge wurden bis Kriegsende produziert. Insgesamt verließen rund 6000 »Panther« die Werkhallen.

Von Anfang an hatte die »Panther«-Produktion höchste Priorität. Der Plan sah den Ausstoß von monatlich 600 Kampfwagen vor. Dieses Ziel wurde nie erreicht. Die höchste Monatsfertigung lag im Juli 1944 bei 400 Fahrzeugen. Im Vergleich dazu gelangten schon 1942 monatlich mehr als 1000 T-34 an die Front.

Grundlegende Forderung an die Konstrukteure des Panzers war die maximale Gewährleistung eines effektiven Waffeneinsatzes sowie günstiger Bedingungen für die Besatzung. Um diesen Ansprüchen gerecht zu werden, war eine leistungsfähige Panzerkanone entwickelt worden. Ihre 6,8 kg schwere Panzergranate erreichte bei einer Anfangsgeschwindigkeit von 925 m/s auf 1000 m Entfernung eine Durchschlagsleistung von 130 mm Panzerstahl. Die 4,25 kg schwere Unterkalibergranate wurde in der Langrohrkanone auf 1120 m/s beschleunigt und durchschlug bei einer Schußentfernung von einem Kilometer bis zu 160 mm starke Panzerungen. Die Wahl eines verhältnismäßig kleinen Kalibers der Kanone (75 mm) ermöglichte eine relativ hohe praktische Feuergeschwindigkeit und die Vergrößerung des Kampfsatzes. Von hoher Qualität waren die optischen Zielfernrohre und Beobachtungsgeräte: Der P V konnte den Feuerkampf mit den Panzern des Gegners auf Entfernungen von 1500 bis 2000 m führen. Der Turm mit seiner großflächigen Drehbühne wurde hydraulisch geschwenkt. Die Verwendung einer elektrischen Abfeuerung erhöhte die Treffgenauigkeit beim Schießen. Zur Verringerung der Belästigung der Besatzung durch Pulvergase nach Abgabe des Schusses war eine spezielle Vorrichtung vorhanden, die das Rohr mit Preßluft freiblies und die Pulvergase aus den beschossenen Kartuschen absaugte. Im Turmheck war eine Luke vorhanden, durch die der Panzer aufmunitioniert, das Rohr der Kanone gewechselt und der Panzer im Notfall durch den Ladeschützen verlassen werden konnte. Durch eine runde Luke auf der rechten Turmseite wurden die beschossenen Kartuschen aus dem Kampfraum entfernt. In die Panzer war ein vielstufiges Planeten-Lenkgetriebe mit Synchronisator eingebaut, das eine Fahrtrichtungsänderung mit verschiedenen Wenderadien, die sich je nach eingelegtem Gang automatisch einstellten, ermöglichte. Durch diese Getriebekonstruktion konnte der P V auf der Stelle wenden, wobei eine Kette vorwärts, die andere rückwärts lief. Die hydraulische Betätigung der Bremsen verringerte den Kraftaufwand des Fahrers. Das Laufwerk des Panzers und seine Aufhängung waren vom technischen Standpunkt höchst interessant. Die schachbrettartig ineinander verschachtelten Laufrollen garantierten eine gleichmäßige Lastverteilung auf die Ketten. Durch die große Zahl von Laufrollen, von denen die Hälfte noch als Doppellaufrolle ausgeführt war, konnte man sich auf dünne Gummibandagen beschränken (Einsparung von Gummi), die sich auch bei langen Märschen nicht erhitzten. Bei einem so schweren Fahrzeug wäre das mit einer anderen Laufwerkskonstruktion nicht zu erreichen gewesen. Ein derartiges Laufwerk sicherte in Verbindung mit der Einzelaufhängung und der Drehstabfederung der Laufrollen ein weiches Fahrverhalten sowie eine gute Geländegängigkeit. Außerdem ließen sich beschädigte Fahrzeuge leicht abschleppen. Andererseits ist es vorgekommen, daß der zwischen die Laufrollen gepreßte Schlamm bei Nachtfrösten festfror, die Laufrollen blockierte und so die »Panther« bewegungsunfähig machte.

Der P V wies eine gelungene Formgebung der Wanne mit rationellen Neigungswinkeln der Panzerplatten auf, die

Deutscher mittlerer Panzer P V/G »Panther«

Gefechtsmasse		44,8 t
Besatzung		5 Mann
Bewaffnung		1 75-mm-Kanone
		2 MG
Kampfsatz		79 Granaten
		4200 Patronen
Panzerung	Wannenbug	80 mm
	Bordwände	50 mm
	Turm	110 mm
Motorleistung		515 kW (700 PS)
Höchstgeschwindigkeit		50 km/h
Fahrbereich auf Straße		200 km

bekanntlich dem T-34 entlehnt war. Das Fehlen einer Fahrerluke in der Bugplatte erhöhte deren Festigkeit. Die solide Panzerung des Kampfwagens wurde in der zweiten Hälfte des Jahres 1943 durch die Anbringung von Panzerschürzen an den Bordwänden zum Schutz vor Hohlladungsgranaten weiter verstärkt. Wanne und Turm des »Panther« waren, wie auch andere deutsche Panzer und Selbstfahrlafetten, mit einem Spezialzement (»Zimmerit«) beschichtet, wodurch Haftminen und Magnetgranaten nicht an der Panzerung »kleben« blieben.

Der P V erwies sich als der beste Kampfwagen der faschistischen Panzerwaffe und einer der stärksten Panzer des zweiten Weltkrieges. Er war ein gefährlicher Gegner im Panzergefecht.

Doch das »Meisterwerk des deutschen Panzerbaus« war in Produktion und Wartung kompliziert sowie, vor allem bei den ersten Fahrzeugen, technisch unzuverlässig. Häufig brachen die Drehstäbe, deren Wechsel, wie auch der von Laufrollen, äußerst arbeitsaufwendig war. Als Folge der allgemeinen Überlastung verschlissen die Antriebsräder und die Seitenvorgelege schnell und fielen aus. Diese Mängel konnten bis Kriegsende nicht vollständig abgestellt werden.

Das Fahrgestell des »Panther« diente als Basis für mehrere andere Gefechtsfahrzeuge. Noch im Oktober 1942 erging ein Auftrag für eine Panzerabwehr-SFL, die mit der 88-mm-Langrohrkanone bewaffnet sein sollte. Der Prototyp war im Dezember des folgenden Jahres fertig, die Produktion lief im Januar 1944 an. Bis Kriegsende wurden 392 dieser Fahrzeuge gebaut. Die SFL erhielt die Bezeichnung »Jagdpanther«. Ihre Gefechtsmasse betrug 46 t; die Besatzung bestand aus fünf Mann. Bewaffnet war sie mit der 88-mm-Kanone (Rohrlänge: 71 Kaliber) und einem Maschinengewehr. Mit einer Stirnpanzerung von 80 mm und einer Bordwandpanzerung von 50 mm erreichte sie immerhin noch eine Geschwindigkeit von 50 km/h.

Der »Jagdpanther« hatte zwar das Chassis des P V erhalten, doch waren die Bug- sowie die oberen geneigten Bordwandpanzerplatten verlängert worden, die zusammen den Kampfraum bildeten. In der stark abgeschrägten Stirnpanzerung war die Kanone in einem Rahmen gelagert und durch eine Blende abgedeckt. Es handelte sich um das gleiche Geschütz, mit dem auch die SFL »Nashorn« und »Elefant« sowie der »Königstiger« bewaffnet waren. Rechts von der Kanone hatte man ein Maschinengewehr in einer Kugelblende montiert. Auf der leicht (5°) nach vorn geneigten Kampfraumdecke saß hinten links die Kommandantenkuppel. Der geräumige Kampfraum erleichterte die Handlungen der Besatzung. Das Fahrzeug war mit einer Vorrichtung zum Absaugen der Pulvergase aus dem Rohrkanal und den beschossenen Kartuschen ausgestattet.

Die SFL verfügte über eine leistungsfähige Bewaffnung, eine niedrige Wanne mit gelungener Formgebung und eine gute Geländegängigkeit. Sie war die beste deutsche Panzerabwehr-SFL des zweiten Weltkrieges.

Auf dem Fahrgestell des P V wurden auch 297 Berge- und Instandsetzungsfahrzeuge »Bergepanther« sowie Fahrzeuge für vorgeschobene Artilleriebeobachter (mit einer Kanonenimitation aus Holz) hergestellt.

Deutscher schwerer Panzer P VI »Tiger«

Am 12. Januar 1943 begannen die Truppen der Leningrader Front unter dem Oberbefehl von Generalleutnant L. A. Goworow und der von Armeegeneral K. A. Merezkow befehligten Wolchowfront eine Operation mit der Tarnbezeichnung »Iskra«. Durch einen zusammenführenden Stoß sollten sie sich im Raum Sinjawino südlich von Leningrad vereinen und den Blockadering um die belagerte Heldenstadt aufbrechen. Die Faschisten leisteten wütenden Widerstand. Angriffe wechselten mit Gegenangriffen. Viele Ortschaften gingen nicht nur einmal von einer Hand in die andere. Am 14. Januar wehrten unsere Truppen einen Gegenangriff der Deutschen im Gebiet der Arbeitersiedlungen 5 und 6 ab. Der Gegner zog sich zurück. Im Niemandsland stand verlassen ein von unseren Artilleristen abgeschossener Panzer, der sich schon rein äußerlich von den uns bekannten feindlichen Kampfwagen unterschied.

Von dem neuen Panzer erhielt der sich zu dieser Zeit im Stab der Wolchowfront aufhaltende Vertreter des Hauptquartiers des Obersten Befehlshabers, Armeegeneral G. K. Shukow, Kenntnis. Er interessierte sich sofort lebhaft für diese Meldung. Es wurde der Entschluß gefaßt, den Panzer zu erbeuten und sich mit seinen Besonderheiten vertraut zu machen. Auf Weisung von Shukow und Merezkow bildete man aus dem Bestand der 86. Panzerbrigade eine 18 Mann starke Einsatzgruppe, die von Oberleutnant Kosarew geführt wurde und über vier Panzer verfügte.

In der Nacht zum 17. Januar bewegte sich die Gruppe im Schutz der Dunkelheit auf den abgeschossenen Kampfwagen zu. Die Deutschen erkannten recht bald, daß wir versuchen wollten, den neuen Kampfwagen abzutransportieren. Sie bemühten sich mit allen Mitteln, das zu verhindern, indem sie diesen Abschnitt pausenlos beschossen. Unter Verlusten gelangte die Gruppe Kosarew an ihr Ziel. Selbst in der Dunkelheit war beim fahlen Schein der Leuchtkugeln zu erkennen, daß es sich bei dem Panzer um ein neues Fahrzeug von unbekannter Form handelte. Als die Todesmutigen in den Kampfwagen kletterten, entdeckten sie eine Sprengladung. Warum die Deutschen sie nicht gezündet hatten, wurde nie aufgeklärt. Zunächst mußte die Ladung entschärft werden. Dann begannen unsere Leute, das Fahrzeug abzuschleppen. Ein höchst schwieriges Unternehmen, da die 86. Panzerbrigade nur mit leichten Panzern (T-60, BT-5 und T-26) ausgerüstet war und das gepanzerte deutsche Ungetüm – wie sich später herausstellte – 55 Tonnen wog. Doch gegen Morgen war der erbeutete Kampfwagen bei unseren Truppen. Wie wir feststellen konnten, handelte es sich bei dem Fahrzeug um den neuen schweren Panzer P VI »Tiger«. Mit der Produktion dieses Typs hatte die deutsche Industrie erst 1942 begonnen. In die Truppe waren bisher nur wenige Exemplare gelangt. Die Logik verlangt, daß neue Waffensysteme, vor allem Panzer, bei ihrem Ersteinsatz massiert zu verwenden sind. Im Gegensatz dazu hatte Hitler gefordert, nur einige Dutzend der neuen Panzer ins Gefecht zu

Deutscher schwerer Panzer P VI/H »Tiger«	
Gefechtsmasse	55 t
Besatzung	5 Mann
Bewaffnung	1 88-mm-Kanone
	2 MG
Kampfsatz	92 Granaten
	5700 Patronen
Panzerung Wannenbug	100 mm
Bordwände	80 mm
Turm	100 mm
Motorleistung	515 kW (700 PS)
Höchstgeschwindigkeit	38 km/h
Fahrbereich auf Straße	120 km

werfen, weil er in den »Tigern« nur all zu gern jene unverwundbaren, alles zermalmende Panzer gesehen hätte, die er sich immer schon gewünscht hatte. General Guderian beklagte in seinem Buch »Erinnerungen eines Soldaten«, daß der Gegner dabei zu früh wertvolle Angaben über den neuen Panzer erhalten hätte. Tatsächlich, als die »Tiger« im Verlauf der Kursker Schlacht im Juli 1943 dann massiert eingesetzt wurden, waren unsere Truppen schon zu ihrem Empfang gerüstet. In dem inzwischen vergan-

genen halben Jahr waren auf einem Testgelände Beschußversuche an dem erbeuteten »Tiger« durchgeführt und alle seine verwundbaren Stellen herausgefunden worden.

Von 1938 bis 1940 waren in Deutschland mehrere Versuchsmuster schwerer Panzer entwickelt worden. Doch sie waren als Prototypen für die zukünftigen deutschen Kampfwagen, die nach den Forderungen des OKH die sowjetischen T-34 und KW übertreffen sollten, völlig ungeeignet. Wenn man den »Panther« als Antwort auf den T-34 betrachtet, so war der »Tiger« unter dem Einfluß des zu jener Zeit unübertroffenen Panzerschutzes des KW in Auftrag gegeben worden. Deshalb forderte man im Sommer 1941 mehrere Firmen auf, ihre Projekte eines schweren Panzers mit leistungsfähiger Bewaffnung, starker Panzerung und einer Geschwindigkeit von 40 km/h einzureichen.

Als erste Firma stellte Henschel im März 1942 mit dem VK 3601(H) ihren Entwurf vor. Doch gerade zu diesem Zeitpunkt forderte das Heereswaffenamt die Schaffung eines neuen, weitaus schwereren Panzers, der mit einer 88-mm-Kanone auszurüsten war und die Projektbezeichnung VK 4501 erhielt. Da die Zeit für dessen Entwicklung äußerst knapp bemessen war, entschloß sich der Chefkonstrukteur der Abteilung Panzerbau der Henschel-Werke E. Anders, für das neue Fahrzeug die bereits vorhandenen Baugruppen seiner vorherigen Versuchspanzer zu verwenden. Das Testmodell ging im April 1942 zusammen mit dem von Ferdinand Porsche entwickelten VK 4501(P) in die Erprobung, aus der das Henschel-Fahrzeug als Sieger hervorging.

Sofort erging der Auftrag zur Serienproduktion des neuen Panzers unter der Typenbezeichnung P VI/H »Tiger«. Im Verlauf der Fertigung wurden noch mehrere Baugruppen verändert (die Laufrollen und die Kommandantenkuppel wurden vom »Panther« übernommen) und eine Reihe konstruktiver Unzulänglichkeiten beseitigt. Die ersten 495 Kampfwagen hatten eine Ausrüstung zum Überwinden von Wasserhindernissen bis zu einer Tiefe von 4 m in Unterwasserfahrt.

Die Wahl des Kalibers der Kanone war von der Forderung nach einer hohen Effektivität des Waffeneinsatzes diktiert worden, die eine große Durchschlagsleistung mittels der hohen Anfangsgeschwindigkeit der Granate und deren Konstruktion garantierte. Die halbautomatische 88-mm-Kanone mit einer Rohrlänge von 56 Kalibern erhielt ein System zum Durchblasen des Rohres nach dem Schuß und eine elektrische Abfeuerung. Ihre Panzergranate (Masse 10,2 kg, Anfangsgeschwindigkeit 773 m/s) durchschlug auf 1000 m Entfernung eine 115 mm starke, die Unterkalibergranate (Masse 7,3 kg, Anfangsgeschwindigkeit 930 m/s) bei gleicher Entfernung eine 60 mm dicke Panzerung. Der Turm wurde hydraulisch geschwenkt.

Beim Laufwerk fanden ineinander verschachtelte Laufrollen großen Durchmessers Verwendung. Nach Vorbild des sowjetischen KW hatten die Konstrukteure den »Tiger« mit breiten Ketten (720 mm) ausgerüstet. Doch mit einem spezifischen Bodendruck von 0,105 MPa hatte der Panzer vor allem auf weichem Untergrund eine ungenügende Geländegängigkeit. Andererseits hatte man es geschafft, daß sich der Panzer durch den Einbau eines wellenlosen Spezialgetriebes und eines vielstufigen Differential-Lenkgetriebes trotz seiner hohen Gefechtsmasse leicht fahren ließ.

Ihren ersten größeren Gefechtseinsatz hatten einige »Tiger« am 29. August 1942 im Raum Mga bei Leningrad. Doch dieses Debüt war nicht von Erfolg gekrönt. Danach wurde eine Kompanie »Tiger« im Januar 1943 bei dem Versuch deutscher Truppen, den Ring um die in Stalingrad eingekesselte Paulus-Armee zu durchbrechen, ins Gefecht geworfen. Einen Monat später meldete man das Auftauchen von »Tigern« in Tunesien, was auf die Alliierten großen Eindruck machte.

Der »Tiger« war sowohl hinsichtlich seiner Bewaffnung als auch in bezug auf seine Panzerung ein starker Kampfwagen, obwohl letzterer nicht über rationelle Neigungswinkel verfügte. Um die Montage der Wanne zu beschleunigen und zu vereinfachen, schweißte man sie aus dicken, senkrecht angeordneten Panzerplatten zusammen. Die Fertigung des »Tigers« war insgesamt äußerst arbeitsaufwendig und verlangte hochqualifizierte Arbeitskräfte. Damit war der Panzer für einen Massenausstoß ungeeignet. Von August 1942 bis August 1944 entstanden rund 1350 dieser Fahrzeuge.

Als Anfang 1944 die sowjetischen IS-2 und die modernisierten T-34/85 an der Front auftauchten, war die zeitweilige waffentechnische Überlegenheit des »Tigers« gebrochen.

Im Januar 1944 begannen die Deutschen die Produktion eines noch mächtigen schweren Panzers, des P VI/B »Königstiger«, der mit einer 88-mm-Kanone, deren Rohrlänge 71 Kaliber betrug, bewaffnet war, eine Gefechtsmasse von 68 t aufwies und dessen Panzerung am Wannenbug eine Stärke von 150 mm und am Turm von 180 mm erreichte. Die Wanne hatte mit rationellen Neigungswinkeln der Panzerplatten eine günstige Form erhalten. Die schachbrettartig ineinander verschachtelten Laufrollen waren drehstabgefedert und einzeln aufgehängt. Geschwindigkeit (35 km/h) und Geländegängigkeit des »Königstigers« waren niedriger als beim »Tiger«. Die Besatzung bestand aus fünf Mann. Auf dem Schlachtfeld tauchten die P VI/B erstmals im August 1944 während der Kämpfe um den Brückenkopf von Sandomierz auf. Bis Kriegsende wurden 489 »Königstiger« gebaut.

Auf der Basis des Panzers P VI/H entstand die SFL »Sturmtiger«, die mit einem 380-mm-Mörser bewaffnet war, der 345 kg schwere Granaten verschoß. Das bis zu 150 mm stark gepanzerte Fahrzeug hatte eine Gefechtsmasse von 68 t und war für den Kampf gegen Befestigungen bestimmt.

Deutscher Jagdpanzer »Elefant« (»Ferdinand«)

Nachdem die deutsche Wehrmacht 1942 feststellen mußte, daß sie weder über Panzer- noch über Panzerabwehrkanonen verfügte, die in der Lage gewesen wären, einen erfolgreichen Kampf mit unseren T-34 und KW aufzunehmen, mußten ihre Luftwaffe und ihre Flakartillerie diese Aufgabe wohl oder übel mit übernehmen. Die deutsche 88-mm-Flak war kein schlechtes Geschütz. Ihre Panzergranate konnte selbst auf große Entfernungen eine starke Panzerung durchschlagen. Doch die ungeschützten Kanonen erlitten schwere Verluste im Kampf mit Panzern. Folgerichtig entschloß man sich, diese Kanone auf ein selbstfahrendes, gepanzertes Chassis zu montieren.

1943 entwickelten die Deutschen aus der 88-mm-Flak die durchschlagskräftige 88-mm-Panzerabwehrkanone Modell 1943 mit einer Rohrlänge von 71 Kalibern. Anfangs baute man sie in den oben offenen, schwach gepanzerten Aufbau der SFL »Nashorn« ein.

Als das Heereswaffenamt Ende 1942 90 Fahrgestelle des schweren Panzers VK 4501(P) erhielt, der nach einem

Deutscher Jagdpanzer »Elefant«		
Gefechtsmasse		68 t
Besatzung		6 Mann
Bewaffnung		1 88-mm-Kanone
Kampfsatz		50 Granaten
Panzerung	Wannenbug	200 mm
	Bordwände	80 mm
Motorleistung		440 kW (600 PS)
Höchstgeschwindigkeit		20 km/h
Fahrbereich auf Straße		180 km

Projekt von Ferdinand Porsche entstanden, aber nicht in die Ausrüstung der Wehrmacht übernommen worden war, wurde beschlossen, diese als Basisfahrzeug für die neue 88-mm-Kanone zu verwenden. Die Fahrgestelle erhielten einen Aufsatz, eine zusätzliche Panzerung und die neue Kanone. Das so entstandene Fahrzeug nannte man vorerst zu Ehren des Konstrukteurs »Ferdinand«, änderte dann aber die Bezeichnung in Jagdpanzer »Elefant« um. Porsches Fahrzeug war mit einer elektrischen Kraftübertragung ausgerüstet. Zwei Motoren trieben die Welle eines Elektrogenerators an. Der von ihm erzeugte Strom floß zu den elektrischen Antriebsmotoren, von denen jeder eine Kette in Bewegung setzte. Um die Bedienung eines derart schweren Fahrzeuges zu erleichtern, wurden hydraulische Kraftverstärker verwandt. Der »Elefant« war mit einer Drehstabfederung der paarweise in Gestellen aufgehängten Laufrollen ausgestattet. Das Antriebsrad lag hinten, während sich die Motoranlage im Fahrzeugbug befand. Die Panzerung war für ihre Zeit beispielgebend. Die Besatzung hatte man im Kampfraum (Kommandant, Richtschütze, zwei Ladeschützen) und im Wannenvorderteil (Fahrer, Funker), das vom übrigen Fahrzeug abgeteilt war, untergebracht.

Der »Elefant« erwies sich jedoch als nicht durchkonstruiertes und unzuverlässiges Fahrzeug. Schwerfällig und mit begrenztem horizontalem Richtbereich der Kanone war er im Nahkampf äußerst verwundbar. Auf große Entfernungen dagegen war er ein höchst gefährlicher Gegner für die Panzer. Die Panzer- (10,2 kg) und die Unterkalibergranate (7,3 kg) erreichten eine Anfangsgeschwindigkeit von 1000 bzw. 1130 m/s und durchschlugen auf 1000 m Entfernung Panzerungen von 180 bzw. 200 mm Stärke. Die »Elefanten« nahmen an den Gefechten im Nordabschnitt des Kursker Frontvorsprungs im Juli 1943 und an den Herbstkämpfen in der rechtsufrigen Ukraine teil, wobei sie schwere Verluste erlitten.

Deutscher Jagdpanzer »IV«

Deutscher Jagdpanzer »IV«	
Gefechtsmasse	28,5 t
Besatzung	4 Mann
Bewaffnung	1 75-mm-Kanone
	1 MG
Kampfsatz	55 Granaten
Panzerung Stirnpanzerung	80 mm
Bordwände	40 mm
Motorleistung	220 kW (300 PS)
Höchstgeschwindigkeit	40 km/h
Fahrbereich auf Straße	210 km

Die deutsche Heeresleitung schenkte der Ausrüstung ihrer Armeen mit Panzerabwehr-SFL große Aufmerksamkeit. Als besonders effektiv wurden Jagdpanzer, das heißt vollständig gepanzerte SFL mit in die Wanne montierter Kanone, betrachtet. Nach den Mißerfolgen mit dem »Elefant« entschloß man sich, für eine derartige Gattung von Gefechtsfahrzeugen das Fahrgestell des Panzers P VI zu verwenden. Das erste Modell baute die Firma Vomag im Oktover 1943; die Serienproduktion lief zwei Monate später an. Das Fahrzeug, das die Bezeichnung Jagdpanzer »IV« erhalten hatte, wurde mit der 75-mm-Kanone »PAK 39« bewaffnet, die in einem Rahmen aufgehängt und nach vorn durch eine Blende des Typs »Schweineschnauze« geschützt war. Die SFL war ziemlich

niedrig. Die Platten der Bug- und Stirnpanzerung wiesen einen rationellen Neigungswinkel auf. Die Beweglichkeit der SFL entsprach der des Ausgangsmusters, doch hatte die Verlegung des Fahrzeugschwerpunkts nach vorn eine Überlastung der ersten Laufrollen zur Folge.

Da auch die »PAK 39« der Panzerung der schweren sowjetischen Kampfwagen nichts anhaben konnte, wurde der Einbau eines feuerkräftigeren Artilleriesystems gefordert. Ab August 1944 gelangte das als »Jagdpanzer IV/70« bezeichnete neue Fahrzeug mit einer 75-mm-Langrohrkanone (der gleichen Waffe, mit der der »Panther« bewaffnet war) in die Truppe. Die SFL wurde in zwei Modifikationen geliefert, die sich durch die Art und Weise des Einbaus der Kanone unterschieden. Die Fahrzeuge waren jedoch total überlastet worden (Gefechtsmasse 25,8 t); das Laufwerk (vor allem die vorderen Laufrollen) war der Überbeanspruchung nicht gewachsen und hielt nicht lange stand. Der »Jagdpanzer IV/70« hatte zusätzlich ein Bug-MG erhalten. Er verfügte über einen Kampfsatz von 55 Granaten. Besatzung: Vier Mann.

Auf der Basis des P VI wurden bis Kriegsende 3085 Jagdpanzer aller genannten Versionen gebaut. Die Fahrzeuge waren von ihrer Bestückung her eine sehr effektive Panzerabwehrwaffe. Gegen Kriegsende hatten sie und die Sturmgeschütze die gezogene Artillerie fast vollständig aus den Panzerjägerabteilungen der Panzer- und motorisierten Infanteriedivisionen verdrängt. Ihre Produktion stieg ständig und übertraf 1944 die Fertigung von Panzern.

Deutscher Jagdpanzer »Hetzer«

Die Produktion des tschechoslowakischen Panzers TNHP »Praga« lief nach der Okkupation des Landes durch Hitlerdeutschland bis Juni 1942 unter der Typenbezeichnung P 38(t) weiter. Da der leichte Panzer aber nicht mehr den gewachsenen Anforderungen an ein Gefechtsfahrzeug entsprach, wurde sein Fahrgestell immer häufiger für die verschiedensten Selbstfahrlafetten verwendet. Für diese Zwecke erwies sich die Basis des P 38(t) als besonders geeignet. Zunächst diente sie als Trägerfahrzeug für eine Panzerabwehr-SFL, die mit erbeuteten 76-mm-Kanonen bewaffnet wurden. 1942 bis 1943 baute man rund 360 dieser Fahrzeuge.

Im selben Zeitraum wurden mehr als 400 SFL, des Typs »Marder« II auf der Basis des P II gefertigt. Die 75-mm-Panzerabwehrkanone montierte man hinter ein Schutzschild auf das Mittelteil der Wanne. Ihre Gefechtsmasse betrug 10,8 t; die Besatzung bestand aus vier Mann. Die Panzerung des Bugs war 50 mm und die der Bordwände sowie des Schutzschildes 15 mm stark. Am gelungensten war die als »Marder« III bezeichnete SFL mit hintenliegendem Kampfraum. 1943/44 fertigte man 975 dieser Fahrzeuge, die eine Gefechtsmasse von 10,5 t bei einer Panzerstärke zwischen 10 bis 15 mm hatten sowie eine Geschwindigkeit von 42 km/h entwickelten.

Auf der Basis des P 38(t) entstanden weiterhin zwei Typen von Selbstfahrlafetten, die mit dem 150-mm-Infanteriegeschütz ausgerüstet waren und von denen 1943 rund 400 Exemplare produziert wurden.

Schließlich fertigte man von 1943/44 auf dem gleichen Fahrgestell 140 Fla-SFL mit einer automatischen 20-mm-Flak. Die Gefechtsmasse der Fla-SFL lag bei 9,8 t, die Besatzung umfaßte vier Mann. Das 10 bis 15 mm stark gepanzerte Fahrzeug erreichte eine Geschwindigkeit von 42 km/h. Die 20-mm-Kanone hatte einen horizontalen Richtbereich von 360°. Vertikal konnte sie von –5° bis +90° gerichtet werden.

1943 entschied man sich für die Verwendung des P 38(t)-Chassis für einen Jagdpanzer nach dem Vorbild des Jagdpanzers »IV«. Im Ergebnis dessen entstand eine als gelungen zu bezeichnende leichte Panzerabwehr-SFL, die den Namen Jagdpanzer »Hetzer« erhielt. Ihre Produktion begann in den BMM-Werken (vormals ČKD) und bei Škoda im Jahre 1944, wobei ihr Ausstoß bis Januar 1945 immer weiter gesteigert wurde, und dauerte bis Kriegsende an. Insgesamt wurden ungefähr 2600 »Hetzer« gebaut.

Der Jagdpanzer hatte eine niedrige Wanne mit stark geneigten Stirn-, Bordwand- und Heckpanzerplatten. In Verbindung mit der im Vergleich zum Panzer P 38(t) gestiegenen Gefechtsmasse wurden das Laufwerk verstärkt, die Spurweite vergrößert und die Motorleistung erhöht. Auf der Wannendecke war ein fernbedientes Maschinengewehr installiert. Die in einem Rahmen gelagerte Kanone hatte eine Blende erhalten. Bei einem Teil

Deutscher Jagdpanzer »Hetzer«		
Gefechtsmasse		16 t
Besatzung		4 Mann
Bewaffnung		1 75-mm-Kanone
		1 MG
Kampfsatz		40 Granaten
		600 Patronen
Panzerung	Stirnpanzerung	60 mm
	Bordwände	20 mm
Motorleistung		118 kW (160 PS)
Höchstgeschwindigkeit		42 km/h
Fahrbereich auf Straße		180 km

der SFL baute man an Stelle der Kanone einen Flammenwerfer ein.

Der »Hetzer« erwies sich als höchst effektive Panzerabwehrwaffe, die in der Herstellung relativ billig war und als Beispiel für die gelungene Verwendung des Fahrgestells eines veralteten Panzers diente, obwohl das Fahrzeug um einiges zu schwer geworden war. Die zweckmäßigen konstruktiven Lösungen, die bei der Entwicklung des Basisfahrzeuges Pate gestanden hatten, ermöglichten es, dessen gute Fahreigenschaften beizubehalten.

Mit dem »Hetzer« waren die Panzerjägereinheiten der deutschen Infanteriedivisionen ausgerüstet. Das Fahrzeug wurde hauptsächlich an der sowjetisch-deutschen Front eingesetzt.

Deutsches Sturmgeschütz »III«

1936 wurde die Firma Daimler-Benz beauftragt, auf der Basis des P III ein Sturmgeschütz zu entwickeln, das mit einem 75-mm-Geschütz (der gleichen Waffe, mit der der P VI ausgerüstet war) ausgestattet sein sollte. Bei der turmlosen Konstruktion war vorgesehen, die Kanone direkt in die Wanne einzubauen und damit eine niedrige Fahrzeugsilhouette zu erhalten.

Eine Versuchsserie des Sturmgeschützes war Anfang 1940 fertig. Fünf Fahrzeuge davon nahmen am Frankreichfeldzug von Mai bis Juni 1940 teil.

Nach allseitiger Erprobung wurde ein Auftrag über 40 Sturmgeschütze pro Monat erteilt. 1940 wurden 184, 1941 548 Fahrzeuge der Modifikationen A bis E gebaut, die sich durch die Baugruppen der Kraftübertragung, Teile des Laufwerks und die Wannenform voneinander unterschieden.

Der Mangel, den die deutsche Wehrmacht an zuverlässigen Kampfmitteln für die Auseinandersetzung mit den sowjetischen Panzern hatte, zwang dazu, die Bewaffnung der Sturmgeschütze zu modernisieren. Anfang 1943 erhielten die Truppen Fahrzeuge der Version F mit einer

Deutsches Sturmgeschütz »III« G	
Gefechtsmasse	23,9 t
Besatzung	4 Mann
Bewaffnung	1 75-mm-Kanone
	1 MG
Kampfsatz	54 Granaten
	600 Patronen
Panzerung Stirnpanzerung	80 mm
Bordwände	30 mm
Motorleistung	220 kW (300 PS)
Höchstgeschwindigkeit	40 km/h
Fahrbereich auf Straße	155 km

43 Kaliber langen 75-mm-Kanone. Die Masse des Sturmgeschützes stieg dabei auf 21,6 t. Mitte 1942 nahm man eine Verstärkung der Stirnpanzerung auf 80 mm vor, was das Fahrzeug noch schwerer machte und sich negativ auf seine Geländegängigkeit auswirkte. An Stelle der 43 Kaliber langen Kanone wurde dann eine 75-mm-Kanone mit einer Rohrlänge von 48 Kalibern eingebaut, wodurch die Gefechtsmasse weiter anwuchs (23,2 t). Ab 1943 brachte man an den Sturmgeschützen 5 mm starke Panzerschürzen gegen Hohlladungsgranaten an und rüstete die Fahrzeuge mit einem Maschinengewehr zur Selbstverteidigung im Nahkampf aus.

So entwickelten sich die Sturmgeschütze im Laufe der Zeit zu einer Panzerabwehrwaffe, behielten aber ihre frühere Bezeichnung bei.

Ab 1942 wurde ein 105-mm-Sturmgeschütz hergestellt, das nur in seinem Artilleriesystem von den anderen Fahrzeugen abwich. Die 105-mm-SFL-Haubitze führte einen Kampfsatz von 36 Granaten mit; sie wurde bis Kriegsende in 1200 Exemplaren gebaut. 1942 fertigte man eine Erprobungsserie von 24 Sturmgeschützen, die mit einer 150-mm-Kurzrohrwaffe ausgerüstet waren.

Die Sturmgeschütze hatten eine gute Geländegängigkeit und Beweglichkeit und einen mehr oder weniger zuverlässigen Panzerschutz, ihre 75-mm-Kanonen erreichten eine hohe Feuergeschwindigkeit und eine große Durchschlagsleistung. Sie erwiesen sich als effektives Mittel zur Unterstützung der Infanterie und später auch zur Panzerbekämpfung. Insgesamt wurden 10 500 Sturmgeschütze produziert.

Japanischer Schwimmpanzer »Ka-mi« Modell 2

Als die Führung der japanischen Landstreitkräfte angesichts der geringfügigen Erfolge bei der Entwicklung von Schwimmpanzern das Interesse an ihnen verlor, übernahm die Flotte die weiteren Versuche in diesem Bereich. Man entschloß sich, für einen zu entwickelnden Amphibien-Panzer die Basis des leichten Kampfwagens »Ha-go« zu verwenden.

Man kam jedoch nicht umhin, die Wanne völlig zu überarbeiten. Vom Ausgangsmodell wurden der Motor mit der Kraftübertragung, das Laufwerk sowie die Aufhängung übernommen, deren Spiralfedern in die voluminöse Wanne verlegt wurden, die aus gewalzten Panzerplatten zusammengeschweißt war. Alle Öffnungen und Nähte der Wanne erhielten, wie auch der Turmdrehkranz, Gummidichtungen.

Japanischer Schwimmpanzer »Ka-mi« Modell 2

Gefechtsmasse		11 t
Besatzung		5 Mann
Bewaffnung		1 37-mm-Kanone
		2 MG
Kampfsatz		126 Granaten
Panzerung	Wannenbug	16 mm
	Bordwände	16 mm
	Turm	14 mm
Motorleistung		80 kW (110 PS)
Höchstgeschwindigkeit		
	zu Lande	37 km/h
	zu Wasser	9,6 km/h
Fahrbereich auf Straße		170 km

Der Panzer bekam einen zylindrischen Turm, der von dem leichten Erprobungspanzer »Ke-ni« Modell 98 übernommen worden war, mit einer neuen 37-mm-Kanone, die im Vergleich zur Kanone des »Ha-go« über bessere ballistische Eigenschaften verfügte.

Das vergrößerte Volumen der Wanne ermöglichte die Unterbringung von fünf Besatzungsmitgliedern im Panzer: Kommandant und Ladeschütze im Turm, Fahrer, MG-Schütze und Mechaniker im Fahrerraum. Die Panzer waren mit Funkgerät und Bordsprechanlage ausgerüstet.

Originell war die Vorrichtung, die die Schwimmfähigkeit des Panzers gewährleistete. Sie bestand aus zwei Pontons, die mittels spezieller Halterungen am Bug- und Heckteil des Fahrzeugs befestigt wurden. Die Pontons waren aus Eisenplatten zusammengeschweißt und mit Kapok gefüllt. Beim Verlassen des Wassers konnten durch einen vom Fahrzeuginneren per Hand bedienten Zug die Verriegelungen der Pontons gelöst und diese abgeworfen werden. Der Panzer hatte in der Hecknische der Wanne zwei Schiffsschrauben, die durch den Motor über ein Verteilergetriebe angetrieben und unabhängig voneinander zu- oder abgeschaltet werden konnten. Es war sogar möglich, sie rückwärts laufen zu lassen. Bei starkem Wellengang wurden am Turm ein Wellenbrecher und an den Luftansaugschächten des Motors eine hohe Verkleidung angebracht, die verhinderten, daß Wasser in den Motor gelangte.

Unter der Typenbezeichnung »Ka-mi« Modell 2 ging der Panzer 1942 in die Serienproduktion. Er zeichnete sich durch eine gute Stabilität und Manövrierfähigkeit auf dem Wasser aus, galt als eines der besten schwimmfähigen Fahrzeuge seiner Zeit und war mit einer Vorrichtung ausgestattet, die seinen Transport außen auf speziellen Unterseebooten ermöglichte. Der »Ka-mi« wurde bis Kriegsende in einer Stückzahl von 180 Fahrzeugen gebaut und zu Seelandeoperationen auf den Inseln des Stillen Ozeans eingesetzt.

Italienischer mittlerer Panzer M13/40

Im Morgengrauen des 10. Juli 1942 wurden die britischen Stellungen auf der Höhe 33 im Raum von El Alamein in Ägypten von 19 mit gelbem Tarnanstrich versehenen Panzern angegriffen, die zur 3. Kompanie des II. Panzerbataillons der italienischen Armee gehörten. Bevor die Kampfwagen die Höhe erreichten, mußten sie einen fast drei Kilometer langen Geländeabschnitt, den Grund eines ausgetrockneten Sees, der flach wie ein Eierkuchen war, überwinden. Dort gerieten sie in das Feuer der britischen Panzerabwehrkanonen. Ungeachtet dessen rollten die Panzer im Zick-Zack-Kurs weiter vor, um den Briten eine gezielte Feuerführung zu erschweren. Doch bereits eineinhalb Kilometer vor der Höhe waren viele Panzer ab-

geschossen. Die übrigen Kampfwagen teilten sich auf; einige wollten die Höhe durch den Lauf eines Wadis (eines ausgetrockneten Flußbetts) umgehen, die anderen hielten weiter frontal auf die britischen Kanonen zu. Einer nach dem anderen fielen die unansehnlichen, altmodisch erscheinenden Panzer aus, erstarrten auf der Stelle, kippten auf die Seite, Feuer und Rauch drangen aus dem Fahrzeuginneren, detonierende Munition riß die Türen von den Wannen. Ein einziger Kampfwagen erreichte den Hügel, wälzte sich über seine Kuppe und wurde hinter den britischen Stellungen mitsamt seiner Besatzung, deren Namen nie bekannt wurden, vernichtet. Dort steht sein Wrack als Mahnmal des Krieges noch heute.

Soweit der niederschmetternde Bericht eines Italieners über einen Panzerangriff mit Kampfwagen, die bereits damals für Kampfhandlungen in offenem Gelände völlig ungeeignet und für das Feuer der Artillerie eine leichte Beute waren. Ihre eigene Bewaffnung war ebenfalls viel zu schwach. Deshalb brauchte man sich auch nicht zu wundern, wenn in dem Gefecht um die Höhe 33 innerhalb weniger Minuten 17 von 19 angreifenden Panzern vernichtet waren. Trotzdem handelte es sich bei dem schwachen Fahrzeug um den Standardpanzer der italienischen Armee im zweiten Weltkrieg. Seine Typenbezeichnung M13/40 läßt sich wie folgt dechiffrieren: M = mittlerer Panzer; 13 = Gefechtsmasse in Tonnen; 40 = Modell 1940. Ein verhältnismäßig neuer Kampfwagen also, der von Anfang an hoffnungslos veraltet war.

1938 war beschlossen worden, einen mittleren Panzer zu entwickeln, dessen erste Ausführung M11/39 mit einer 37-mm-Kanone in der Wanne und einem Maschinengewehr im Turm ausgerüstet war. Das Kaliber der Kanone wurde später als nicht ausreichend, ihr Einbau in die Wanne als unbefriedigend eingeschätzt. 1940 entstand der Prototyp eines Panzers mit einer Kanone im Turm. Unter der Typenbezeichnung M13/40 lief noch im selben Jahr seine Produktion an.

Der Motorraum des Kampfwagens lag hinten, der Kampfraum in der Mitte, der Fahrraum vorn. An den stählernen Rahmen von Wanne und Turm waren die Panzerplatten mit Schrauben befestigt. Das Bugteil der Wanne hatte man abgerundet. Die halbautomatische 47-mm-»Ansaldo«-Kanone mit einer Rohrlänge von 32 Kalibern war zusammen mit dem mit ihr gekoppelten 8-mm-Maschinengewehr im Turm installiert. Zwei weitere Maschinengewehre in einer Zwillingslafette hatten ihren Platz in einem Vorsprung des Wannenbugs gefunden. Der Panzer erhielt einen 8-Zylinder-Dieselmotor und ein Planeten-Lenkgetriebe. Das Laufwerk bestand aus zwei

Italienischer mittlerer Panzer M13/40		
Gefechtsmasse		14 t
Besatzung		4 Mann
Bewaffnung		1 47-mm-Kanone
		4 MG
Kampfsatz		104 Granaten
		3048 Patronen
Panzerung	Wannenbug	30 mm
	Bordwände	30 mm
	Turm	40 mm
Motorleistung		77 kW (105 PS)
Höchstgeschwindigkeit		31 km/h
Fahrbereich auf Straße		200 km

Gestellen zu vier paarweise an halbelliptischen Blattfedern aufgehängten Laufrollen.

1941 wurden alle Panzer mit einem Funkgerät ausgestattet.
Ab Mitte 1941 kam ein auf 92 kW (125 PS) gesteigerter
Dieselmotor in die als M14/41 bezeichneten Panzer zum
Einbau. Dadurch stieg die Geschwindigkeit auf 39 km/h
an, und der Fahrbereich vergrößerte sich auf 280 km.

Die Kampfwagen der letzten Modifikation M15/42 erhielten
1943 eine neue 47-mm-Kanone von 40 Kalibern Rohrlänge
und einen 141 kW (192 PS) leistenden Benzinmotor. Die
Geschwindigkeit wuchs auf 40 km/h, die Stärke der Panzerung auf 40 mm an.

Die Panzer M13/40 waren trotz einer Reihe von Neuheiten
(Dieselmotor, Planeten-Lenkgetriebe) unzuverlässige und
schwache Fahrzeuge. Dagegen war ihre 47-mm-Kanone
eine ausreichend feuerkräftige Waffe im Kampf mit den
schwach gepanzerten britischen Kreuzerpanzern. Der
Kampfwagen M13/40 galt bis 1943 als Standardpanzer

der italienischen Armee. Mit seinen Gefechtseigenschaften blieb er hinter den Panzern anderer Armeen zurück.

Auf der Grundlage des M13/40 entstanden 1941 bis 1942
mehrere Typen von Selbstfahrlafetten »Semovente«. Am
effektivsten waren die »Semovente« 75/18 und 75/46, die
auch an der sowjetisch-deutschen Front eingesetzt wurden. Äußerlich erinnerten sie stark an die deutschen Sturmgeschütze und waren allseitig gepanzert. Interessanter-
weise wurde der Bau der »Semovente« in den italienischen
Werken auch nach der Besetzung Italiens durch deutsche
Truppen (1943 bis 1945) fortgesetzt. Diese Fahrzeuge
wurden in die Ausrüstung der faschistischen deutschen
Wehrmacht übernommen.

Von 1940 bis 1943 stellte man rund 1800 Panzer aller
drei Ausführungen her, die hauptsächlich in Afrika eingesetzt waren. Eine geringe Zahl von ihnen wurde von
den Deutschen an der italienischen Front nach der Kapitulation Italiens im September 1943 verwendet.

Tschechoslowakischer leichter Panzer LT-38

Schon 1934 hatte die Firma ČKD den leichten Panzer
»Praga« für die iranische Armee entwickelt, der ein Laufwerk erhielt, das mit vier Laufrollen großen Durchmessers
an die »Christie«-Fahrwerke erinnerte, aber als elastisches
Element der Aufhängung über Blattfedern verfügte. Danach wurden weitere Panzermodelle mit vergrößerter
Gefechtsmasse und Kanonenbewaffnung für den Export
gebaut. Am gelungensten waren die Fahrzeuge der Serie
TNH. Für einen dieser Panzer, den TNHP-S, interessierte
sich die tschechoslowakische Armeeführung. 1938
bestellte sie 150 dieser Fahrzeuge mit einer Lieferfrist
bis April 1939.

Der Panzer TNH-P, Armeebezeichnung LT-38, war eine
der interessantesten Konstruktionen im Weltpanzerbau.
Dank dem gelungenen konstruktiven Aufbau konnten in
diesem leichten Kampfwagen bequem vier Mann untergebracht werden. In das Fahrzeug hatte man den 6-Zylin-
der-Benzinmotor »Praga« EPA, ein Planeten-Wechselgetriebe und ein zweistufiges Lenkgetriebe eingebaut.
Die Laufrollen großen Durchmessers waren paarweise an
horizontalen Blattfedern mit mechanischen Stoßdämpfern
aufgehängt. Die gleichmäßige Verteilung des Fahrzeug-

gewichts auf die Laufrollen erleichterte das Fahren des
Panzers und erhöhte seine Manövrierfähigkeit. Der spezifische Bodendruck betrug 0,05 MPa.

Die Wanne des Kampfwagens war vollständig genietet.
Der Turm verfügte über eine mit Winkelspiegeln ausgerüstete Kommandantenkuppel. Die Panzergranate der 48
Kaliber langen Kanone war 0,8 kg schwer, erreichte eine
Anfangsgeschwindigkeit von 750 m/s und konnte auf
eine Entfernung von 500 m eine 40 mm starke Panzerung
durchschlagen. Die von den Deutschen für diese Kanone
entwickelte Unterkalibergranate (Masse 0,37 kg; Anfangsgeschwindigkeit 1040 m/s) war nur auf Entfernungen unter
500 m effektiv.

Die Produktion dieser Kampfwagen lief auch nach der
Okkupation der Tschechoslowakei durch Hitlerdeutschland im Frühjahr 1939 weiter. Unter der Typenbezeichnung
P 38(t) wurde der Panzer in die Ausrüstung der faschistischen Wehrmacht übernommen. Mit Erscheinen neuer
Modifikationen (A bis G) waren die Panzerung verstärkt
und die Motorleistung erhöht worden. Auch die Gesamtmasse hatte zugenommen. In den ČKD-Werken (deutsche
Firmenbezeichnung BMM) setzte man die Fertigung dieser

Fahrzeuge bis zum Sommer 1942 fort; insgesamt wurden über 1400 Exemplare gebaut.

Der LT-38 war mechanisch zuverlässig, leicht zu bedienen und hinreichend einfach in seiner Konstruktion.

Die Panzer P 38(t) nahmen an den Feldzügen in Polen (1939) und Frankreich (1940) sowie an den Kampfhandlungen an der sowjetisch-deutschen Front im Zeitraum von 1941 bis 1942 teil. Am 1. Juli 1941 verfügte die Wehrmacht über 763 Panzer P 38(t). Zusammen mit den 189 Kampfwagen P 35(t) war das fast ein Viertel des gesamten Panzerparks des deutschen Heeres. Die Gefechte an der sowjetischen Front beendeten jedoch die »Karriere« des TNHP-S. Im Vergleich mit den sowjetischen Panzern waren seine Bewaffnung und Panzerung zu schwach. Das deutsche Oberkommando verlegte die noch einsatzbereiten Fahrzeuge an andere Fronten oder übergab sie an die ungarische und an die rumänische Armee. Das Fahrgestell wurde bis zum Kriegsende weiterproduziert und für die verschiedensten Selbstfahrlafetten benutzt: »Marder« III mit einer 75-mm-Panzerabwehrkanone, 150-mm-SFL »Bison«, 20-mm-Fla-SFL, Jagdpanzer »Hetzer« und andere.

Tschechoslowakischer leichter Panzer LT-38		
Gefechtsmasse		9,5 t
Besatzung		4 Mann
Bewaffnung		1 37-mm-Kanone
		2 MG
Kampfsatz		72 Granaten
		2400 Patronen
Panzerung	Wannenbug	25 mm
	Bordwände	15 mm
	Turm	25 mm
Motorleistung		92 kW (125 PS)
Höchstgeschwindigkeit		42 km/h
Fahrbereich auf Straße		125 km

KAPITEL 4

Die Panzer unserer Tage

T-55 – UdSSR

T-10 – UdSSR

STRV-103 – Schweden

AMX-32 – Frankreich

Typ 74 – Japan

Im Mai 1945 waren die grandiosen Schlachten in Europa beendet; die Unterzeichnung der Kapitulation Japans auf dem in der Bucht von Tokio liegenden amerikanischen Schlachtschiff »Missouri« am 2. September 1945 beendete den zweiten Weltkrieg. Doch in verschiedenen Regionen des Erdballs dauerten die Kampfhandlungen an. In China tobte der dritte Bürgerkrieg (1945–49); französische, niederländische, britische und amerikanische Truppen versuchten, die nationale Befreiungsbewegung in einer Reihe von Ländern, so in Vietnam (1945–54, 1964–73) und in Algerien (1954–62), zu unterdrücken. Unter der Flagge der Vereinten Nationen fielen Amerikaner und Südkoreaner in die Koreanische Demokratische Volksrepublik ein (1950–53). Fünfmal (1948–49, 1956, 1967, 1973 und 1982) entfesselte die israelische Militärkamarilla Kriege mit den arabischen Nachbarn. Dreimal bekämpften sich Indien und Pakistan (1947–49, 1965 und 1971). Bereits seit 1980 tobt der sinnlose Krieg zwischen dem Iran und dem Irak. Das waren und sind die wichtigsten militärischen Konflikte nach 1945, in deren Verlauf Panzer zum Einsatz kamen und kommen. Zunächst kämpften die Panzer der Alliierten, ja selbst Kampfwagen, die aus ein und demselben Werktor gerollt waren, gegeneinander: »Pattons« gegen »Centurions«, »Sherman« gegen »Sherman«. Wieder wurden die Feuerkraft, die Stärke der Panzerung, die Zuverlässigkeit der Mechanismen einer harten Belastungsprobe unterzogen. Das Besondere an dieser Kraftprobe bestand darin, daß sich jetzt Gefechtsfahrzeuge feindlich gegenüberstanden, die seinerzeit für den Kampf mit den faschistischen Panzern konstruiert worden waren, nicht aber für das Duell gegeneinander.

Nach und nach verschwanden die Panzer der Zeit des zweiten Weltkrieges, wenn auch nicht restlos, von der Bildfläche. Sie wurden von neuen, leistungsfähigeren Kampfwagen abgelöst. In Großbritannien und in den USA schritt der Panzerbau auf bereits ausgetretenen Wegen voran, wobei die Kriegserfahrungen berücksichtigt wurden; in Frankreich, in der BRD und in Japan erlebte er seine Wiedergeburt auf neuer Basis. Die Schweiz, Israel und Brasilien begannen erstmalig Panzer zu produzieren. So fertigen heute in der kapitalistischen Welt zehn Länder Panzer eigener Konstruktion: die USA, Großbritannien, Frankreich, die BRD, Japan, Schweden, die Schweiz, Israel, Brasilien und Italien. Weitere Staaten, so Indien, Argentinien, Italien, Spanien, Südkorea und andere, bauen oder bauten Panzer in Lizenz.

Neben den Erfahrungen des vergangenen Krieges beeinflußten die Entstehung von Massenvernichtungswaffen und das Auftauchen von Panzerabwehrlenkraketen (PALR) die Nachkriegsentwicklung der Panzertechnik und der

Waffengattung Panzertruppen am nachhaltigsten. Selbst die Panzerabwehrlenkraketen der ersten Generation konnten die Panzerung jedes beliebigen Kampfwagens des zweiten Weltkrieges durchschlagen. Ihre Effektivität nahm noch bedeutend zu, als in die Bewaffnung einiger Armeen Panzerabwehrhubschrauber (PAH) Eingang fanden, die in der Lage sind, Panzer auf große Entfernung zu vernichten. Bei der Erprobung von Kernwaffen stellte sich heraus, daß gepanzerte Technik, vor allem aber Panzer, am ehesten ihre Kampffähigkeit erhalten und am besten die Besatzungen vor den Vernichtungsfaktoren einer Kernwaffendetonation und ihren Folgen (Aktivierung und Zerstörung des Geländes) schützen konnte. Bei der Konstruktion von Panzern fanden spezielle Elemente und Vorrichtungen des sogenannten Systems des Schutzes vor Massenvernichtungswaffen Verwendung.

Die grundlegenden Fragen, die im Ausland diskutiert wurden und werden, befassen sich damit, ob der Panzer überhaupt noch gebraucht werde, welchen taktisch-technischen Anforderungen er heutzutage genügen müsse. Zweifel darüber, ob der Panzer sich nicht bereits überlebt habe, kamen ausländischen Spezialisten immer dann, wenn der Kampfwagen auf neue Panzerabwehrmittel (reaktive Panzerbüchsen, Panzerabwehrlenkraketen, Panzerminen, Hubschrauber) traf. Doch die Ansicht, daß der Panzer eine effektive und vielversprechende Waffe darstellt, behielt immer die Oberhand. Der Panzer und die Panzertruppen, die sich im letzten Weltkrieg zur Hauptstoßkraft der Landstreitkräfte entwickelt hatten, rechtfertigten diese Erkenntnis und festigten sie in einer Reihe von bewaffneten Nachkriegskonflikten weiter. Deshalb betrachten die Militärs den Panzer gegenwärtig gemeinsam mit anderen gepanzerten Fahrzeugen – in erster Linie den Schützenpanzern – als die Hauptstoßkraft der Landstreitkräfte.

In den letzten Jahren setzte sich in den meisten Ländern die Konzeption des Standardkampfpanzers durch. Nur wenige Staaten halten es für erforderlich, ihn durch einen Aufklärungspanzer (leichten Panzer) zu ergänzen. Der Kampf- oder Standardpanzer ist die Weiterentwicklung der mittleren Panzer aus dem zweiten Weltkrieg, jener universellen Kampfwagen wie T-34, »Sherman« oder »Panther«. Dagegen müssen die Aufklärungspanzer vor allem lufttransport- und ohne besondere Vorbereitung schwimmfähig sein.

Die Nachkriegspanzer, die noch nach den taktisch-technischen Anforderungen des zweiten Weltkrieges konstruiert worden sind, werden heute als Panzer der ersten Generation bezeichnet. Zu ihnen gehören die amerikanischen M 47, M 48 und der britische »Centurion«. Die Kampfwagen der zweiten Generation, die Ende der 50er, Anfang der 60er Jahre entstanden, hatten bereits eine wesentlich gesteigerte Feuerkraft, stärkere Panzerung und höhere Geschwindigkeitscharakteristiken. Sie waren mit Stabilisatoren für die Hauptbewaffnung, Kernwaffenschutzanlagen und zum Teil mit einer Ausrüstung für die Unterwasserfahrt ausgestattet. Ihre taktisch-technischen Daten wichen kaum voneinander ab. Die Gefechtsmasse betrug 40 bis 48 t (nur der britische »Chieftain« wies über 50 t auf, während der französische AMX-30 lediglich 36 t erreichte). Bewaffnet waren die Standardpanzer kapitalistischer Länder mit einer 105-mm-Kanone mit gezogenem Rohr (ausgenommen der britische »Chieftain«, dessen Kanone ein Kaliber von 120 mm hatte). Die Kampfpanzer jener Jahre waren mit wenigen Ausnahmen nach der klassischen Bauform konzipiert: Fahrerraum vorn, Kampfraum mit der Kanone im Turm in der Mitte, Motor, Kraftübertragung und Antriebsrad hinten. Zu den ausländischen Panzern der zweiten Generation zählen der amerikanische M 60, der britische »Chieftain«, der westdeutsche »Leopard«, der französische AMX-30, der schweizer Pz-68. Die Wannenform dieser Kampfwagen spiegelte die grundsätzlichen konstruktiven Lösungen der sowjetischen T-34 und IS wider.

Anfang der 80er Jahre tauchten im Ausland Panzer der dritten Generation auf: der westdeutsche »Leopard« 2 (1979), der amerikanische M 1 »Abrams«, der britische »Challenger«, der französische AMX-40. Weitere Typen befinden sich in der Entwicklung. Die Panzer der dritten Generation erhielten eine Mehrschichten-Hohlraumpanzerung sowie verbesserte Feuerleitsysteme. Ihre starken Vielstoff-Dieselmotoren oder Gasturbinentriebwerke ermöglichen es, die spezifische Leistung bis zu 22 kW (30 PS) je Tonne Gefechtsmasse zu erhöhen. Fast ausnahmslos sind sie mit stabilisierten 120-mm-Glattrohrkanonen bewaffnet. Nur die Briten blieben ihren 120-mm-Kanonen mit gezogenem Rohr treu.

Übersicht über den Nachkriegspanzerbau (nach Ländern)

Noch in den letzten Monaten des zweiten Weltkrieges begannen die sowjetischen Konstrukteure auf der Grundlage der beim Gefechtseinsatz der Panzer gesammelten Erfahrungen und getreu ihren Traditionen der Anwendung fortschrittlicher konstruktiver Ideen mit der Entwicklung neuer Kampfwagen, die in den 40er und 50er Jahren die

Basis unserer Panzertruppen bildeten. Zu diesen Fahrzeugen zählt in erster Linie der T-54, dessen Weiterentwicklung zu dem noch leistungsfähigeren T-55 führte.

Anfang der 50er Jahre wurde der Schwimmpanzer PT-76 in die Bewaffnung der Sowjetarmee eingeführt. Zu diesem Zeitpunkt verfügte keine einzige Armee der Welt über einen derart gelungenen Aufklärungspanzer. In jenen Jahren wurden auch die schweren Panzer IS-2 und IS-3 modernisiert sowie der neue schwere Panzer T-10 geschaffen. Unsere Panzersoldaten erhielten Anfang der 60er Jahre den neuen mittleren Panzer T-62, der (erstmalig im Panzerbau) mit einer 115-mm-Glattrohrkanone bewaffnet war. Ihre Panzergranate erreichte eine sehr hohe Anfangsgeschwindigkeit. Später gelangte ein noch stärkeres Gefechtsfahrzeug, der T-72, in die Ausrüstung der Panzertruppen.

In den 50er Jahren entstanden mehrere Selbstfahrlafetten, die für die Luftlandetruppen bestimmten ASU-57 und ASU-85 sowie die Fla-SFL ZSU-57-2. Modernisiert wurde auch die SFL SU-152.

Im ausländischen Panzerbau waren zumindest bis in die 70er Jahre hinein die USA führend. In der Nachkriegszeit trieben sie auf der Grundlage von Kriegserfahrungen die Konstruktion neuer gepanzerter Fahrzeuge voran, um ihren Panzerpark vollständig zu erneuern. In den ersten zehn Jahren nach dem zweiten Weltkrieg entstanden drei Typen von Kampfwagen: leichte, mittlere und schwere Panzer. Doch bereits Ende der 50er Jahre konzentrierten sich die amerikanischen Konstrukteure auf die Entwicklung eines Standardpanzers, der im Ergebnis der ununterbrochenen Modernisierung des gegen Kriegsende gebauten mittleren Panzers M 26 entstand. Über die Typen M 46, M 47 und M 48 führte diese Konzeption zur Entstehung des Kampfpanzers der zweiten Generation, des M 60, der 1959 an die Truppen ausgeliefert wurde. 1980 wurde ein prinzipiell neuer Panzer, der M 1 »Abrams«, als Vertreter der dritten Generation in die Ausrüstung der USA-Armee eingeführt.

Die Entwicklung des leichten Panzers M 24 »Chaffee« führte Anfang der 50er Jahre zur Schaffung des leichten Panzers »Walker Bulldog«, der 1968 durch den vollständig neuen, lufttransportfähigen M 551 »Sheridan« abgelöst wurde.

Nach dem Kriege war in den USA nur ein einziges Modell eines schweren Panzers entwickelt worden, der 1956 bei der Marineinfanterie eingeführte M 103. Er hatte eine Gefechtsmasse von 54 t, entwickelte eine Geschwindigkeit von 34 km/h und verfügte mit 120 km über einen nur geringen Fahrbereich. Bewaffnet war der M 103 mit einer 120-mm-Kanone, deren Panzergranaten eine Anfangsgeschwindigkeit von über 1000 m/s erreichten, sowie mit einem Turm- und einem Fla-MG. Seine Panzerung war an den Bugpartien 110 mm, an der Stirnseite des Turmes 150 mm stark. Die Besatzung des M 103 bestand aus fünf Mann. Im Zuge einer Modernisierung wurden Motor und Kraftübertragung verbessert und ein Entfernungsmesser eingebaut. Die Bewaffnung war jedoch nicht stabilisiert. Heute ist der M 103 ausgemustert; er wurde durch den M 60 ersetzt.

Die amerikanischen Panzer der ersten Generation (M 46, M 47, M 48, M 41, M 103) konnten kein gezieltes Feuer aus der Bewegung führen, da ihre Bewaffnung nicht stabilisiert war. In ihren Gefechts- und technischen Parametern entsprachen sie bald nicht mehr den gestiegenen Anforderungen. Ihre Hauptmängel waren große Abmessungen, niedrige Geschwindigkeit und Geländegängigkeit, begrenzter Fahrbereich sowie ungenügender Schutz vor Massenvernichtungswaffen und vor Hohlladungsgranaten. Bei den Fahrzeugen der zweiten Generation waren diese Mängel mehr oder weniger behoben worden (M 60). Mit Auslieferung der neuen Fahrzeuge wurden die alten Panzer M 4, M 5 und M 24 ausgemustert. Ihnen folgten später die M 47 und M 41. Diese Panzer wurden an andere Länder übergeben.

Im Zuge der Außerdienststellung der Aufklärungspanzer »Sheridan« wurden diese entweder durch Panzer des Typs M 60 oder durch den Aufklärungs-SPW M 113 ersetzt. Gegenwärtig wird für diese Zwecke das Aufklärungsfahrzeug M 3 verwendet, das aus dem Schützenpanzer M 2 »Bradley« entwickelt wurde. Demzufolge gibt es in der amerikanischen Armee nur noch eine Panzerart, den Standardkampfpanzer.

In den Streitkräften der USA sind Selbstfahrlafetten, die zur Artillerieunterstützung eingesetzt werden, weit verbreitet. Die in den Jahren 1951 bis 1954 produzierten SFL M 52 (105-mm-Haubitze), M 53 (155-mm-Kanone), M 54 (155-mm-Haubitze) und M 55 (203,2-mm-Haubitze) wurden Anfang der 60er Jahre durch neue SFL abgelöst. 1962 gelangten die lufttransport- und schwimmfähige 105-mm-SFL-Haubitze M 108 und die 155-mm-SFL-Haubitze M 109 in die Ausrüstung. Ihnen folgten kurze Zeit später die 175-mm-SFL-Kanone M 107 und die 203,2-mm-SFL-Haubitze M 110. Mit deren modernisierten Versionen sind die Streitkräfte der USA und vieler anderer Länder noch heute ausgerüstet. Bei den Fla-SFL muß die M 42 erwähnt werden, die auf dem Fahrgestell des leichten Panzers M 41 basierte und 1953 in die Bewaffnung eingeführt wurde. Sie ist mit einer automatischen 40-mm-Zwillingskanone bewaffnet. 1981 wurde eine neue Fla-SFL mit 40-mm-Zwilling, die »Sergeant York« auf Basis des

Panzers M 48 A5, ausgeliefert. Ihre Produktion ist jedoch kurz darauf wieder eingestellt worden.

Die Briten waren mit den Gefechtseigenschaften ihrer Infanterie- und Kreuzerpanzer des zweiten Weltkrieges nicht zufrieden. Vor allem ihre Feuerkraft wurde bemängelt. Deshalb wurde zu Kriegsende beschlossen, sie durch Panzer eines Einheitstyps, der später als Standardkampfpanzer bezeichnet werden sollte, zu ersetzen. Als erster Vertreter dieser Kampfwagenkonzeption wurde 1947 der »Centurion« in die Bewaffnung eingeführt. Nach der damaligen britischen Terminologie wurde er als mittlerer Kanonenpanzer bezeichnet.

Der »Centurion« gilt als »Weltmeister der Langlebigkeit«. 40 Jahre schon befindet er sich in der Ausrüstung der britischen Streitkräfte. Im Verlaufe von 15 Produktionsjahren wurden mehr als 4000 Panzer dieses Typs in 13 Modifikationen hergestellt, von denen über 3000 in den Armeen von 14 Staaten dienen. In Israel und Südafrika wurde der »Centurion« in den 70er Jahren grundlegend modernisiert, um ihn auf das Niveau der Panzer der zweiten Generation zu bringen und noch länger in den Streitkräften behalten zu können. Da das Problem der Modernisierung (oft auch als »Kampfwertsteigerung« bezeichnet) es wert ist, gesondert betrachtet zu werden, wird später davon noch die Rede sein.

1954 schufen britische Konstrukteure den schweren Kanonenpanzer »Conqueror«. Bei einer Gefechtsmasse von 65 t war der Panzer mit einer 120-mm-Kanone bewaffnet. Die größte Stärke der Panzerung betrug 200 mm (Turm). Der Kampfwagen entwickelte eine Geschwindigkeit von 34 km/h und hatte einen Fahrbereich von 150 km. Seine Besatzung bestand aus vier Mann. Vom »Conqueror« wurde nur eine kleine Serie produziert.

So wie die Amerikaner gelangten auch die Briten zu der Schlußfolgerung, daß am zweckmäßigsten ein Standardkampfpanzer sei. Als derartiger Kampfwagen wurde 1963 der »Chieftain« eingeführt, der sowohl die »Conqueror« als auch die »Centurion« ablösen sollte. Erstere verschwanden sehr schnell aus der Truppe, während die »Centurion« nach wie vor die Zuverlässigkeit und Güte ihrer Konstruktion demonstrieren.

Der »Chieftain« gehört zu den Panzern der zweiten Generation. Seine Ablösung, der »Challenger«, der eine Weiterentwicklung des speziell für den Export in den Iran bestimmten Panzers »Shir-2« darstellt, ist schon ein Vertreter der dritten Generation. Das erste »Challenger«-Serienfahrzeug verließ im Dezember 1982 die »Royal Ordnance Factory« in Leeds. Bei den wichtigsten Gefechtseigenschaften übertrifft er seinen Vorgänger »Chieftain« bedeutend. Mit 60 t Gefechtsmasse wurde er seinerzeit der schwerste Standardpanzer der Welt. Die Briten folgten nicht der allgemeinen Tendenz im Panzerbau der kapitalistischen Länder, die Kampfwagen der dritten Generation mit 120-mm-Glattrohrkanonen zu bestücken. Deshalb ist der »Challenger« mit der verbesserten Kanone des »Chieftain«, der 120-mm-Kanone L11A5 mit gezogenem Rohr, bewaffnet. Der Kampfsatz besteht aus 52 Granaten, die getrennt nach Granate und Kartusche geladen werden. Die Kartuschen sind in speziellen Containern gelagert, die von einer nicht brennbaren Flüssigkeit umspült werden. Das verringert wesentlich die Gefahr von Munitionsbränden und -explosionen. Die Kartuschen verbrennen bei Abgabe des Schusses im Ladungsraum der Kanone. Der Panzer verfügt über zwei 7,62-mm-MG: ein mit der Kanone gekoppeltes und ein Fla-MG. Wanne und Turm sind durch CHOBHAM-Panzerung, die Bordwände zusätzlich durch Panzerschürzen geschützt. Der rund 880 kW (1200 PS) leistende Dieselmotor bildet zusammen mit der Kraftübertragung den Triebwerksblock. Die sechs Laufrollen je Fahrzeugseite sind hydraulisch aufgehängt. Der Panzer erreicht eine Geschwindigkeit von 56 km/h, verfügt über einen Fahrbereich von 500 km und ist mit einer modernen Feuerleitanlage, einschließlich eines Fernseh-Zielfernrohrs, ausgerüstet. Für die britischen Streitkräfte waren 307 Panzer bestellt, der Auftrag ist inzwischen erweitert worden. Man geht davon aus, daß 1990 die Hälfte des britischen Panzerparks (rund 500 Fahrzeuge) aus dem »Challenger« bestehen wird, der dann durch einen neuen Kampfwagen abgelöst werden soll. Möglicherweise wird der »Challenger« auch für den Export freigegeben.

Nach langer Pause begann die britische Industrie 1972 wieder mit der Herstellung leichter Panzer, des Kampfwagens »Scorpion«.

Neben den Panzern, die unmittelbar für die britischen Streitkräfte bestimmt waren, wurden seit Ende der 50er Jahre eine Vielzahl von Modellen speziell für den Export vor allem in Entwicklungsländer entwickelt. Die Firma »Vickers« stellte rund 1200 Fahrzeuge für die Ausfuhr her. Das erste Modell, der Panzer »Vickers« Mk 1, war 1961 für Indien gebaut worden, wo man ihn später als »Vigiant« in Lizenz produzierte. Seine Gefechtsmasse lag bei 38 t, die Besatzung war vier Mann stark, die Bewaffnung bestand aus einer 105-mm-Kanone und zwei 7,62-mm-MG. 70 »Vickers« Mk 1 kaufte Kuwait.

1968 bot »Vickers« ein weiteres Modell, den Mk 3 mit 38,7 t Gefechtsmasse, einem 530-kW-Motor, einer Geschwindigkeit von 50 km/h und einem Fahrbereich von 600 km an. Der Kampfwagen hatte einen Turm neuer Konstruktion, eine verbesserte Feuerleitanlage und eine 105-mm-Kanone mit gezogenem Rohr erhalten. 72 dieser Panzer gingen an Nigeria, 76 nach Kenia.

1982 wurde die Erprobung des Panzers »Valiant« (»Vickers« Mk 4) mit einer Gefechtsmasse von 43,6 t beendet. Wanne und Turm waren aus einer Aluminiumlegierung gefertigt und wurden vorn und an den Seiten durch eine zusätzliche CHOBHAM-Panzerung geschützt. Der Panzer war wahlweise mit 105- oder 120-mm-Kanone lieferbar, je nach Wunsch des Bestellers. Ein Dieselmotor mit einer Leistung von 735 kW (1000 PS) verlieh dem Panzer eine Geschwindigkeit von 60 km/h.

1985 brachte »Vickers« das Modell Mk 7 auf den Markt. Der Panzer hat eine Gefechtsmasse von 54,6 t und ist mit einer in zwei Ebenen stabilisierten 120-mm-Kanone sowie einer modernen Feuerleitanlage ausgerüstet. Der 1100-kW-Dieselmotor ermöglicht dem mit CHOBHAM-Panzerung ausgestatteten Kampfwagen Geschwindigkeiten bis zu 72 km/h. Das Laufwerk besteht aus sieben Paaren drehstabgefederter Laufrollen.

Veröffentlichungen in der Presse zufolge begann Vickers unlängst gemeinsam mit einer amerikanischen Firma die Entwicklungsarbeiten an dem leichten Panzer »Vickers« Mk 5, der rund 20 t Gefechtsmasse und eine 105-mm-Kanone haben soll.

Das staatliche britische Panzerwerk in Leeds schuf auf der Basis des »Chieftain« drei Exportversionen: 1977 »Shir-1« oder »Khaled« sowie »Shir-2« und 1982 »Chieftain-900«.

Nach dem zweiten Weltkrieg entstanden in Großbritannien nur zwei Modelle von Selbstfahrlafetten: eine 139,7-mm-Haubitzkanone auf dem Fahrgestell des »Centurion« und die 105-mm-SFL-Kanone »Abbot« mit dem SPW »Trojan« als Basisfahrzeug. Gemeinsam mit der BRD und Italien entwickelte man aus dem »Leopard« 2 die 155-mm-SFL-Haubitze PH-70 (SP-70).

Frankreichs Panzerbau erlebte 1945 seine Wiedergeburt, als 50 Kampfwagen ARL-44, die an die französischen Vorkriegspanzer erinnerten, gebaut wurden. 1951 entstand der leichte Panzer AMX-13, 1963 der Standardpanzer AMX-30, der mit einer Gefechtsmasse von 36 t der leichteste Kampfwagen seiner Klasse war. Die Hohlladungsgranate seiner 105-mm-Kanone F-1 durchschlug 400 mm Panzerstahl. Da die Kanone aber über keinen Stabilisator verfügte, war die Feuerführung mit ihr aus der Bewegung wenig effektiv. Mit der Kanone war ein 12,7-mm-MG gekoppelt; das in einem Drehkranz auf dem Turm montierte Fla-MG hatte das Kaliber 7,62 mm. Der Panzer war mit Nachtsicht- und -zielgeräten, einer Kernwaffenschutzanlage, einer automatischen Feuerlöschanlage und einer Ausrüstung zur Unterwasserfahrt bis zu einer Wassertiefe von vier Metern ausgestattet. Der 530-kW-Dieselmotor verlieh dem AMX-30 eine Höchstgeschwindigkeit von 65 km/h. Der Fahrbereich lag bei 650 km. Die fünf Laufrollen je Seite waren drehstabgefedert.

Auf dem Fahrgestell des AMX-30 basieren ein Brückenlegepanzer, ein Berge- und Instandsetzungsfahrzeug, eine 30-mm-Zwillings-Fla-SFL, die SFL-Kanone AUF-1 sowie der Fla-Raketenkomplex »Roland« und andere Gefechtsfahrzeuge.

Nach erfolgter Modernisierung lief ab 1982 die Produktion des als AMX-30B bezeichneten Modells an. Es hat eine moderne Feuerleitanlage (Laser-Entfernungsmesserzielfernrohr, ballistischer Rechner, Wärmebildgerät) erhalten. An Stelle des 12,7-mm-Turm-MG ist eine automatische 20-mm-Kanone eingebaut worden, die vertikal unabhängig von der Kanone gerichtet werden kann. Zum Kampfsatz der 105-mm-Kanone gehört eine neuentwickelte Unterkalibergranate, die auf 2000 m Schußentfernung eine Durchschlagsleistung von 350 mm erreicht. Die Gefechtsmasse des AMX-30B liegt bei 37 t.

1979 wurde auf der Bais des AMX-30 die speziell für den Export bestimmte Modifikation AMX-32 entwickelt. Je nach Kundenwunsch wurde sie mit einer stabilisierten 105-mm-Kanone mit gezogenem Rohr oder mit einer 120-mm-Glattrohrkanone geliefert. Die Stirnpartien von Wanne und Turm wiesen eine Mehrschichtenpanzerung auf. Die Gefechtsmasse stieg auf 38 t an. Alle anderen technischen Daten veränderten sich im wesentlichen nicht.

Als Weiterentwicklung der bisher produzierten Modelle wurde 1983 der Panzer AMX-40 präsentiert. Bei einer Gefechtsmasse von 43 t ist er mit einer 120-mm-Glattrohrkanone bewaffnet. Turmvorderteil und Wannenbug sind durch eine Hohlraumpanzerung geschützt. Der rund 800 kW (1100 PS) leistende Dieselmotor ermöglichte Geschwindigkeiten bis 65 km/h und einen Fahrbereich von 550 km. Der AMX-40 war gleichfalls für den Export vorgesehen.

In Frankreich wird an einem Panzer gearbeitet, der die Bezeichnung AMX-48 »Leclarc« erhielt und den AMX-30 Anfang der 90er Jahre ersetzen soll. Seine Gefechtsmasse wird um die 50 t liegen. Ein 1100-kW-Dieselmotor läßt Geschwindigkeiten bis zu 70 km/h erwarten. Die 120-mm-Glattrohrkanone erhält einen Lademechanismus, der für 24 Granaten ausgelegt ist und in Gefechtspausen sowohl aus dem Turm als auch von außerhalb des Panzers nachgefüllt werden kann. Dadurch läßt sich der Ladeschütze einsparen. Für den Panzer wird eine Mehrschichten-Kassettenpanzerung entwickelt, deren Elemente sich im Falle einer Beschädigung einzeln auswechseln lassen.

An Selbstfahrlafetten wurden in Frankreich eine 105-mm-SFL-Kanone auf Basis des AMX-13 und die bereits erwähnten Systeme auf Basis des AMX-30 entwickelt.

In der BRD fand 1963 der Panzer »Leopard« 1 Aufnahme in die Bewaffnung. Seit 1979 steht seine verbesserte Version »Leopard« 2 zur Verfügung.

In Japan begann 1956 die Firma »Mitsubishi« die Entwicklung eines eigenen Panzers, der in Wanne, Turm und Laufwerk stark an den amerikanischen M 47 erinnerte. Bevor der mit einer 90-mm-Kanone bestückte Kampfwagen 1961 als Pz 61 in die Bewaffnung gelangte, waren mehrere verschiedenartige Versuchsmodelle gebaut worden. Seine Modernisierung führte 1974 zur Schaffung des Kampfpanzers »74« mit folgenden Daten: Gefechtsmasse 38 t; Geschwindigkeit 53 km/h; Bewaffnung 1 105-mm-Kanone und 2 MG, Fahrbereich 500 km. Als Besonderheit ist zu vermerken, daß durch die Verwendung einer hydraulisch-pneumatischen Fahrwerksaufhängung die Bodenfreiheit des Panzers verändert werden kann.

Aus dem Pz »74« ist weiterhin die 155-mm-SFL-Haubitze »75« entwickelt worden. 1987 sollen die Landstreitkräfte Japans über rund 500 Panzer »61« und 650 Panzer »74« verfügen.

Gegenwärtig wird in Japan an der Entwicklung eines neuen Kampfwagens unter der Typenbezeichnung STC oder Panzer »89« gearbeitet. Dieser Panzer, der äußerlich dem amerikanischen »Abrams« ähnelt, wird eine 120-mm-Glattrohrkanone, Mehrschichtenpanzerung und einen 1100-kW-Dieselmotor erhalten. Mit einer wahrscheinlich über 50 t liegenden Gefechtsmasse ist für ihn eine Höchstgeschwindigkeit um 70 km/h vorgesehen. Mit der Auslieferung an die Truppen ist Anfang der 90er Jahre zu rechnen.

In Italien wurde 1980 auf der Basis des »Leopard« A3 der Panzer OF-40 entwickelt und für Gefechtshandlungen in Wüstengebieten hergerichtet, indem die Oberfläche der Kühler vergrößert, zusätzliche Luftfilter eingebaut und der Kampfraum klimatisiert wurden. Die Gefechtsmasse des mit einer 105-mm-Kanone und zwei MG bewaffneten Panzers beträgt 43 t. Ein 610-kW-Dieselmotor verleiht ihm eine Geschwindigkeit von 65 km/h. Während die übrigen Parameter kaum von denen des »Leopard« abweichen, erhielt der OF-40 eine vereinfachte Feuerleitanlage. Seine Kanone ist nicht stabilisiert.

Dagegen wurde die modernisierte Version OF-40Mk2 mit einem Stabilisator und einer neuartigen Feuerleitanlage nachgerüstet. Man nimmt an, daß der OF-40 hauptsächlich für den Export vorgesehen ist und vor allem in den Ländern des Nahen Ostens seine Kunden finden wird. 1981 bestellten die Vereinigten Arabischen Emirate einige Dutzend dieser Kampfwagen. Aus dem OF-40 wurden ein

Berge- und Instandsetzungsfahrzeug und die 155-mm-SFL-Haubitze »Palmaria« entwickelt.

In der Schweiz wurde nach dem Krieg eine relativ geringe Anzahl verschiedener Modelle eines Standardpanzers gebaut, deren Typenbezeichnung auf das Jahr ihrer Einführung in die Streitkräfte verweist: Pz-58, Pz-61, Pz-68. Letzterer hat eine Gefechtsmasse von 39 t. Er ist mit einer stabilisierten 105-mm-Kanone und einem 7,5-mm-MG bewaffnet. Sein Dieselmotor leistet 485 kW (660 PS). Der Pz-68 entwickelt eine Geschwindigkeit bis zu 60 km/h und hat einen Fahrbereich von 300 km. Seine Besatzung besteht aus vier Mann.

Inzwischen ist in der Schweiz die Lizenzproduktion des westdeutschen Panzers »Leopard« 2 unter der Typenbezeichnung Pz-87 angelaufen. Die ersten 35 Fahrzeuge dieses Typs wurden in der BRD gekauft; bis 1993 sollen dann 420 Panzer in schweizerischen Werken gebaut werden.

In Israel begann 1979 bei gleichzeitiger Fortsetzung der Produktion modernisierter Modelle anderer Typen die Herstellung eines Panzers eigener Entwicklung, des »Merkava«. Aus dem amerikanischen Panzer M 4 A3 »Sherman« sowie auf Basis des britischen »Centurion« ist eine 155-mm-SFL-Kanonenhaubitze entstanden.

1957 entwickelte Schweden als modernisierte Variante des M/42 aus der Zeit des zweiten Weltkrieges den Panzer »Stridsvagn 74« mit einer Gefechtsmasse von 25 t. Die Bewaffnung bestand aus einer höhenstabilisierten automatischen 75-mm-Kanone und drei 8-mm-Maschinengewehren. Wanne und Turm waren 40 mm stark gepanzert. Zwei Vergasermotore mit insgesamt 370 kW (500 PS) Leistung verliehen dem Kampfwagen eine Geschwindigkeit von 45 km/h. Der Panzer, der von drei Mann bedient wurde, befindet sich nicht mehr in der Ausrüstung der schwedischen Armee.

1966 entstand in Schweden eine originelle Konstruktion: ein turmloser Panzer. Obwohl sich eine Reihe anderer Länder für diesen Kampfwagen interessierte, allen voran die USA, wurde ein derartiges Gefechtsfahrzeug in keinem anderen Land entwickelt. Hier einige Angaben zu diesem Panzer. 1958 begannen einige Firmen, unter ihnen auch »Bofors«, mit den Arbeiten am Panzer S (auch unter der Bezeichnung STRV-103 bekannt) mit einer 105-mm-Langrohrkanone und vier Maschinengewehren, die starr in der Wanne eingebaut waren. Das Richten der Bewaffnung können sowohl der Fahrer als auch der Kommandant von ihren Steuerpulten aus vornehmen. Die hydraulisch-pneumatische Aufhängung des Laufwerks gestattet eine Veränderung der Bodenfreiheit und eine Neigung des Fahrzeuges um seine Querachse zum vertikalen Richten

der Waffen. Das horizontale Richten erfolgt durch Lenkbewegungen und wird dadurch erleichtert, daß sich der Panzer in nur 10 Sekunden um 360 Grad drehen kann.

Durch den starren Einbau der Kanone ließen sich eine Ladeautomatik einbauen, der Panzerschutz bei gleichbleibender Gefechtsmasse (fehlender Turm) erhöhen und die Zahl der Besatzungsmitglieder verringern (der Ladeschütze entfiel). Die Ladeautomatik faßt 50 Granaten. Die Feuergeschwindigkeit der Kanone liegt bei 15 Schuß in der Minute. Bei einem derartigen Einbauprinzip der Kanone kann jedoch kein gezieltes Feuer aus der Bewegung geführt werden.

Das dritte Besatzungsmitglied sitzt mit dem Rücken zur Fahrtrichtung und übernimmt bei Rückwärtsfahrt die Funktion des Fahrers. Im Bug des Panzers ist eine kombinierte Antriebsanlage, ein Dieselmotor für ökonomisches Fahren und eine Gasturbine für das Fahren im Vollastbereich, untergebracht. Unter Verwendung faltbarer Auftriebshilfen ist der Panzer schwimmfähig. Seine Gefechtsmasse liegt bei 39 t. Ausgerüstet mit einem 175-kW-Dieselmotor »Rolls Royce« K-60 und einer 240-kW-»Volvo«-Gasturbine entwickelt der STRV-103 eine Höchstgeschwindigkeit von 50 km/h.

Ab 1969 wurde der Panzer modernisiert und erhielt die Typenbezeichnung STRV-103B. Zum Einbau gelangten eine 360-kW-Gasturbine, ein Laser-Entfernungsmesser und ein Infrarot-Nachtsichtgerät. Im Zuge einer zweiten Modernisierung wurde der Motor gegen einen leistungsstärkeren amerikanischen 200-kW-Dieselmotor ausgetauscht sowie eine neue, automatische Kraftübertragung der Firma »Bofors« installiert, um die Geländegängigkeit zu erhöhen. Das Zielfernrohr des Richtschützen wurde mit einem Laser-Entfernungsmesser norwegischer Produktion kombiniert. Am Kampfwagen brachte man eine zusätzliche Panzerung und Halterungen für ein Planierschild sowie Kraftstoffbehälter mit größerem Fassungsvermögen an. Von dem jetzt als REMO-103 bezeichneten Panzer erhielt die schwedische Armee 330 Einheiten.

1974 erhielten die Truppen 200 leichte Aufklärungspanzer IKV-91. Der 15,5 t schwere Kampfwagen ist mit einer 90-mm-Kanone und zwei 7,62-mm-Maschinengewehren bewaffnet. Obwohl die Bewaffnung nicht stabilisiert ist, erreicht die Kanone dank einer vervollkommneten Feuerleitanlage eine hohe Treffgenauigkeit. Die Stirnpanzerung von Wanne und Turm schützt vor 20-mm-Panzergranaten. Ein 217 kW (295 PS) leistender Dieselmotor ermöglicht Geschwindigkeiten bis zu 69 km/h. Die Besatzung besteht aus vier Mann. Der Panzer zeichnet sich durch eine gute Manövrierfähigkeit und Geländegängigkeit aus. Er ist schwimmfähig und erreicht, angetrieben durch die Ketten, im Wasser eine Geschwindigkeit von 7 km/h. Der Kampfwagen verfügt über eine Kernwaffenschutzanlage und Infrarot-Nachtsichtgeräte.

In den 50er Jahren produzierte Schweden mehrere Modelle von Selbstfahrlafetten: eine 75-mm-SFL-Kanone, eine 105-mm-SFL-Haubitze und eine 40-mm-Fla-SFL. 1966 erhielten die Streitkräfte die 155-mm-SFL-Kanone »Brandkanonen« 1A. Auch bei der Konstruktion dieses Typs bewiesen die Schweden Einfallsreichtum. Auf einem speziellen Kettenfahrgestell von 53 t Gefechtsmasse ist im Vorderteil das Triebwerksaggregat eingebaut. Zwischen zwei gepanzerten Kabinen für die Besatzung installierte man die Kanone offen im Fahrzeugheck. Eine Lademechanik erlaubt eine Feuergeschwindigkeit von 15 bis 20 Schuß in der Minute. Die SFL hat zwei Triebwerke: einen Dieselmotor und eine Gasturbine mit einer Gesamtleistung von 400 kW (540 PS), die eine Geschwindigkeit von 28 km/h und 400 km Fahrbereich ermöglichen.

Nachdem man entsprechende Erfahrungen bei der Modernisierung alter amerikanischer Panzer gesammelt hatte, nahm die brasilianische Industrie Ende der 70er Jahre die Produktion eigener Panzer auf. Begonnen wurde mit dem leichten Panzer X1A2 »Karkara«, einem verbesserten Modell des amerikanischen leichten Kampfwagens M 3 A1. Seine Gefechtsmasse betrug 19 t, die Besatzung bestand aus drei Mann. Bewaffnet war der Panzer mit einer 90-mm-Kanone, einem 7,62-mm-MG und einem 12,7-mm-Fla-MG. Ein 260-kW-Diesel ermöglichte eine Geschwindigkeit von 55 km/h bei einem Fahrbereich von 750 km. Seit 1980 wurden insgesamt 80 Panzer gebaut. Auf dem Fahrgestell des X1A2 entstand auch ein Brückenlegepanzer.

Die Firma Bernardini, Produzent des »Karkara«, begann 1984 mit der Erprobung eines neuen Panzers MB-3 »Tamojo«, der mit einer 105-mm-Kanone, einem 7,62-mm-MG und einem 12,7-mm-Fla-MG bewaffnet ist. Der 30 t schwere Kampfwagen wurde mit einer modernen Feuerleitanlage ausgerüstet. Für die brasilianischen Streitkräfte wurden rund 100 dieser Gefechtsfahrzeuge bestellt. Aus dem Ausland rechnet man mit etwa 500 Aufträgen.

1986 begann die Produktion des mittleren Panzers EE-1 »Osorio«, von dem bei einem Eigenbedarf von nur 150 Einheiten bei insgesamt über 1200 geplanten Fahrzeugen von vornherein der Export im Vordergrund steht.

Der Panzer mit 35 t Gefechtsmasse hat eine Besatzung von vier Mann. Eingebaut werden eine britische 105-mm-Kanone und ein 735-kW-Dieselmotor sowie eine Kraftübertragung und Laufwerkselemente westdeutscher Produktion. Die Stirnpartien von Wanne und Turm sind mit Mehrschichtpanzerung ausgestattet. Das Exportmodell kann mit einer 120-mm-Glattrohrkanone geliefert werden. Die Feuerleitanlage besteht aus einem stabilisierten Zielfernrohr mit Laser-Entfernungsmesser sowie Infrarot-Nachtsichtgeräten. Neben der Kanone gehören noch zwei 7,62-mm-Maschinengewehre zur Bewaffnung. Der Panzer entwickelt eine Höchstgeschwindigkeit von 70 km/h. Sein Fahrbereich beträgt 550 km. Die Aufhängung der je sechs Laufrollen ist hydraulisch-pneumatisch.

Nach bescheidenen Versuchen, während des zweiten Weltkrieges die Herstellung eigener Panzer in Gang zu bringen (1944 wurden ganze 16 Fahrzeuge des Typs »Noel« gebaut), begann Argentinien 1968 mit der Lizenzproduktion der französischen Panzer AMX-13 und AMX-30. Nach Abschluß dieses Nachbauprogramms entschloß man sich, einen Panzer zu entwickeln, dessen Konstruktion speziell auf die örtlichen Bedingungen zugeschnitten war. Dieses Vorhaben ließ sich aber mit eigenen Kräften nicht realisieren. 1973 entwickelte die westdeutsche Firma »Thyssen-Henschel« auf der Basis ihres Schützenpanzers »Marder« einen originellen Kampfwagen, der die Bezeichnung TAM erhielt. Das erste Fahrzeug dieses Typs rollte 1977 in Argentinien vom Band. 1986 waren bereits 150 TAM und 200 auf dem »Marder« basierende Schützenpanzer VCTP gebaut. Der TAM hat eine Gefechtsmasse von 30 t und ist mit einer in zwei Ebenen stabilisierten 105-mm-Kanone sowie je einem 7,62-mm-MG und Fla-MG bewaffnet. Zur Besatzung gehören vier Mann. Der Panzer ist mit einer modernen Feuerleitanlage mit integriertem Fernsehsystem (ähnlich den Infrarot-Nachtsichtgeräten) für Handlungen bei Nacht und schlechter Sicht für den Kommandanten und den Richtschützen ausgestattet. Motor und Kraftübertragung liegen wie beim »Marder« im Wannenbug und werden von der BRD geliefert. Der 530-kW-Diesel verleiht dem Panzer, dessen Fahrbereich mit 900 km angegeben wird, eine Geschwindigkeit von 75 km/h. Für seine Streitkräfte hat Panama 60 dieser Panzer bestellt.

In Österreich wurden Ende der 70er Jahre rund 150 leichte Panzer SK-105 »Kürassier« (Gefechtsmasse 18 t) gebaut. Der »Kürassier« stellt eine Kreuzung zweier Gefechtsfahrzeuge dar: Auf die umgebaute Wanne eines SPW wurde der Turm des französischen Panzers AMX-13, jedoch mit einer 105-mm-Kanone und einem 7,62-mm-MG, aufgesetzt. Der Panzer ist mit einem Laser-Entfernungsmesser und Nachtsichtgeräten ausgestattet. Die Besatzung besteht aus drei Mann. Mit dem 220-kW-Dieselmotor sind Geschwindigkeiten bis zu 67 km/h und ein Fahrbereich von 530 km erzielt worden. Der »Kürassier« wurde an Argentinien (220 Fahrzeuge) und Griechenland geliefert.

Südkorea, das früher Panzer des Typs M 48 A5 auf Lizenzbasis herstellte, begann mit dem Ausstoß eines vorläufig als XK-1 bezeichneten Kampfwagens, der von amerikanischen Firmen unter Verwendung von Aggregaten des M 60 A3 und des M1 entwickelt worden war. Es ist vorgesehen, 700 Einheiten dieses Typs zu produzieren, dessen Gefechtsmasse bei rund 52 t liegt. Die Bewaffnung besteht aus einer 105-mm-Kanone, die Besatzung aus vier Mann. Der Kampfwagen erhielt Mehrschichtenpanzerung, einen 880-kW-Dieselmotor und eine moderne Feuerleitanlage. Seine Höchstgeschwindigkeit wird mit 60 km/h angegeben.

Taiwan produziert den Panzer »64«, eine Weiterentwicklung des amerikanischen M 41 A3 mit verstärkter Panzerung und leistungsgesteigertem Dieselmotor (380 kW). Der Kampfwagen ist mit einer 76,2-mm-Kanone, einem 7,62-mm-MG und einem 12,7-mm-Fla-MG bewaffnet.

Damit hätten wir den größten Zeitabschnitt in der Geschichte des Panzerbaus beleuchtet. In den Jahren nach dem zweiten Weltkrieg hat der Panzerbau eine stürmische Entwicklung genommen. Die Panzer der letzten Jahre erreichten ein hohes technisches Niveau und vorzügliche Gefechtseigenschaften. Dabei zeigten sich bei den Entwicklungsrichtungen der Panzertechnik in allen kapitalistischen Ländern ähnliche Tendenzen, die hier kurz dargestellt werden sollen.

Bei der Weiterentwicklung und Vervollkommnung der Panzertechnik kapitalistischer Staaten werden zwei Richtungen verfolgt: die Schaffung neuer Modelle und die Modernisierung bereits vorhandener, im Truppendienst stehender Kampfwagen. Verständlicherweise erfordert die erste Richtung immense Finanzmittel und viel Zeit. So dauerte die Entwicklung des »Leopard« 1 neun Jahre, des »Chieftain« und des M 60 jeweils zehn Jahre. Die Entwicklungskosten für den amerikanischen M 1, der auch nicht schneller produktionsreif war, beliefen sich auf über eine Milliarde Dollar. Und was kostet heute ein Panzer? Der »Challenger« 1,5 Mill. Pfund der »Abrams«, 2,5 Millionen Dollar, der »Leopard« 2 bereits 4 Millionen D-Mark.

Andererseits stellte sich bei der Prüfung des Problems einer Modernisierung des Panzerparks von Südkorea heraus, daß für einen neuen M 60 600 000 Dollar auszugeben wären, während die Modernisierung des bereits vorhandenen M 48 und seine Kampfwertsteigerung bis fast auf das Niveau des M 60 nur 320 000 Dollar je Fahrzeug kosten würde. Deshalb wandte man sich in den letzten 10 bis 15 Jahren in vielen, vor allem nicht sehr reichen Ländern mehr und mehr der Modernisierung von Panzern der ersten Generation zu, um sie an die Standards der

Kampfwagen der zweiten Generation heranzuführen. Dabei wurde in erster Linie die Feuerkraft erhöht, indem man die 83- und 90-mm-Kanonen durch Kanonen des Kalibers 105 mm ersetzte, moderne Feuerleitanlagen sowie Nachtsichtgeräte einbaute. Noch vorhandene Vergasermotoren wechselte man gegen Diesel aus. Bei der Kampfwertsteigerung wurden weiterhin Kernwaffenschutz-, Feuerlösch- und andere Anlagen eingebaut.

Wie die Beispiele zeigen, geht es hier um die Modernisierung bereits im Truppendienst stehender Panzer und nicht um die technische Weiterentwicklung eines Typs im Verlauf der Produktion, der dann als neue Version eines Grundmodells hergestellt wird.

Besonders typisch dafür war die Modernisierung des amerikanischen Panzers M 48, des zahlenmäßig am meisten modernisierten Kampfwagens. Er wurde sowohl in den USA und in der BRD als auch in Spanien, Israel, der Türkei und anderen Ländern einer Kampfwertsteigerung unterzogen. In den USA baute man in der zweiten Hälfte der 70er Jahre in die M 48 A1 und A3 die 105-mm-Kanone M 68, neue Zielfernrohre und Nachtsichtgeräte, einen mit der Kraftübertragung zu einem Block vereinten Dieselmotor und anderes mehr ein. Die modernisierte Version erhielt die Typenbezeichnung M 48 A5.

Die BRD modernisierte 1975 den Panzer M 48 A2G. Er erhielt die britische 105-mm-Kanone L7A3 (die auch im »Leopard« 1 eingebaut ist), ein 7,62-mm-Turm- und ein 7,62-mm-Fla-MG sowie passive Nachtziel- und -beobachtungsgeräte. Die Gefechtsmasse der als M 48 A2G A2 bezeichneten Version erhöhte sich dabei auf 47,8 t.

Die in Israel modernisierten M 48 erhielten gleichfalls eine 105-mm-Kanone sowie einen neuen Dieselmotor mit einer Leistung von 550 kW (750 PS). Dadurch stiegen die Gefechtsmasse auf 49 t, der Fahrbereich auf 460 km an.

Zur selben Zeit modernisierten die Israelis auch ihre »Centurion« Mk 5. Durch die Umrüstung auf eine 105-mm-Kanone und den Einbau eines 550-kW-Diesels stieg die Fahrzeugmasse auf 52 t an. Der Kampfwagen erreichte nunmehr einen Fahrbereich von 380 km und eine Höchstgeschwindigkeit von 43 km/h.

Südafrika modernisierte seine 250 »Centurion« und rüstete sie mit einer weiterentwickelten Feuerleitanlage mit Laser-Entfernungsmesser aus. Der Panzer mit der neuen Bezeichnung »Elefant« hat eine Gefechtsmasse von 51 t und eine vierköpfige Besatzung. Bewaffnet ist er mit einer 105-mm-Kanone eigener Produktion und zwei 7,62-mm-Maschinengewehren. Der 560 kW leistende Dieselmotor verleiht dem »Elefant« eine Geschwindigkeit bis zu 44 km/h und garantiert einen Fahrbereich von 380 km. Diese Panzer nahmen 1981 am räuberischen Überfall auf Angola teil.

Noch einige Beispiele für die Kampfwertsteigerung alter Panzer. In Spanien modernisierte man nicht nur den M 48, sondern auch den M 47, der eine 105-mm-Kanone, einen Dieselmotor sowie eine neue Kraftübertragung erhielt und jetzt als M 47E bezeichnet wird.

Norwegen baute den leichten amerikanischen Panzer M 24 um und installierte eine 90-mm-Kanone sowie einen Dieselmotor. Die neue Typenbezeichnung des Panzers lautet NM-116.

Wie wir sehen, ermöglichte die Modernisierung, ältere Kampfwagen bedeutend länger in der Ausrüstung der Streitkräfte zu belassen. Es gelang, ihre Bewaffnung zu verstärken und die Fahreigenschaften zu verbessern. Auf die Panzerung wirken sich die Nachrüstungsmaßnahmen verständlicherweise am wenigsten aus. Eine Verstärkung des Panzerschutzes im Zuge der Kampfwertsteigerung ist nur durch die Anbringung zusätzlicher Panzerschürzen oder durch den Anbau von Zusatzpanzerungen möglich. Die erste Methode erwies sich wegen der großen Durchschlagskraft moderner panzerbrechender Munition als uneffektiv, schützt sie doch nur vor Hohlladungsgranaten. Auf die zweite Methode kommen wir später noch zu sprechen.

Panzer heute

Praktisch sind alle Armeen der Welt, die über Landstreitkräfte verfügen, mit Panzern ausgerüstet. In der ausländischen militärischen Fachpresse wird sowohl auf die ständige Vervollkommnung und das zahlenmäßige Anwachsen der Panzer als auch auf die nicht weniger stürmische Entwicklung der Panzerabwehrmittel verwiesen. Das erfordert einerseits, die Konstruktion der Panzer zu verbessern und das Problem der Überlebensfähigkeit in den Vordergrund zu rücken. Andererseits ist der Panzer eine vielseitig einsetzbare Waffe, und die Fragen der Überlebensfähigkeit müssen im Zusammenhang mit der Entwicklung seiner anderen Gefechtseigenschaften gelöst werden. Betrachten wir kurz die wichtigsten Gefechtseigenschaften moderner Panzer in der allgemein üblichen Reihenfolge: Feuerkraft, Panzerschutz, Beweglichkeit.

Wie wir bereits wissen, sind in den kapitalistischen Ländern fast alle Panzer der zweiten Generation und auch die auf ihr Niveau nachgerüsteten Kampfwagen der ersten Generation mit 105-mm-Kanonen bewaffnet (ausgenommen der britische »Chieftain« mit seiner 120-mm-Zugrohrkanone). Dieses Kaliber betrachtete man als optimal, da es groß genug war, um eine hohe Durchschlagsleistung

und Sprengwirkung der Granaten zu gewährleisten. Die patronierte Munition des Kalibers 105 mm ist auch für das Laden von Hand noch nicht zu schwer. Das aber war Voraussetzung für eine hohe Feuergeschwindigkeit und einen soliden Kampfsatz. Bei den Panzern der dritten Generation ging man im Ausland, dem Beispiel des »Leopard« 2 folgend, zu 120-mm-Glattrohrkanonen über. Deren Granaten unterscheiden sich in Länge und Gewicht nur wenig von denen des Kalibers 105 mm. Nur die Briten folgten mit ihrem »Challenger« diesem Trend nicht.

Es wurde auch versucht, Kombinationswaffen (Raketen und Granaten) einzuführen. Die amerikanischen Panzer M 551 »Sheridan« und M 60 A2 waren mit einer 152-mm-Kurzrohrkanone ausgestattet, aus der sowohl herkömmliche Granaten als auch Raketen verschossen werden konnten. Obwohl diese (Panzerabwehrlenk-)Raketen auf größere Entfernung eine höhere Treffgenauigkeit als Granaten erzielten, erwies sich die Kombinationswaffe als kompliziert in Konstruktion und Nutzung sowie als äußerst teuer. Außerdem wird das Feuer aus Panzern auf Entfernungen über 3000 m höchst selten geführt. So wurden die »Sheridan« und M 60 A2 aus dem Truppendienst gezogen und in Lagern eingemottet. Der Wettbewerb war zugunsten der Kanonenbewaffnung ausgegangen.

Selbstverständlich sind moderne Panzerkanonen heute in zwei Ebenen stabilisiert, sie verfügen über Ejektoren, um die Pulvergase aus dem Rohrkanal zu entfernen, und sind mit Wärmeschutzhüllen ausgestattet, die bei einer ungleichen Temperaturbelastung ein thermisch bedingtes Verbiegen des Rohres und damit eine Verschlechterung der Treffgenauigkeit verhindern.

Glattrohrkanonen können nur flügelstabilisierte Granaten verschießen. Sie verleihen der Granate eine äußerst hohe Anfangsgeschwindigkeit, was für die Bekämpfung von gepanzerten Zielen, vor allem von Panzern, von enormer Bedeutung ist. Je größer die Geschwindigkeit der Granate, desto größer ist ihre Durchschlagskraft im Ziel. Gleichzeitig verringert sich ihre Flugzeit bis zum Ziel, was das Anrichten erleichtert. Die Lebensdauer von Glattrohrkanonen ist höher als die von Zugrohrkanonen. Andererseits sind Glattrohrkanonen beim Verschuß von Splittersprenggranaten und bei der Feuerführung auf größere Entfernungen weniger effektiv. Das hängt damit zusammen, daß der Granatdurchmesser bei gezogenen Rohren dem Kaliber der Kanone entspricht, während die Munition für Glattrohrkanonen vielfach unterkalibrig ist und ihr Durchmesser bei einem Kaliber von 120 mm oftmals unter 105 mm liegt.

In den kapitalistischen Ländern sind für die 105-mm-Kanonen mehrere Arten von Granaten entwickelt worden: kalibrige und unterkalibrige Panzergranaten (letztere mit abspringender Führungshülse), Splittersprenggranaten, Hohlladungsgranaten sowie mit plastischem Sprengstoff gefüllte Granaten (Quetschkopfgranaten). Die Hohlladungsgranaten durchschlagen die Panzerung durch den bei der Detonation der besonders geformten Ladung entstehenden Gas-Metall-Strahl hoher Geschwindigkeit (bis 15 000 m/s). Bei der Detonation einer mit plastischem Sprengstoff gefüllten Granate schlagen aus der Innenseite der getroffenen Panzerung Splitter heraus, die Besatzung und Baugruppen des Panzers in Mitleidenschaft ziehen. Die amerikanische 105-mm-Unterkalibergranate M 392 erreicht eine Anfangsgeschwindigkeit von 1478 m/s und durchschlägt bei einer Schußentfernung von 2000 m und einem Auftreffwinkel von 60 Grad eine 120 mm starke Panzerung. Hohlladungsgranaten erzielen gegenüber monolithen Panzerungen (keine Mehrschichtenpanzerung) über eine noch höhere Durchschlagsleistung, die mehr als das Dreifache ihres Kalibers beträgt (für eine 105-mm-Granate also mehr als 315 mm Panzerstahl). Andererseits verringern eine sehr hohe Auftreffgeschwindigkeit sowie die Drallrotation von aus gezogenen Rohren verschossenen Granaten den Hohlladungseffekt. Deshalb haben z. B. die Franzosen für die 105-mm-Kanone ihres Panzers AMX-30 eine Hohlladungsgranate entwickelt, bei der die Ladung im Granatkörper kugelgelagert untergebracht ist, wodurch sich der Drall der Ladung spürbar verringert.

Um die Effektivität panzerbrechender Wuchtmunition zu erhöhen, ist man bestrebt, ihre Masse und damit die auf die Panzerung einwirkende sogenannte Querschnittsbelastung (Verhältnis der Granatmasse zur Querschnittsfläche) zu erhöhen. Für die 120-mm-Glattrohrkanone des »Abrams« wurde eine flügelstabilisierte Unterkalibergranate mit abspringender Führungshülse und einer Anfangsgeschwindigkeit von 1600 m/s entwickelt, deren Hartmetallkern aus abgereichertem Uran (Dichte: 19,0 g/cm^3) besteht.

In der BRD beschränkte man sich auf zwei Granattypen für die 120-mm-Kanone des »Leopard« 2: ein panzerbrechendes Unterkalibergeschoß und eine Mehrzweckgranate, bei der Hohlladungs-, Splitter- und Sprengwirkung kombiniert wurden. Die Unterkalibergranate, ohne Führungshülse 4,64 kg schwer, Anfangsgeschwindigkeit 1650 m/s, hat einen verlängerten Kern aus einer Wolframlegierung und durchschlägt auf eine Entfernung von 2000 m eine Panzerung von 190 mm. Die Mehrzweckgranate hat eine Masse von 13,5 kg, eine Anfangsgeschwindigkeit von 1140 m/s und eine Durchschlagsleistung von 220 mm. Beide Granattypen erhielten verbrennbare Kartuschhülsen mit metallischem Hülsenboden.

Inzwischen wurde bekannt, daß für den »Leopard« 2 an einem flügelstabilisierten Lenkgeschoß mit Fernseh-Zielsuchkopf für die Bekämpfung von Panzerabwehrhubschraubern gearbeitet wird. Diese Entwicklung verdient große Aufmerksamkeit.

Die Briten sind der Meinung, daß ihre Munition für die 120-mm-Panzerkanone mit gezogenem Rohr wesentlich billiger sei. Das getrennte Laden von Granate und Kartusche verringere die Feuergeschwindigkeit nur unbedeutend.

Bisher haben wir einen Weg zur Steigerung der Feuerkraft von Panzern betrachtet, nämlich die Erhöhung der Vernichtungswirkung der Munition. Ein zweiter Weg ist die Verbesserung der Treffgenauigkeit mit Hilfe von automatisierten komplexen Feuerleitsystemen.

Die Entwicklung moderner Feuerleitanlagen verfolgt zwei Ziele: die Verkürzung der Zeit für das Auffassen und die Freund/Feind-Kennung des Zieles sowie die Beschleunigung der Handlungsabläufe bis zur Abgabe eines Schusses. In der ausländischen Fachliteratur wird darauf verwiesen, daß Panzerbesatzungen für das Auffassen von Zielen zwei- bis dreimal soviel Zeit benötigen wie für deren Bekämpfung.

Moderne Panzer werden mehr und mehr mit hochleistungsfähigen Ziel- und Beobachtungsgeräten für Tag und Nacht ausgerüstet. Trotzdem muß man davon ausgehen, daß die Entfernung für das visuelle Auffassen eines Zieles selbst mit diesen Geräten nicht sehr groß ist und dabei die Genauigkeit zu wünschen übrig läßt. Um diese Unzulänglichkeiten zu überwinden, wurden in den NATO-Ländern technische, unter anderem auch funktechnische Mittel zum Auffassen und Erkennen der Zielobjekte auf dem Gefechtsfeld entwickelt. So ist der französische Panzer AMX-30 mit einem funktechnischen Freund/Feind-Kennungsgerät ausgerüstet, das mit der Feuerleitanlage gekoppelt ist.

Was ist eine moderne Feuerleitanlage, aus welchen Elementen besteht sie und welche Funktionen hat sie zu erfüllen? Beispielsweise gehören zur Feuerleitanlage des »Abrams« ein Haupt- und ein Hilfszielfernrohr für den Richtschützen mit einem Zusatzgerät zum Hauptzielfernrohr für den Kommandanten, ein Höhen- und Seitenstabilisator für die Kanone mit elektrohydraulischem Antrieb, ein elektronischer ballistischer Rechner und ein Steuerpult des Richtschützen. Letzteres kann auch vom Kommandanten bedient werden. Für die Feuerführung am Tage benutzt der Richtschütze einen Laser-Entfernungsmesser und ein Teleskop-Zielfernrohr. Nachts dient dazu der Wärmebildkanal des Zielfernrohrs bis auf eine Entfernung von rund 1200 m. Das Sichtfeld des Zielfernrohres ist unabhängig von der Kanone vertikal stabilisiert. Die Amerikaner vertreten die Auffassung, das sei vollkommen ausreichend und wesentlich billiger als das in zwei Ebenen stabilisierte Zielfernrohr des »Leopard« 2. Bei anderen Panzern ist das Zielfernrohr zusammen mit der Kanone stabilisiert, was die Konstruktion vereinfacht, aber für die Besatzung nicht so bequem ist.

Mit dem Laser-Entfernungsmesser kann im Bereich von 400 bis 4000 m die Entfernung Panzer – Ziel mit einer Genauigkeit von ± 10 m bestimmt werden. Zusammen mit den Angaben über die Geschwindigkeit des Seitenwindes (die Meßfühler dafür sind auf dem Turm angebracht), die Winkelgeschwindigkeit des Zieles, den Neigungswinkel der Schildzapfenlager der Kanone (Neigung des Panzers um seine Längsachse), die Temperatur, den atmosphärischen Druck und die Feuchtigkeit der umgebenden Luft wird der gemessene Entfernungswert automatisch in den elektronischen ballistischen Rechner eingegeben. Von Hand sind Angaben über die Granatart, die Ladungstemperatur der Munition und den Verschleißgrad des Rohres (Anzahl der bereits mit dieser Waffe verschossenen Granaten) einzugeben. Alle diese Werte gelangen als summarische Verbesserungen der Anfangsangaben in das Zielfernrohr und steuern gleichzeitig die Richtantriebe der Kanone.

Wenden wir uns jetzt dem Panzerschutz zu. Allein durch die Verstärkung der Panzerung war eine Lösung des Problems nicht möglich, gab es doch mit den Panzerabwehrlenkraketen Abwehrwaffen, die bis zu 700 bis 800 mm monolithe Panzerung durchschlagen können. Unter diesen Umständen verlor der Begriff von der Stärke der Panzerung jeden Sinn. Es mußte nach neuen Wegen gesucht werden.

Ausländische Spezialisten erkannten auf diesem Gebiet zwei Lösungswege. Das waren erstens spezielle konstruktive Maßnahmen und Verfahren, die die Treffwahrscheinlichkeit und Vernichtungswirkung panzerbrechender Munition herabsetzen. Zweitens mußte man versuchen, die Widerstandsfähigkeit der Panzerung zu erhöhen.

Zum ersten Lösungsweg gehören die Verringerung der Abmessungen der Kampfwagen und ihres gepanzerten Innenvolumens, veränderte Grundkonstruktionen der Panzer, Schutzmaßnahmen für die innerhalb der Panzerung untergebrachten Aggregate und Baugruppen, die Trennung der Munition und des Kraftstoffs durch spezielle Verkammerung von der Besatzung, der Einbau von Feuerlöschanlagen usw.

Als zweckmäßig erachtet man auch die Unterbringung explosionsgefährdeter Materialien an weniger gefährdeten Stellen des Panzers. Kraftstoffvorrat und Kampfsatz werden zum Beispiel beim »Leopard« 2 und beim »Abrams« in vom Kampfraum isolierten Kammern untergebracht. Automatische Feuerlöschanlagen können Brände in Sekundenschnelle löschen. Zum Schutz der Besatzung vor der bei einer Kernwaffendetonation freigesetzten Strahlung verwendet man bei einigen ausländischen Panzern spezielle Auskleidungen aus synthetischen Materialien (»Leopard« 1 und andere).

Eine immer größere Rolle spielt die Tarnung, nicht nur im Bereich des sichtbaren Lichtes, sondern auch im infraroten und im Funkwellenspektrum. Das machte sich erforderlich, nachdem die Panzerabwehrlenkraketen mit Wärme- und Funkmeß-Zielsuchköpfen ausgerüstet wurden. Für diese Zwecke verwendet man Vorrichtungen, die die Temperatur der Auspuffgase senken sowie wärme- und funkwellendämpfende Abdeckungen. Zum Schaffen von Nebelwänden, die auch für Infrarotstrahlen undurchlässig sind und einen beschädigten Panzer vor dem Gegner tarnen sollen, sind alle ausländischen Kampfwagen mit Nebelwurfbechern ausgestattet.

Der zweite Lösungsweg läßt wiederum zwei Tendenzen erkennen: die Verstärkung des passiven Schutzes und die Schaffung eines sogenannten aktiven Schutzes. Unter passivem Schutz versteht man die Verstärkung der Panzerung, den Anbau von Panzerschürzen, die Verwendung von Kraftstoffbehältern als zusätzlichen Schutz und die Entwicklung neuer Typen von Panzerungen. Erstmalig kam Anfang der 70er Jahre ein neuer Typ einer Panzerung, die Mehrschichten- oder Hohlraumpanzerung, bei dem westdeutsch-amerikanischen Gemeinschaftsprojekt MBT-70 zum Einsatz. Sie bestand aus mehreren Schichten hochfesten Stahls, Aluminiums und keramischer Materialien. Britische Spezialisten sind der Ansicht, die CHOBHAM-Panzerung des »Challenger« garantiere seinen Schutz vor der Panzerabwehrlenkrakete »Swingfire«, die immerhin 500 mm monolithische Panzerung durchschlägt.

Während der Gefechte 1982 im Libanon wendeten israelische Panzer das Prinzip der »aktiven Panzerung« an. An die Außenseite der Panzerung waren flache, sprengstoffgefüllte Container angehängt worden. Traf eine Hohlladungsgranate einen Container, detonierte dessen Inhalt und zerstreute den Hohlladungsstrahl.

Beim britischen Panzer »Valiant« wurde die sogenannte Adapter-Panzerung angewendet. Wanne und Turm, die aus Aluminiumlegierungen gefertigt waren, wurden vorn und an den Seiten durch angehängte Elemente aus CHOBHAM-Panzerung geschützt. Eine derartige Lösungsvariante kann im Grunde genommen auch bei anderen Fahrzeugen Verwendung finden.

Schließlich und endlich wurde in Israel ein tatsächlich

aktiver Schutz entwickelt. Zu diesem System gehören mehrere optoelektronische Sensoren und die gleiche Zahl von Startvorrichtungen für Kleinstraketen, die über die Panzerwanne verteilt sind. Beim Auffassen einer auf den Panzer zufliegenden Panzerabwehrlenkrakete werden die Antiraketen automatisch gestartet und vernichten die Panzerabwehrlenkrakete.

Der Begriff der Beweglichkeit oder Manövrierfähigkeit umfaßt solche Eigenschaften wie Höchstgeschwindigkeit, Geschwindigkeit, Geländegängigkeit, Fahrbereich. Wichtig wurde auch eine bisher reine »Kfz-Eigenschaft«, nämlich das Beschleunigungsvermögen, das beispielsweise bei der Weiterfahrt nach der Feuerführung von der Stelle eine Rolle spielt.

Die ausländischen Panzerbauer streben eine Erhöhung der Durchschnittsgeschwindigkeit und eine Verbesserung der Manövrierfähigkeit der Kampfwagen an. Das soll vor allem durch den Einbau leistungsfähigerer Dieselmotoren erreicht werden, um die spezifische Leistung, das Verhältnis von Motorleistung in Kilowatt zur Fahrzeugmasse in Tonnen, zu verbessern. Betrug die spezifische Leistung bei den Panzern der zweiten Generation 11 bis 15 kW/t, so erreichte sie bei den Kampfwagen der dritten Generation 20 kW/t und wird in Zukunft noch weiter steigen. Vergasermotoren wurden durch Vielstoffdiesel mit 800 bis 1100 kW abgelöst. Ihre Vorzüge bestehen darin, daß sie mit verschiedenen Kraftstoffarten zu betreiben sowie leicht anzulassen sind und nach dem Start voll belastet werden können, einen niedrigen Lärmpegel haben, eine große Laufleistung erreichen sowie leicht zu warten und instand zu setzen sind. Für die Tarnung des Panzers nicht unwichtig sind die im Vergleich zum Vergasermotor um 100 bis 200 Grad niedriger liegenden Temperaturen der Auspuffgase. In den ausländischen Panzern gelangen hauptsächlich Viertakt-Dieselmotoren zum Einbau. Eine Ausnahme bilden die britischen, japanischen und schwedischen Panzermotoren, die als Zweitakt-Diesel konstruiert wurden.

Der amerikanische Panzer »Abrams« und der schwedische Kampfwagen STRV-103 haben Gasturbinenantrieb. Die Gasturbine verfügt gegenüber dem Dieselmotor über eine höhere Volumenleistung (bei gleichem Einbauvolumen der Gasturbine ist sie leistungsfähiger als ein Dieselmotor). Außerdem läßt sie sich bei niedrigen Temperaturen leicht starten. Gasturbinen sind einfacher in ihrer Konstruktion, haben aber einen höheren Kraftstoffverbrauch und kosten bedeutend mehr als ein Diesel.

Was die Kraftübertragung betrifft, so sind die Konstrukteure kapitalistischer Länder gegenwärtig einhellig der Meinung, sie müsse mit einem hydromechanischen Ge-

triebe und mit hydraulisch betätigten Lenkvorrichtungen ausgestattet sein. Derartige Kraftübertragungssysteme haben aber einen relativ niedrigen Wirkungsgrad. Heute sind die Kraftübertragungen gewöhnlich in einem Block mit dem Motor gebaut, was die feldmäßige Instandsetzung erleichtert.

Viele Fahrzeuge sind mit Vorwärmanlagen ausgestattet, die das Anlassen der Motoren unter Winterbedingungen erleichtern. Durch eine Vergrößerung des Fassungsvermögens der Kraftstoffbehälter und durch wirtschaftlicher arbeitende Motoren konnte der Fahrbereich einzeln fahrender Panzer auf 500 (M 60 A1, AMX-30, Pz 74) bis 600 km (»Leopard« A2) bei Straßenfahrt vergrößert werden. Der Einsatz von Gleisketten mit Gummi-Metall-Scharnieren ermöglichte höhere Laufleistungen der Panzerketten. Moderne ausländische Panzer haben einen spezifischen Bodendruck, der im Bereich von 0,07 (AMX-30) bis 0,1 MPa (»Chieftain«) variiert.

Die meisten der ausländischen Panzer verfügen über drehstabgefederte, einzeln aufgehängte Laufrollen. Diese Laufwerksaufhängung ist konstruktiv einfach, unempfindlich im Gefecht und ausreichend zuverlässig. Häufig werden noch hydraulische Stoßdämpfer an der ersten und an der letzten Laufrolle verwendet. Als besonders zukunftsträchtig wird die hydraulisch-pneumatische Aufhängung, wie sie beim schwedischen STRV-103, beim japanischen Panzer »74« und beim britischen »Challenger« vorhanden ist, betrachtet.

Eine wichtige Anforderung an die Beweglichkeit eines Panzers ist seine Fähigkeit, Wasserhindernisse überwinden zu können. Fast alle modernen Panzer sind entweder mit Auftriebshilfen (Anbaupontons, Schwimmkörpern, faltbaren Schwimmbälgen) oder mit Ausrüstungen zur Unterwasserfahrt ausgestattet. Die Panzer M 60 A1 und »Chieftain« können Wasserhindernisse bis zu einer Tiefe von 5 Metern, der »Leopard«, AMX-30 und Panzer »74« bis 4 Metern durch Unterwasserfahrt überwinden.

Werden Wasserhindernisse schwimmend überwunden, erfolgt der Antrieb durch die sich drehenden Ketten. Allerdings erfordert die Vorbereitung der Auftriebshilfen eine gewisse Zeit.

Zu den lufttransportfähigen Panzern gehören PT-76, M 41, M 551 »Sheridan«, AMX-13 und »Scorpion«. Einige von ihnen können mit dem Fallschirm abgesetzt werden. Für den Lufttransport der normalen Standardpanzer werden dagegen Großraumflugzeuge wie die amerikanische »Galaxy« benötigt. Sie und einige andere Transportgiganten können faktisch alle Typen von Standardpanzern an Bord nehmen.

Als Hilfsausrüstung moderner Panzer werden die Filterventilationsanlagen, die verhindern, daß radioaktiver Staub und chemische Kampfstoffe in das Fahrzeuginnere gelangen, Kernstrahlungsmeßgeräte, automatische Feuerlöschanlagen, Nebelanlagen, Anbaugeräte wie Minenräum- und Pioniergeräte sowie weitere Anlagen betrachtet.

Wenden wir uns jetzt einigen der bekanntesten Panzer der neueren Zeit zu und beziehen dabei auch die Kampfwagen »Leopard« und »Abrams« als die ersten und in großer Stückzahl gebauten Fahrzeuge der dritten Generation mit ein.

Sowjetischer mittlerer Panzer T-54

In Auswertung der mit dem T-34 gesammelten Kriegserfahrungen schufen sowjetische Konstrukteure 1944 den mittleren Panzer T-44, der sich vom T-34 durch eine verstärkte Panzerung unterschied. Durch den Einbau des Motors quer zur Fahrtrichtung gelang es, die Länge der Wanne, die senkrechte Bordwände erhielt, zu verkürzen.

Der T-44 war jedoch noch wie sein Vorgänger mit einer 85-mm-Kanone bewaffnet. Das erschien schon damals unseren Konstrukteuren und führenden Militärs als unzureichend. Es mußte ein mittlerer Panzer mit einer wesentlich feuerstärkeren Bewaffnung als die des T-34 entwickelt werden. Deshalb stellte der T-44 nur eine Übergangslösung zu einem noch leistungsfähigeren Panzer dar, an dem bereits ab Frühjahr 1945 gearbeitet wurde.

Der neue Kampfwagen erhielt eine 100-mm-Kanone, analog der Waffe, die sich in der SU-100 so ausgezeichnet bewährt hatte. Dazu mußte ein neuer Turm konstruiert werden, dessen Turmdrehkranz einen größeren Durchmesser als der des T-34 hatte. Da die Wanne jedoch für den neuen Turm zu schmal war, baute man in ihrem Mittelteil Verbreiterungen an die Bordwände an. So entstand der T-54. Seine Panzerwanne verfügte über eine unkomplizierte und rationelle Form mit einem rechteckigen Querschnitt. Bug- und Heckteil bestanden aus zwei Panzerplatten, die unter großen Neigungswinkeln angebracht waren. Die trogähnliche Form des Wannenbodens verlieh der Wanne zusätzlich Stabilität. Die Bugplatte weist weder Luken noch Durchbrüche für Beobachtungsgeräte auf. Fahrerluke und -winkelspiegel waren auf den vor dem Turm liegenden Teil der Wannendecke zurückversetzt worden. Der Turm hatte eine Hecknische, eine Kommandantenkuppel fehlte. Die Kanone war in einer Blende, ähnlich der des T-44, installiert. In die Wanne war ein starres Kurs-MG eingebaut, aus dem der Fahrer ungezieltes Feuer führte. Ein großkalibriges Fla-MG vom Typ DSchK saß auf der Turmdecke. Für den 380 kW leistenden Dieselmotor W-54 war der Panzer mit einem 530 Liter fassenden inneren und einem 200 Liter fassenden äußeren Kraftstoffbehälter ausgestattet. Der mittlere spezifische Bodendruck des Kampfwagens betrug 0,091 MPa.

Später wurde der Panzer etwas modernisiert, vor allem der Turm. Die Kanone baute man ohne überstehende Blende in einen schmalen Durchbruch der Turmpanzerung ein; die Hecknische wurde verkleinert. Dadurch verringerten sich die Fangstellen, die unter negativem Winkel geneigten Oberflächen der Panzerung. Verbreitete Ketten senkten den spezifischen Bodendruck auf 0,08 MPa. Die übrigen Parameter blieben unverändert.

Als nächstes erhielt der Panzer einen halbsphärischen Turm ohne Fangstellen mit zwei aufklappbaren Luken für Kommandant und Ladeschützen. Auf der Ladeschützenluke war das Fla-MG DSchK auf einem Drehkranz montiert. Vor der Luke war ein Winkelspiegel als Beobachtungsgerät eingebaut worden. Die Kommandantenkuppel besaß vier Winkelspiegel zur Beobachtung des Gefechtsfeldes. Außerdem verfügte der Kommandant über ein periskopisches Kommandanten-Beobachtungsgerät in der Panzerung seiner Kuppel.

Die Fahrzeuge der Modifikation T-54A wurden mit einem Höhenstabilisator der Bewaffnung und einem automatischen Elektroantrieb zum Schwenken des Turmes ausgerüstet. Das Rohr der Kanone erhielt einen Ejektor.

Die Baureihe T-54B wurde mit einer Höhen- und Seitenstabilisierung der Turmbewaffnung ausgestattet. Bei eingeschaltetem Stabilisator wurde die Kanone horizontal mit Hilfe eines Steuerpultes gerichtet. Der Turm erhielt eine Drehbühne. Für den Panzer wurden neue optische Geräte und, was besonders wichtig war, Nachtsichtgeräte mit Infrarotscheinwerfern für den Kommandanten und den Fahrer entwickelt.

Sowjetischer mittlerer Panzer T-54

Gefechtsmasse	36 t
Besatzung	4 Mann
Bewaffnung	1 100-mm-Kanone
	1 12,7-mm-Fla-MG
	2 MG
Kampfsatz	34 Granaten
	200 12,7-mm-Patronen
	3500 7,62-mm-Patronen
Motorleistung	380 kW (520 PS)
Höchstgeschwindigkeit	50 km/h
Fahrbereich auf Straße	440 km

Die Kraftübertragung des T-54 bestand aus dem Zwischengetriebe, der Hauptkupplung und dem synchronisierten Wechselgetriebe. Das Fahren des Panzers wurde durch die Verwendung von Planeten-Lenkgetrieben wesentlich erleichtert. Die Laufrollen waren einzeln an drehstabgefederten Schwingarmen aufgehängt. Die erste und letzte Laufrolle waren zusätzlich mit einem hydraulischen Stoßdämpfer ausgestattet. Die Zähne des sternförmigen Antriebsrades griffen in die Ösen der Kette ein. Der Panzer zeichnete sich durch eine hervorragende Geländegängigkeit aus.

Der T-54 war ab seiner Version AM außerdem mit einer Unterwasserfahrt-Ausrüstung (UF-Ausrüstung) zum Überwinden von Wasserhindernissen mit einer Tiefe bis zu 5 m sowie mit einer Nebelanlage ausgestattet.

Als Weiterentwicklung des T-54B entstand 1955 der T-55, in den ein stärkerer Motor 425 kW (580 PS) und verbesserte optische Geräte eingebaut wurden. Den Kampfsatz erhöhte man auf 43 Granaten. Das wichtigste aber war die Ausrüstung des Panzers mit einer Kernwaffenschutzanlage.

Wodurch kann eine Panzerbesatzung vor der radioaktiven Strahlung einer Kernwaffendetonation geschützt werden? Am besten schützt eine starke Panzerung vor den Gammastrahlen. Als Abschirmung vor schnellen Neutronen wird die Innenseite der Panzerung mit synthetischen Materialien ausgekleidet, die die Neutronen verlangsamen und absorbieren. Damit kein radioaktiver Staub in den Panzer gelangt, ist er sorgfältig abgedichtet und mit einer Filterventilationsanlage ausgerüstet, die die Besatzung mit gereinigter Luft versorgt und im Fahrzeuginneren einen im Vergleich zu außen leicht erhöhten Druck erzeugt. Dadurch wird sowohl das Eindringen von Staub als auch von chemischen Kampfstoffen verhindert.

Für die Panzer T-54 und T-55 wurden Anbaugeräte wie Planierschild und Minenräumgeräte entwickelt. Auf der Basis des T-54 entstanden der Brückenlegepanzer MTU und der Panzerschlepper BTS-2. Das um eine Laufrolle verringerte und gewichtsgeminderte Fahrgestell des T-54 bildete das Chassis für die Fla-SFL ZSU-57-2, die mit zwei automatischen 57-mm-Kanonen bewaffnet war.

Sowjetischer mittlerer Panzer T-62

Als nächstes Glied in der Reihe der sowjetischen mittleren Panzer der T-Reihe entstand der T-62. Dieser noch leistungsfähigere Kampfwagen wurde mit neuesten Mechanismen und Geräten ausgerüstet. In dem halbsphärischen Turm neuer Form ist eine 115-mm-Glattrohrkanone eingebaut, aus der flügelstabilisierte Granaten verschossen werden. Die panzerbrechende Unterkalibergranate erreicht eine sehr hohe Anfangsgeschwindigkeit, die neben einer großen Weite des direkten Schusses eine enorme Durchschlagsleistung gewährleistet. Zum Kampfsatz der Kanone gehören weiterhin patronierte Hohlladungs- und Sprenggranaten. Der Ejektor der Kanone ist in die Nähe der Rohrmitte verlegt worden. Mit der Kanone ist ein Maschinengewehr des Typs PKT gekoppelt. Auf dem Turm wurde ein Fla-MG DSchK montiert. Die Kanone ist in zwei Ebenen stabilisiert.

Das Laufwerk des Panzers wurde etwas verändert; er erhielt außerdem Ketten mit Gummi-Metall-Gelenken. Als Antriebsaggregat dient der Dieselmotor W-55. Die inneren Kraftstoffbehälter fassen 675 l, die äußeren 285 l.

Sowjetischer mittlerer Panzer T-62	
Gefechtsmasse	37 t
Besatzung	4 Mann
Bewaffnung	1 115-mm-Kanone
	1 12,7-mm-Fla-MG
	1 7,62-mm-MG
Panzerung	granatsicher
Motorleistung	426 kW (580 PS)
Höchstgeschwindigkeit	50 km/h
Fahrbereich auf Straße	450 km

Der Kampfwagen ist mit einer UF-Ausrüstung, einer thermischen Nebelanlage und Infrarot-Nachtsicht- und -zielgeräten ausgestattet. Für Handlungen bei schlechter Sicht (nachts, bei Nebel, unter Wasser) erhielt das Fahrzeug einen Kursweiser (Girohalbkompaß).

Sowjetischer Schwimmpanzer PT-76

Anfang der 50er Jahre erhielt die Sowjetarmee einen in seiner Art einzigartigen Kampfwagen, den Schwimmpanzer PT-76. Bis heute verfügt keine einzige Armee der kapitalistischen Großmächte über ein ähnliches Fahrzeug. Im Gegensatz zu den ausländischen schwimmfähigen Panzern »Sheridan« und »Scorpion« benötigt der PT-76 praktisch keine spezielle Vorbereitung für die Wasserfahrt.

Er ist als erster Panzer der Welt mit einem Wasserstrahltriebwerk ausgerüstet, das ihm eine fast doppelt so hohe Geschwindigkeit auf dem Wasser verleiht wie den ausländischen Schwimmpanzern. Die wasserdichte Wanne erhielt eine besondere Form, die dem Kampfwagen seine Schwimmfähigkeit und eine hohe Stabilität auf dem Wasser verleiht. Der PT-76 kann bei Böschungswinkeln bis 38° in das Wasser einfahren und bei einer Uferneigung bis 18° das Wasser verlassen. Er ist nicht nur in der Lage, Flüsse zu überwinden, sondern er kann auch nach dem Absetzen von Landungsschiffen aus eine entfernte Küste erreichen, wenn der Wellengang der See die Stärke 4 nicht überschreitet. Der Panzer kann schwimmend das Feuer aus der Kanone führen und sogar ein beschädigtes Fahrzeug abschleppen (bugsieren).

Die zwei Wasserstrahltriebwerke des Panzers sind entlang der Bordwände im Heckteil untergebracht. Sie werden über ein Verteilergetriebe vom Motor angetrieben. Die Wasserstrahltriebwerke arbeiten nach dem Rückstoßprinzip: Infolge der Rotation der ummantelten Schrauben wird Wasser durch zwei Öffnungen im Wannenboden in die

Sowjetischer Schwimmpanzer PT-76	
Gefechtsmasse	14,6 t
Besatzung	3 Mann
Bewaffnung	1 76,2-mm-Kanone
	1 MG
Panzerung	kugelsicher
Motorleistung	175 kW (240 PS)
Höchstgeschwindigkeit	
zu Lande	44 km/h
zu Wasser	10 km/h
Fahrbereich auf Straße	250 km

Druckrohre angesaugt und durch zwei verschließbare Lukenöffnungen im Fahrzeugheck ausgestoßen, wodurch eine Schubkraft erzeugt wird. Die Druckrohröffnungen am Fahrzeugheck können (unabhängig voneinander) verschlossen werden. Dann tritt der Wasserstrahl zu beiden Bordwandseiten entgegengesetzt zur Fahrtrichtung aus, und der Panzer schwimmt rückwärts. Richtungsänderungen werden durch Verschließen jeweils eines Ausströmrohres am Fahrzeugheck eingeleitet. Durch die Konstruktion des Verteilergetriebes ist es möglich, während der Fahrt beide Ketten allein, Ketten und Wasserstrahltriebwerk sowie nur die Wasserstrahltriebwerke zuzuschalten. Um den Motor vor eindringendem Wasser abzuschirmen, verfügt er über eine Wasserschutzeinrichtung, die aus einem Wasserabscheideventil und dem dazugehörigen Bedienungsgestänge besteht. Bei hohem Wellengang wird auf einem Flansch auf dem Turmheck ein Luftzufüh-

rungsrohr (Schnorchel) angebracht. Der Fahrer verfügt neben seinen Winkelspiegeln über ein Periskop, das bei Wasserfahrt ausgefahren wird. Damit sind für ihn normale Sichtbedingungen gewährleistet, selbst wenn die tiefer gelegenen Winkelspiegel überflutet oder von Spritzwasser benetzt werden. Für das Absaugen in die Wanne eingedrungenen Wassers existieren drei mechanische sowie handbetriebene Lenzpumpen. Der spezifische Bodendruck des Kampfwagens ist mit 0,05 MPa gering. Dadurch zeichnet sich das Fahrzeug durch eine gute Geländegängigkeit auch im Schnee und auf weichen Böden aus.
Der PT-76 ist mit Nachtsichtgeräten und einer Feuerlöschanlage ausgerüstet. Im Zuge der Modernisierung erhielt er einen Stabilisator der Bewaffnung. Auf der Basis des PT-76 entstanden der schwimmfähige SPW-50, mehrere Versionen der Luftlande-Selbstfahrlafette ASU-85 und andere Gefechtsfahrzeuge.

Amerikanischer mittlerer Panzer M 48 »Patton« III

Dieser 1951 entstandene Panzer hat eine Vorgeschichte, die über zehn Jahre zurückreicht. Schon im Mai 1941 war von der zuständigen amerikanischen Verwaltung beschlossen worden, einen Panzer zu entwickeln, der stärker als der »Sherman« werden sollte. 1943 bis 1944 wurden daher mehrere Versuchsmodelle eines 30-t-Kampfwagens gebaut. Eines von ihnen, der T 26 E3, wurde im September 1944 in einer Kleinserie gebaut. Diese Panzer bewährten sich im Gefecht. Sie waren bewaffnungsmäßig den »Tigern« fast ebenbürtig, aber bedeutend beweglicher als letztere. Im Januar 1945 wurde ein Auftrag über 1436 Panzer, die die Bezeichnung M 26 »Pershing« erhielten, erteilt. Im Frühjahr 1945 wurde der Kampfwagen mit einer neuen, feuerkräftigeren 90-mm-Kanone ausgerüstet. Das 41 t schwere Fahrzeug hatte eine geschweißte Wanne, einen gegossenen Turm und einen 8-Zylinder-Fordmotor, der 370 kW (500 PS) leistete. Seine Laufrollen waren einzeln aufgehängt und mit Drehstäben abgefedert. Die Kette war mit Gummi-Metall-Gelenken versehen.
1946 wurde der Panzer modernisiert. Es wurden ein neuer 595 kW (810 PS) leistender Motor, eine hydromechanische Kraftübertragung des Typs »Cross-Drive«, eine Kanone mit verbesserten ballistischen Eigenschaften und

eine Feuerleitanlage eingebaut. Als M 46 »Patton« I standardisiert, kam der Panzer 1948 in die Truppe. Seine Gefechtsmasse war auf 44 t gestiegen, seine Geschwindigkeit lag bei 48 km/h. Bei den Gefechtshandlungen in Korea (1950–51) zeigte sich, daß die Bewaffnung des M 46 zu schwach war. Deshalb rüstete man den Kampfwagen mit einem neuen Turm und einer leistungsfähigeren 90-mm-Kanone aus. Nach weiteren geringfügigen Veränderungen (Erhöhung des Neigungswinkels der Bugpanzerung, Einbau von Infrarot-Nachtsichtgeräten) wurde er 1952 als M 47 »Patton« II in die Bewaffnung eingeführt. Mit dem M 47 waren (und sind) viele Armeen kapitalistischer Länder ausgerüstet.
In Weiterentwicklung des M 47 entstand der 1953 in die Ausrüstung eingeführte M 48 »Patton« III, bei dem man Bewaffnung und Panzerung verstärkt hatte. Wanne und Turm waren vollständig gegossen. Die Kanone hatte eine Mündungsbremse und einen Ejektor erhalten. Der M 48 war mit einem ballistischen Rechner und neuesten Nachtsichtgeräten ausgestattet. Ein Teil der Fahrzeuge der Version M 48 A2 hatten eine Höhen- und Seitenstabilisierung der Bewaffnung erhalten. In den M 48 A3 war ein Dieselmotor eingebaut. In den 70er Jahren durchliefen alle noch

im Truppendienst des US-Heeres stehenden M 48 eine Modernisierung. Ihr Kampfwert wurde dem des M 60 angeglichen (105-mm-Kanone, neuer Motor u. a. m.). Diese Fahrzeuge erhielten die Typenbezeichnung M 48 A5. Gegenwärtig befinden sie sich noch in der Ausrüstung der Streitkräfte der BRD, Israels, Spaniens, Italiens, Südkoreas und anderer Länder. In der BRD wurden sie nach westdeutschen Standards modernisiert. Panzer des Typs M 47 und M 48 nahmen an Kampfhandlungen in Südvietnam und im Nahen Osten teil und wurden bei den indisch-pakistanischen Konflikten eingesetzt.

Amerikanischer mittlerer Panzer M 48 »Patton« III		
Gefechtsmasse		46 t
Besatzung		5 Mann
Bewaffnung		1 90-mm-Kanone
		1 Fla-MG
		2 MG
Kampfsatz		70 Granaten
		11500 Patronen
Panzerung	Wannenbug	100 mm
	Bordwände	75 mm
	Turm	152 mm
Motorleistung		595 kW (810 PS)
Höchstgeschwindigkeit		48 km/h
Fahrbereich auf Straße		310 km

Amerikanischer leichter Panzer M 14 »Walker Bulldog«

Während der Korea-Aggression 1950–53 setzten die Amerikaner auch den leichten Panzer M 24 »Chaffee« ein, der sich seit 1944 in der Ausrüstung ihrer Armee befand. Das 18 t schwere Gefechtsfahrzeug war mit einer 75-mm-Kanone bewaffnet und erreichte eine Geschwindigkeit von 55 km/h. Der nur kugelsicher gepanzerte Kampfwagen wurde hauptsächlich zur Erfüllung von Aufklärungsaufgaben verwendet. An der stärksten Stelle erreichte die Panzerung der Wanne eine Dicke von 25 mm. Zwar konnte der M 24 eine hinreichend hohe Geschwindigkeit entwickeln, zeichnete sich aber wegen der zu geringen Motorleistung nur durch eine niedrige Manövrierfähigkeit aus. Infolge seiner leichten Panzerung erlitt dieser Panzer hohe Verluste. Außer der US Army nutzten die Streitkräfte vieler Länder, die amerikanische Militärhilfe erhielten, ebenfalls den M 24. Noch heute befindet er sich in der Ausrüstung

Amerikanischer leichter Panzer M 41 A3 »Walker Bulldog«		
Gefechtsmasse		23,5 t
Besatzung		4 Mann
Bewaffnung		1 76,2-mm-Kanone
		1 12,7-mm-Fla-MG
		1 7,62-mm-MG
Kampfsatz		65 Granaten
		7175 Patronen
Panzerung	Wannenbug	25 mm
	Bordwände	25 mm
	Turm	38 mm
Motorleistung		370 kW (500 PS)
Höchstgeschwindigkeit		72 km/h
Fahrbereich		160 km

der Armeen Thailands, Taiwans, Chiles, Griechenlands und einiger anderer Staaten. Vor den amerikanischen Konstrukteuren stand die Aufgabe, in kürzester Zeit einen neuen Aufklärungspanzer mit besserer Manövrierfähigkeit und stärkerer Bewaffnung zu entwickeln. 1950 wurde der Prototyp T 41 vorgestellt. Jedoch erst drei Jahre später gelangte die Serienmodifikation in die Truppe, weil es notwendig geworden war, konstruktive Mängel zu beseitigen. Der als M 41 »Walker Bulldog« bezeichnete Kampfwagen konnte im Koreakrieg nicht mehr eingesetzt werden, nahm aber an anderen Kriegsabenteuern der USA teil. Seine Einsatzgebiete waren die Aufklärung und die Feuerunterstützung der Infanterie. Ungeachtet seiner nicht geringen Gefechtsmasse von 25 t gelangte der M 41 auch in die Ausrüstung der Luftlandetruppen. Im Vergleich zu seinem Vorgänger war der »Walker Bulldog« besser bewaffnet. Seine 76,2-mm-Kanone hatte eine wesentlich höhere Feuerkraft als die fast gleichkalibrige Waffe des M 24. Die Panzergranate der 76,2-mm-Kanone erreichte eine Anfangsgeschwindigkeit von 1000m/s, während sie beim »Chaffee« nur 620 m/s betrug. Die neue Kanone verfügte über eine Mündungsbremse und einen Ejektor. Ihre Richtmechanismen wurden hydraulisch angetrieben. Kommandant und Richtschütze konnten unabhängig voneinander das Feuer leiten. Die Panzerung war jedoch wie beim M 24 nur kugelsicher ausgelegt. Im Kampfwagen war ein Vergasermotor eingebaut, der mit der hydromechanischen Kraftübertragung in einem Block zusammengefaßt war. Dadurch ließ sich seine Instandsetzung bedeutend vereinfachen und beschleunigen. Der M 41 entwickelte eine hohe Geschwindigkeit, hatte aber einen relativ geringen Fahrbereich. Die Laufrollen waren einzeln aufgehängt und drehstabgefedert.

Mit Hilfe einer speziellen Ausrüstung konnte der Panzer bis zu 2,5 m tiefe Wasserhindernisse überwinden. Dabei erreichte das Wasser das Turmdach. Für die Nachtfahrt waren Infrarotgeräte vorhanden.

Der Panzer wurde später modernisiert. Die Fahrzeuge der jetzt als M 41 A1 bezeichneten Version erhielten neue Richtantriebe. Beim M 41 A2 und A3 kamen Motoren mit direkter Benzineinspritzung zum Einbau. Weitere konstruktive Veränderungen betrafen Nachtsicht- und -beobachtungsgeräte sowie die Funk- und Bordsprechausrüstung.

Aus der Bewaffnung der amerikanischen Streitkräfte ist der Panzer M 41 seit langem ausgesondert. Dagegen wurde (und wird) er noch in den Armeen vieler Länder wie Österreich, Dänemark, Griechenland, Japan, Portugal, Spanien, Türkei, Chile, Thailand und Taiwan genutzt.

Auf Taiwan lief die Serienproduktion des Panzers »64«, eigentlich eines verbesserten M 41 A3, an. Äußerlich ähneln sich beide Fahrzeuge stark. Der Paner »64« erhielt eine 76-mm-Kanone Taiwaner Produktion, verbesserten Panzerschutz und einen 380-kW-Dieselmotor.

In Brasilien modernisierte man unlängst rund 300 Panzer M 41. Der als M 41B bezeichnete Kampfwagen ist mit einer 90-mm-Kanone bewaffnet und mit einem 295 kW leistenden Dieselmotor sowie neuen Kraftstoffbehältern ausgerüstet worden. Der Fahrbereich erhöhte sich auf 600 km, die Gefechtsmasse stieg auf 25 Tonnen.

Auch Dänemark hat seine 50 M 41 modernisiert.

Amerikanischer Standardkampfpanzer M 60

Dieser 1959 entstandene Panzer ist eine Weiterentwicklung des M 48 und zeichnet sich ihm gegenüber in erster Linie durch veränderte Bewaffnung, Antriebsaggregate und Panzerung aus. Seit 1960 wird der Kampfwagen von der Firma Chrysler produziert.

Der konstruktive Aufbau entspricht dem des M 48. Viele Baugruppen und Teile beider Panzer sind miteinander austauschbar. Die Form des Wannenbugs und die Konfiguration des Turmes wurden beim M 60 etwas verändert. Gleichzeitig verstärkte man die Panzerung an den am meisten verwundbaren Stellen. Wanne und Turm des Kampfwagens sind gegossen. Im Turm ist die britische 105-mm-Kanone L35I eingebaut, die in den USA unter der Typenbezeichnung M 68 in Lizenz gefertigt wird. Die Kanone hat keine Mündungsbremse, ist aber mit einem Ejektor ausgerüstet. Die 105-mm-Waffe ist bedeutend feuerkräftiger als die 90-mm-Kanone des M 48. Zu ihrem Kampfsatz gehören Unterkalibergranaten mit abspringender Führungshülse, Granaten mit plastischem Sprengstoff sowie Hohlladungs- und Splittersprenggranaten. Die effektive

Schußentfernung bei der Feuerführung auf Panzer liegt bei 2000 m. Die Richtmechanismen arbeiten elektrohydraulisch, sie können auch von Hand bedient werden. Der Panzer hat ein mit einem Entfernungsmesser kombiniertes Zielfernrohr für den Kommandanten, ein periskopisches und ein Zusatzzielfernrohr für den Richtschützen sowie einen ballistischen Rechner. Die Fahrzeuge der ersten Bauserien hatten noch keinen Stabilisator. Laufwerk und Aufhängung wurden vom M 48 übernommen und mit einigen Verbesserungen versehen (Antriebsrad, Lauf- und Stützrollen sind aus einer Aluminiumlegierung gefertigt). In den M 60 wurde von vornherein ein Dieselmotor (erstmalig bei einem amerikanischen Nachkriegspanzer) sowie eine hydromechanische Kraftübertragung und eine Kaltstartanlage zum Anlassen des Motors bei tiefen Temperaturen eingebaut. Das Fahrzeug ist mit einer

Amerikanischer Standardkampfpanzer M 60 A1		
Gefechtsmasse		46,3 t
Besatzung		4 Mann
Bewaffnung		1 105-mm-Kanone
		1 Fla-MG
		1 MG
Kampfsatz		63 Granaten
		5950 Patronen
Panzerung	Wannenbug	120 mm
	Turm	152 mm
Motorleistung		550 kW (750 PS)
Höchstgeschwindigkeit		48 km/h
Fahrbereich auf Straße		500 km

Ausrüstung zum Überwinden tiefer Furten mit einer Wassertiefe bis zu 3,5 m sowie mit einer automatischen Feuerlöschanlage ausgestattet.

Der Kampfraum ist luftbeheizt. Eine Filterventilationsanlage verhindert das Eindringen von radioaktivem Staub und chemischen Kampfstoffen.

Der M 60 ist mit Infrarot-Nachtsichtgeräten und einem Infrarot-Nachtzielfernrohr ausgestattet. Bei Nacht können die Ziele mit einem Infrarot-Scheinwerfer, der die Richtbewegungen der Kanone synchron begleitet, angestrahlt werden.

Das Antriebsaggregat wurde mit einem Wärmeaustauscher bestückt, der die Temperatur der Auspuffgase herabsetzt und damit ein Auffassen des Panzers mittels Wärmebild- und Infrarot-Geräten bei Nacht erschweren soll.

Seit 1962 wird die verbesserte Version M 60 A1 (verstärkte Turmpanzerung, Einbau eines Stabilisators und zusätzlicher Infrarot-Nachtsichtgeräte) gefertigt. 1968 entstand die Modifikation M 60 A2 mit einer 152-mm-Kombinationswaffe zum Verschuß herkömmlicher Granaten und zum Start der PALR »Shillelagh«. Diese Version erhielt außerdem einen mit dem Zielfernrohr kombinierten Laser-Entfernungsmesser und einen elektronischen ballistischen Rechner. Amerikanische Spezialisten vertreten die Ansicht, daß durch die Raketen-Kanonen-Bewaffnung zwar die Feuerkraft des Panzers auf große Entfernungen verstärkt wurde, sich im Nahbereich und auf mittlere Distanzen jedoch keine Vorteile gegenüber der reinen Kanonenbewaffnung ergeben. Deshalb wurden nur relativ wenige M 60 A2 (ungefähr 550 Exemplare) beschafft. 1975 modernisierte man den M 60 A1 und baute einen Laser-Entfernungsmesser, einen ballistischen Rechner und passive Nachtsichtgeräte (sie benötigen keine zusätzliche Infrarot-Ausleuchtung des Geländes, sondern kommen mit der Resthelligkeit der Nacht aus) ein. Als M 60 A3 ging das Fahrzeug (Gefechtsmasse 50 t) 1976 in die Serienproduktion.

Außer in den amerikanischen Streitkräften dient der M 60 in den Armeen Irans, Italiens, Jordaniens, Saudi-Arabiens und anderer Länder sowie im israelischen Heer, wo er in den Kampfhandlungen vom Oktober 1973 zum Einsatz kam. In Verbindung mit dem Produktionsbeginn des neuen Panzers M 1 »Abrams« stellte man 1980 Herstellung und Modernisierung des M 60 ein.

Auf der Basis des M 60 wurden der Pionierpanzer M 728, das Berge- und Instandsetzungsfahrzeug M 88 A1 und ein Brückenlegepanzer entwickelt.

Amerikanischer leichter Panzer M 551 »Sheridan«

Die Forderung nach einem lufttransportfähigen Panzer führte 1954 zur Entwicklung des leichten Kampfwagens T 92. Für dieses Fahrzeug waren viele interessante konstruktive Lösungen gefunden worden. Doch der Panzer erwies sich für eine Serienproduktion als zu kompliziert und wurde daher nicht in die Bewaffnung aufgenommen. Ende der 50er Jahre begannen die Entwicklungsarbeiten für einen anderen lufttransportfähigen Panzer, den XM 551, der bedeutend leichter als der M 41, dafür aber stärker bewaffnet und schwimmfähig sein sollte. Von 1962 bis 1963 wurden mehrere Versuchsfahrzeuge dieses Kampfwagens erprobt, doch erst 1966 gelangte der Panzer in die Ausrüstung der Streitkräfte der USA.

Der Panzer »Sheridan« war eine absolute Neukonstruktion. Vor allem seine Bewaffnung erregte Aufsehen. Er war mit einer in zwei Ebenen stabilisierten 152-mm-Kombinationswaffe ausgerüstet, aus der sowohl herkömmlichen Granaten verschossen als auch Panzerabwehrlenkraketen des Typs »Shillelagh« gestartet werden konnten. Die PALR »Shillelagh« wird mit halbautomatischen Infrarot- oder Funkmeßleitverfahren gelenkt. Sie kann Panzerungen bis zu einer Stärke von 500 mm auf Höchstentfernungen von 3000 m durchschlagen (die 152-mm-Hohlladungsgranate durchschlägt nur 400 mm). Außer zur Panzerbekämpfung kann die »Shillelagh« zur Zerstörung von Feldbefestigungen und zur Vernichtung lebender Kräfte des Gegners eingesetzt werden.

Um die Gefechtsmasse des Fahrzeugs zu verringern, wurde eine aus einer Aluminium-Legierung bestehende Panzerung verwendet. Sie schützt die Besatzung vor den Kugeln von Handfeuerwaffen und vor Granatsplittern. Im Heck des Panzers fand der mit einem hydromechanisch

geschalteten Viergang-Planetengetriebe zu einem Block
vereinte Dieselmotor seinen Platz. Die drehstabgefederten
Laufrollen sind einzeln aufgehängt.

Der Panzer wurde mit hochklappbaren Auftriebshilfen aus
wasserundurchlässigen Schwimmbälgen, die rund um die
Wanne angebracht und aus synthetischen Materialien
gefertigt sind, ausgerüstet. Die Vorbereitung auf die
Wasserfahrt nimmt zwei Minuten in Anspruch. Auf dem
Wasser bewegt er sich mit Hilfe der Ketten mit einer Geschwindigkeit von 6 km/h fort.

Der Panzer erhielt Nachtsichtgeräte sowie ein Nachtzielfernrohr, das sich durch Zuverlässigkeit bei der Nutzung
und geringen Wartungsaufwand auszeichnet.

Als die Amerikaner den Panzer Anfang der 70er Jahre bei
den Kämpfen in Südvietnam einsetzten, trat eine Reihe
konstruktiver Mängel zu Tage, die im Zuge der 1971 durchgeführten Modernisierung beseitigt wurden. Gleichzeitig
baute man zur Verbesserung der Treffgenauigkeit der
Bewaffnung einen Laser-Entfernungsmesser ein.

Mit dem Panzer »Sheridan« waren ausschließlich die amerikanischen Streitkräfte ausgerüstet. Sein Einsatzgebiet war
die Aufklärung. Gegenwärtig ist er aus der Bewaffnung
herausgelöst und eingelagert. Außerdem ist eine größere

Amerikanischer leichter Panzer M 551 »Sheridan«	
Gefechtsmasse	15,8 t
Besatzung	4 Mann
Bewaffnung	1 152-mm-Kombinationswaffe
	1 Fla-MG
	1 MG
Kampfsatz	10 Panzerabwehr-lenkraketen
	20 Granaten
Panzerung	kugelsicher
Motorleistung	220 kW (300 PS)
Höchstgeschwindigkeit	70 km/h
Fahrbereich auf Straße	600 km

Anzahl an Südkorea (bis zu 1000 Einheiten) übergeben
worden. Dort wird jedoch lediglich das Fahrgestell des
Kampfwagens verwendet.

Amerikanischer Standardkampfpanzer M 1 »Abrams«

Die Entwicklungsarbeiten für diesen Panzer begannen im Jahre 1972. Im August 1976 wurde aus den von mehreren Firmen vorgestellten Prototypen das Modell von »Chrysler« ausgewählt, das die Typenbezeichnung XM 1 erhielt. Die ersten Fahrzeuge der Nullserie waren im Februar 1980 fertig. Als der Panzer in die Ausrüstung eingeführt wurde, erhielt er die Bezeichnung M 1 »General Abrams«. Der Kampfwagen ist nach der klassischen Bauform konzipiert. Wie auch beim »Chieftain« muß der Fahrer, der seinen Platz in der Wannenbugmitte hat, den Panzer bei geschlossener Luke im Liegen fahren. Dadurch konnte die frontale Querschnittfläche verkleinert werden.

Wanne und Turm sind geschweißt; die Stirnpartien tragen eine CHOBHAM-Panzerung. Die oberen Panzerplatten von Wanne und Turm sind in einem Winkel von 70° bis 82° zur Vertikalen stark geneigt. Der »Abrams« ist mit einer in zwei Ebenen stabilisierten 105-mm-Zugrohrkanone M 68 E1 bewaffnet. Obwohl sich diese Kanone kaum von der des Panzers M 60 unterscheidet, verfügt der M 1 über eine wesentlich höhere Feuerkraft. Ursache dafür ist eine verbesserte Feuerleitanlage, die aus einem elektronischen ballistischen Rechner, einem kombinierten Tag-Nacht-Zielfernrohr mit eingebautem Laser-Entfernungsmesser und autonomer vertikaler Visierlinienstabilisierung für den Richtschützen besteht. Der Panzerkommandant kann mit Hilfe einer Zusatzoptik zum Zielfernrohr des Richtschützen selbständig die Beobachtung führen und das Ziel anrichten. Der Großteil des Kampfsatzes für die Kanone (44 Granaten) ist in einem besonderen Teil des Turmhecks, das durch gepanzerte Klappen zugänglich ist, untergebracht. Drei Granaten sind auf dem Turmboden befestigt, die restlichen in gepanzerten Munitionshalterungen in der Wanne.

Infolge einer geänderten Konstruktion der Rohrwiege sowie durch eine weiterentwickelte Rücklaufeinrichtung mit hydraulischer Rohrrücklaufbremse und konzentrisch eingebautem Federvorholer konnte das von der Kanone im Turm benötigte Volumen verringert werden. Das machte es möglich, den Turm flacher zu bauen und die Gesamthöhe des Panzers auf 2,4 m (sein Vorgänger M 60 A1 erreichte 3,26 m) zu begrenzen.

Kommandant und Richtschütze haben ihren Platz im Turm rechts, der Ladeschütze links neben der Kanone. Der M 1 ist weiterhin mit einem 7,62-mm-Turm-MG, einem 7,62-mm-MG auf der Ladeschützenluke und einem 12,7-mm-Fla-MG auf der Kommandantenkuppel bewaffnet.

Als Antrieb des Kampfwagens dient eine Gasturbine vom Typ AGT-1500 mit einer Laufleistung von 1800 Stunden bis zur Hauptinstandsetzung, was einer Fahrtstrecke von 19 000 km entspricht. Eine automatische hydromechanische Kraftübertragung, drehstabgefederte Laufwerksaufhängung mit hydraulischen Stoßdämpfern für die erste, zweite und siebente Laufrolle sowie eine Kette mit Gummi-Metall-Scharnieren und abnehmbaren Gummistollen auf der Lauffläche ermöglichen dem »Abrams« eine Geschwindigkeit von 55 km/h in durchschnittenem Gelände. Innerhalb von 6,2 Sekunden erreicht der Panzer aus dem Stand eine Geschwindigkeit von 32 km/h. Das Triebwerk läßt sich bei Temperaturen um −30 °C ohne Vorwärmung starten und gibt schon 2,5 s nach dem Anlassen seine volle Leistung ab, also zwei- bis dreimal schneller als ein Dieselmotor.

Der M 1 ist mit einer KCB-Schutzanlage (Schutzanlage vor Kern-, chemischen und bakteriologischen Waffen), einer automatischen Feuerlöschanlage, einem Vorwärmer, einer Ausrüstung zum Überwinden von Wasserhindernissen bis zu einer Tiefe von 5 m in Unterwasserfahrt und sechs Nebelwurfbechern zum Anlegen von Nebelwänden ausgestattet.

Von Anfang an war auch der Einbau einer westdeutschen 120-mm-Glattrohrkanone vorgesehen. Diese Modifikation erhielt die Bezeichnung M 1 A1. Doch bevor dieses Modell produktionsreif wurde, baute man einige hundert Fahrzeuge einer modernisierten Version des M 1 mit verbesserter Turm- und Walzenblendenpanzerung, einer neuen Kraftübertragung und veränderten Laufrollen. Diese Version ist noch mit der 105-mm-Kanone M 28 E 1 bewaffnet, die 1989 durch die 120-mm-Glattrohrkanone ersetzt werden soll. Dann wird diese Bauform die Typenbezeichnung M 1 A2 tragen.

Ende 1986 erhielten die amerikanischen Streitkräfte, vor allem die in der BRD stationierten Truppen, Panzer der

Modifikation M 1 A1 mit 120-mm-Glattrohrkanonen. Die 40
Granaten des Kampfsatzes sind in speziell gepanzerten
Halterungen untergebracht. Die Turmpanzerung wurde
verstärkt. Triebwerk, Kraftübertragung und Lenkgetriebe
blieben vom gleichen Typ, waren aber technisch vervollkommnet worden. Die Gefechtsmasse stieg bei praktisch
unveränderten Fahreigenschaften auf 57 t an.
Für die Streitkräfte der USA sind 8020 M 1 vorgesehen,
davon 7460 für die Landstreitkräfte, die übrigen für die
Marineinfanterie. An die Landstreitkräfte wurden bisher
3270 »Abrams« ausgeliefert, davon 890 Panzer des verbesserten Typs und 2380 M 1 A1.
1987 wurden der Verkauf des Panzers und sein nachfol-
gender Lizenzbau in Ägypten vertraglich vereinbart.
Es ist zu erwarten, daß der »Abrams« in der Folgezeit auch
von den Streitkräften einer Reihe anderer Länder übernommen wird.

Amerikanischer Standardkampfpanzer M 1 »Abrams«	
Gefechtsmasse	53,4 t
Besatzung	4 Mann
Bewaffnung	1 105-mm-Kanone
	1 12,7-mm-Fla-MG
	2 7,62-mm-MG
Kampfsatz	55 Granten
	1000 12,7-mm-Patronen
	11 400 7,62-mm-
	Patronen
Panzerung	granatsicher
Triebwerksleistung	1100 kW (1500 PS)
Höchstgeschwindigkeit	70 km/h
Fahrbereich	500 km

Britischer mittlerer Panzer »Centurion«

Im August 1943 erhielt die Verwaltung Panzerkonstruktion den Auftrag, einen schweren Kreuzerpanzer unter der Projektbezeichnung A 41 zu entwickeln, der über eine solche Bewaffnung und Panzerung verfügen sollte, die ihn in die Lage versetzen würde, erfolgreich den Kampf mit den deutschen »Tigern« aufzunehmen. Gleichzeitig sollte das Fahrzeug über gute Schutzeigenschaften gegenüber Panzerminen verfügen. Der Geschwindigkeit maß man keine große Bedeutung bei. Die Konstruktionsunterlagen waren im Mai 1944 fertig. Sie sahen einen 42 t schweren Panzer mit einer 77-mm-Kanone, die bereits beim »Comet« Verwendung gefunden hatte, vor. In der durchgehenden Bugplatte der Panzerwanne war kein Maschinengewehr vorgesehen. Demzufolge gab es in der Besatzung auch keinen MG-Schützen/Funker. Der trogförmige Wannenboden verstärkte den Schutz vor Panzerminen. Anstelle eines »Christie«-Laufwerks hatte man das System Horstmann verwendet (drei Gestelle zu je zwei Laufrollen an doppelschenkligen Schwingarmen mit drei ineinander verschachtelten Spiralfedern, die waagerecht zwischen den oberen Schenkeln der Schwingarme angebracht waren). Von diesem Fahrzeug wurde eine Versuchsserie von 20 Panzern bestellt. Im Mai 1945 schickte man die ersten sechs Kampfwagen in aller Eile in die Front. Doch

Britischer mittlerer Panzer »Centurion« Mk. X		
Gefechtsmasse		51,5 t
Besatzung		4 Mann
Bewaffnung		1 105-mm-Kanone
		1 MG
Kampfsatz		64 Granaten
		4250 Patronen
Panzerung	Wannenbug	76 mm
	Bordwände	51 mm
	Turm	152 mm
Motorleistung		470 kW (640 PS)
Höchstgeschwindigkeit		34 km/h
Fahrbereich		140 km

sie schafften es nicht mehr, in die Kampfhandlungen einzugreifen.

Kurz vorher, im Januar 1945, hatte man das Projekt der Modifikation A 41A erörtert, das eine stärker gepanzerte Wanne, einen neuen, gegossenen Turm, einen Höhen- und Seitenstabilisator und eine Kommandantenkuppel aufwies. Es wurde beschlossen, je 100 Kampfwagen A 41 und A 41A zu bauen, die 1947 als »Centurion« 1 und 2 in die Bewaffnung eingeführt wurden. Nachdem die neue 84-mm-Panzerkanone fertig war, deren Panzergranaten eine Anfangsgeschwindigkeit von 1020 m/s und deren Unterkalibergranaten eine solche von 1325 m/s erreichten, baute man sie in den Turm des A 41A ein. Als »Centurion« Mk. III wurde der Kampfwagen 1948 an die Truppe ausgeliefert.

Der ursprünglich als »Centurion« 2 bezeichnete Panzer mit einer 95-mm-Haubitze im Turm wurde in »Centurion« Mk. IV umbenannt. Ende 1952 entstand die Version Mk. V, die sich vom Mk. III durch eine geringfügig veränderte Form des Turmes unterschied. Weiterhin war das ursprüngliche Maschinengewehr mit dem typisch britischen Kaliber 7,71 mm gegen ein »Browning«-MG des NATO-Kalibers 7,62 mm ausgetauscht worden.

1956 wurden der Mk. VII und der Mk. VIII gefertigt. Ihre Konstruktion wies folgende Veränderungen auf: Die Kanone hatte einen Ejektor erhalten, auf die jetzt drehbare Kommandantenkuppel war ein Fla-MG montiert worden, und der Kommandant verfügte über ein Steuerpult zur Feuerleitung. Durch eine kompaktere Bauweise der Kraftübertragung war Platz für größere Kraftstoffvorräte geschaffen worden. Man hatte die Munitionshalterungen verändert und in die linke Bordwand eine Luke zum aufmunitionieren des Panzers eingelassen.

Von 1958 bis 1960 entstanden die Modifikationen Mk. VI, IX und X (modernisierte Mk. VII und VIII), die mit der britischen automatischen 105-mm-Kanone für patronierte Munition ausgerüstet waren. Ihre Unterkalibergranate mit abspringender Führungshülse erreichte eine Anfangsgeschwindigkeit von 1475 m/s. Bei den Panzern dieser Modifikationen war die Panzerung der Bugpartie der Wanne etwas verstärkt worden. Die Varianten Mk. VI/1, IX/1 und X/1 wurden mit einem Infrarot-Zielfernrohr und Nachtsichtgeräten, die Versionen VI/2, IX/2 und X/2 mit einem mit der Kanone gekoppelten 12,7-mm-Einschieß-MG ausgerüstet. Die Versionen XI, XII und XIII erhielten beides. Damit war die Entwicklung des nach britischer Terminologie als mittlerer Kanonenpanzer bezeichneten Kampfwagens abgeschlossen. Im Laufe der Modernisierung stieg seine Gefechtsmasse von 40 auf 51 t an.

Alle »Centurion«-Versionen haben eine Wanne, die aus gewalzten Panzerplatten mit stark differenzierten Dickenabmessungen zusammengeschweißt ist. Zum Schutz der Bordwände vor Hohlladungsgranaten wurden Panzerschürzen, sogenannte Falschborde, angebracht. Die gesamte Bewaffnung ist im oder auf dem Turm installiert. Außen am Turm sitzen 12 Nebelwurfbecher. Das Schwenken des Turmes übernimmt ein elektrisches Turmschwenkwerk, das durch eine manuell bediente Seitenrichtmaschine doubliert werden kann.

Der Kampfwagen ist mit einem 12-Zylinder-Vergasermotor »Meteor« 4B ausgerüstet. Die Kraftübertragung besteht aus der Hauptkupplung, einem mechanischen Fünfgang-Wechselgetriebe, das mit einem vielstufigen Differential-Lenkgetriebe zu einem Block vereint ist, und den Seitenvorgelegen. Weiterhin ist der Panzer mit aufblasbaren Faltenbälgen als Auftriebshilfen ausgestattet und somit schwimmfähig. Seine umlaufenden Ketten verleihen dem Fahrzeug auf dem Wasser eine Geschwindigkeit von 8 km/h. In dem Panzer ist eine Feuerlöschanlage eingebaut.

Das Fahrgestell des »Centurion« wurde für die Entwicklung einer Reihe anderer Fahrzeuge genutzt. So entstanden das Berge- und Instandsetzungsfahrzeug Mk. II, ein Brückenlegepanzer, ein Pionierpanzer mit einer 165-mm-Abschußvorrichtung zur Zerstörung von Befestigungen u. a.

Außer im britischen Heer, wo er gegenwärtig fast vollständig durch den »Chieftain« abgelöst ist, befanden sich »Centurion«-Panzer in der Bewaffnung vieler anderer Armeen (Niederlande, Dänemark, Schweden, Iran, Indien, Israel u. a.). In den israelischen Streitkräften wurden diese Panzer seit 1956 eingesetzt und in den letzten Jahren modernisiert (Einbau einer 105-mm-Kanone und eines amerikanischen 550-kW-Dieselmotors und einer hydromechanischen Kraftübertragung »Cross Drive«; Vergrößerung des Kampfsatzes). Die »Centurions« kämpften in Korea und nahmen an allen militärischen Auseinandersetzungen zwischen Israel und seinen arabischen Nachbarn teil. Im Bestand der indischen Streitkräfte demonstrierten sie 1965 eine überzeugende Überlegenheit über die M 47 und M 48 der Pakistani.

Der »Centurion« erwies sich als ein zuverlässiger und starker Panzer, doch waren seine Geschwindigkeit und sein Fahrbereich nicht sehr groß.

Britischer Standardkampfpanzer »Chieftain«

Mitte der 50er Jahre begannen in Großbritannien die Entwicklungsarbeiten für einen neuen Standardpanzer, der den »Centurion« ablösen sollte. Hauptanforderung an den zukünftigen Kampfwagen war eine stärkere Bewaffnung und ein besserer Panzerschutz. Geschwindigkeit und Manövrierfähigkeit betrachtete man als zweitrangig. Die Konstruktionsarbeiten begannen 1956 bei der Firma »Vickers«. Anfang 1962 waren acht Versuchsfahrzeuge fertiggestellt, mit denen umfangreiche Erprobungen stattfanden. Danach wurde 1963 der neue Panzer unter der Bezeichnung »Chieftain« in die Bewaffnung eingeführt. Die 1965 in geringer Stückzahl gefertigten Panzer der Modifikation Mk. 1 dienten Ausbildungszwecken. Der im folgenden Jahr an die Truppen ausgelieferte »Chieftain« Mk. 2 unterschied sich von seinem Vorgängermuster durch eine Reihe konstruktiver Verbesserungen. Zu dieser Zeit war er mit einer Gefechtsmasse von 50 t der schwerste, am besten bewaffnete (120-mm-Zugrohrkanone) und bestgepanzerte Standardkampfwagen aller kapitalistischen Armeen (Wannenbug 120 mm, Seiten 51 mm, Turm 150 mm). Seine Geschwindigkeit von nur 40 km/h und sein Fahrbereich von 320 km waren dagegen sehr bescheiden. Der eingebaute Zweitakt-Vielstoff-Dieselmotor leistete 515 kW. Um die Wannenhöhe und bei einer so starken Panzerung auch die Gefechtsmasse zu verringern, hatten die Konstrukteure den Panzerfahrer bei geschlossener Luke auf dem Rücken liegend untergebracht. Auf dem Marsch konnte er dagegen im Sitzen arbeiten.

Turm und Wannenbug sind gegossen und verfügen über große Neigungswinkel. Der obere Teil der Kette war durch ein sogenanntes Falschbord geschützt. Für die Kanone war getrennte Munition vorgesehen (Granate und Kartuschhülse werden nacheinander geladen). Dadurch konnten die Abmessungen des Turmes klein gehalten und der Kampfsatz auf 53 Granaten, davon 19 Unterkalibergranaten mit abspringender Führungshülse, erhöht werden. Ungeachtet der getrennten Munition war die Feuergeschwindigkeit der Kanone mit acht Schuß pro Minute relativ hoch. Dazu trugen eine mechanische Ladehilfe und der Gleitverschluß der in zwei Ebenen stabilisierten Kanone bei. Panzerkommandant und Richtschütze hatten eigene Steuerpulte, so daß bei Notwendigkeit jeder von ihnen das Feuer führen konnte. Der Panzer war mit Nachtsicht- und -zielgeräten ausgestattet. Zur Zielfeldausleuchtung war auf der Kanone ein Xenon-Scheinwerfer installiert. Die Entfernung zum Ziel konnte mit einem 12,7-mm-Einschieß-MG ermittelt werden. Weiterhin waren ein 7,62-mm-Turm-MG und ein Fla-MG vorhanden.

Das Laufwerk entsprach dem des »Centurion«: je zwei Laufrollen an einer Aufhängung. Als elastisches Element dienten Schraubenfedern.

Von 1970 bis 1975 wurden Panzer der Modifikation Mk. 3 gefertigt. Sie unterschieden sich durch passive Infrarot-Zielfernrohre und -beobachtungsgeräte, eine erhöhte Laufleistung des Motors, veränderte Munitionshalterungen und eine neu konstruierte Kommandantenkuppel.

Die Konstrukteure arbeiteten beständig an der Weiterentwicklung des »Chieftain«. Nach einigen Zwischenmodifikationen wurde jedoch ab 1975 als letzte die Version Mk. 5 gebaut.

Der »Chieftain« Mk. 5 erhielt ein Laser-Zielfernrohr-Entfernungsmesser und einen elektronischen ballistischen Rechner. Dadurch konnten Treffgenauigkeit und Trefferwahrscheinlichkeit mit dem ersten Schuß bei der Feuerführung aus der Bewegung bedeutend erhöht sowie die Zeit bis zur Abgabe des ersten Schusses verringert werden. Infolge des Einbaus eines neuen Vielstoffmotors erhöhte sich die Geschwindigkeit, vor allem im durchschnittenen Gelände, auf 30 km/h (beim »Chieftain« Mk. 3 betrug sie nur 20 km/h).

Obwohl das staatliche Panzerwerk in Leeds 1982 mit der Produktion des neuen Panzers »Challenger« begann, bildet der »Chieftain« mit über 900 Fahrzeugen noch immer das Rückgrat der britischen Panzertruppen und wird voraussichtlich bis Ende des Jahrhunderts in der Bewaffnung verbleiben. Eine noch größere Zahl von »Chieftain« wurde exportiert. Der Iran erhielt 750, Kuwait 160, Oman 35, Jordanien 274 Kampfwagen dieses Typs, wobei sich das Exportmodell um einiges von der Grundversion unterschied. Die Modifikation »Shir-1« und »Shir-2« waren für den Verkauf an die Länder des Nahen Ostens bestimmt, wobei Kundenwünsche und geographische Bedingungen

der Einsatzregion Berücksichtigung fanden. Der »Shir-1« hatte einen neuen Motor, eine automatische Kraftübertragung und eine verbesserte Feuerleitanlage erhalten. Zunächst für den Iran bestimmt (deshalb auch die Bezeichnung »Shir-Iran«), gingen die Panzer nach Aufkündigung des Vertrages und Einstellung der Lieferungen als »Khaled« nach Jordanien.

Der »Shir-2« unterschied sich durch eine Vielzahl von Neuerungen von den vorherigen Modellen. Dazu gehörten die Neukonstruktion von Wanne und Turm mit kombinierter CHOBHAM-Panzerung, eine hydraulisch-pneumatische Laufwerksaufhängung, ein Wärmebild-Zielfernrohr und ein stärkerer Motor (620 kW). Bei unveränderter Bewaffnung und Manövrierfähigkeit betrug seine Gefechtsmasse jetzt 54 t.

1982 wurde das Versuchsmuster des gleichfalls für den Export bestimmten Modells »Chieftain-900« mit stärkerem Motor (660 kW), vervollkommneter Kraftübertragung, Drehstabaufhängung und CHOBHAM-Panzerung, aber unveränderter Bewaffnung vorgestellt. Dafür war der Kampfsatz auf 64 Granaten erhöht worden. Selbstverständlich war der Panzer mit einem Laser-Entfernungsmesser, einem elektronischen ballistischen Rechner usw.

Britischer Standardkampfpanzer »Chieftain« Mk. V		
Gefechtsmasse		55 t
Besatzung		4 Mann
Bewaffnung		1 120-mm-Kanone
		1 12,7-mm-MG
		2 7,62-mm-MG
Kampfsatz		64 Granaten
		6300 Patronen
Panzerung	Wannenbug	120 mm
	Turm	150 mm
Motorleistung		550 kW (750 PS)
Höchstgeschwindigkeit		48 km/h
Fahrbereich		500 km

ausgestattet. Alle diese später gefertigten Modelle waren mit einer KCB-Schutzanlage ausgerüstet. Die Unterwasserfahrt-Ausrüstung erlaubte das Überwinden von Wasserhindernissen bis zu einer Tiefe von 4,5 m.

Panzer vom Typ »Chieftain« kommen in den Gefechtshandlungen des noch immer nicht beendeten iranisch-irakischen Krieges zum Einsatz.

Britischer leichter Panzer »Scorpion«

Lange Zeit hatten die Briten gepanzerte Radfahrzeuge zur Aufklärung eingesetzt. Als Mitte der 60er Jahre im Weltpanzerbau Panzerungen aus Aluminiumlegierungen aufkamen, bot sich die Möglichkeit, ein leichtes, lufttransportfähiges Fahrzeug mit Kettenfahrwerk zu entwickeln. Die Verwendung von solchen Baugruppen des Automobilbaues wie Motoren, Kraftübertragungen usw. beschleunigte die Produktion derartiger Gefechtsfahrzeuge. Mit der Entwicklung eines leichten Panzers wurde 1964 die Firma »Alvis« beauftragt. 1968 erprobte man die ersten Baumuster des Kampfwagens, der 1972 unter der Bezeichnung »Scorpion« in die Bewaffnung eingeführt wurde.

Wanne und Turm waren aus Aluminiumlegierungen gefertigt und schützten die Besatzung vor Geschossen bis zum Kaliber 7,62 mm sowie vor den Splittern von Wurfminen und Granaten. Die Stirnpanzerung kann ab 200 Meter Entfernung von 14,5-mm-Geschossen nicht mehr durchschlagen werden. Einen bestimmten Schutz bieten auch der im Wannenbug installierte Motor und die Kraftübertragung.

Die vollständig im Turm untergebrachte Bewaffnung be-

Der Panzer ist mit einer Filterventilationsanlage ausgerüstet, hat eine relativ hohe Manövrierfähigkeit und Geländegängigkeit und ist lufttransportfähig.

Auf der Basis des »Scorpion« entstand eine ganze Familie gepanzerter Fahrzeuge: das Aufklärungsfahrzeug »Scimitar« mit einer im Turm installierten automatischen 30-mm-Kanone (vom Rad-Aufklärungsfahrzeug »Fox«), der Aufklärungs-SPW »Spartan«, der Jagdpanzer »Striker« mit Panzerabwehrlenkraketen »Schwingfire«, das Kommandostabsfahrzeug »Sultan«, das Berge- und Instandsetzungsfahrzeug »Samson« und das Sanitätsfahrzeug »Samaritan«.

Bis Mitte 1984 wurden rund 4500 Fahrzeuge der »Scorpion«-Familie produziert. Davon gingen über 2000 an die britischen Streitkräfte, die übrigen an die Armeen von 14 Ländern (so rund 200 in den Iran und 116 nach Belgien; weitere Käufer waren Saudi-Arabien, Thailand, Nigeria, Neuseeland u. a.). 1984 wurde beschlossen, die Produktion von Fahrzeugen der »Scorpion«-Familie einzustellen, weil man davon ausging, sie Anfang der 90er Jahre durch neue Typen ersetzen zu können. 1982 war der Versuch unternommen worden, die Bewaffnung des Fahrzeugs zu verstärken. Der als »Scorpion-90« bezeichnete Panzer erhielt eine 90-mm-Kanone. Malaysia bestellte 26 derartige Fahrzeuge.

Der Panzer »Scorpion« und das Aufklärungsfahrzeug »Scimitar«, die 1982 an den Gefechten auf den Falklandinseln im britisch-argentinischen Konflikt teilnahmen, erhielten von ausländischen Spezialisten eine gute Beurteilung.

steht aus einer »abgemagerten« 76,2-mm-Kanone und einem 7,62-mm-Maschinengewehr, das auch als Einschießwaffe dienen kann. Zum Kampfsatz der Kanone gehören Panzersprenggranaten mit plastischem Sprengstoff sowie Hohlladungsgranaten. Die Kanone ist nicht stabilisiert. Für den Richtschützen ist ein Nachtzielfernrohr vorhanden.

Laufrollen und Schwingarme sind aus Aluminiumlegierung hergestellt. Das drehstabgefederte Laufwerk ist mit hydraulischen Stoßdämpfern für die erste und letzte Laufrolle ausgerüstet. Zum Überwinden von Wasserhindernissen hat der Panzer faltbare Auftriebshilfen, die von der Besatzung in 70 Sekunden vorbereitet werden können. Auf dem Wasser bewegt er sich mit Hilfe der umlaufenden Ketten vorwärts.

Standardkampfpanzer der BRD »Leopard«

Mit dem Beitritt der BRD zur NATO im Mai 1955 nahm die Rüstungsindustrie des Landes und damit auch der Panzerbau einen starken Aufschwung. In den 50er Jahren war die Bundeswehr mit amerikanischen Panzern der Typen M 41, M 47 und M 48 ausgerüstet worden. Die Bundeswehrführung betrachtete diese als wenig geeignet für Gefechtshandlungen auf dem mitteleuropäischen Kriegsschauplatz. 1957 begann die Firma »Krauss-Maffei« die Entwicklung eines Panzers, der die Bezeichnung »Leo-

pard« erhielt. Die ersten Baumuster wurden 1961 erprobt, der Kampfwagen 1963 in die Bewaffnung eingeführt. Hauptanforderungen an den Panzer waren eine starke Bewaffnung und eine hohe Manövrierfähigkeit (Geschwindigkeit, Beschleunigungsvermögen, Fahrbereich). Da zu dieser Zeit in der BRD noch keine leistungsfähigen Panzermotoren gebaut wurden, mußte die Forderung nach hoher Manövrierfähigkeit zwangsläufig mit einer Verringerung der Gefechtsmasse einhergehen und demzufolge

Standardkampfpanzer der BRD »Leopard« 2

Gefechtsmasse	55 t
Besatzung	4 Mann
Bewaffnung	1 120-mm-Kanone
	1 7,62-mm-Fla-MG
	1 7,62-mm-Turm-MG
Kampfsatz	42 Granaten
	4750 Patronen
Panzerung	Mehrschichten-
	Hohlraumpanzerung
	Typ CHOBHAM
Motorleistung	1100 kW (1500 PS)
Höchstgeschwindigkeit	72 km/h
Fahrbereich auf Straße	550 km

mit einer Schwächung des Panzerschutzes erkauft werden. Und tatsächlich war die Bugpanzerung der Wanne bei dem 40 t schweren »Leopard« nur 70 mm stark. Die Wannenseiten waren 42 mm, die Turmpanzerung 112 mm stark. Mit seinem 610 kW (830 PS) leistenden Vielstoffmotor erreichte der Panzer dafür spielend eine Geschwindigkeit von 65 km/h und 600 km Fahrbereich. Er war mit der nicht stabilisierten britischen 105-mm-Zugrohrkanone L7A1, einem 7,62-mm-Maschinengewehr und einem Fla-MG auf dem Turmdeck bewaffnet sowie mit Nebel-

wurfbechern ausgerüstet. Der Kampfsatz umfaßte 60 Granaten und 5500 Patronen. Die Unterkalibergranate mit abspringender Führungshülse hatte eine Anfangsgeschwindigkeit von 1475 m/s. Motor und Kraftübertragung waren zu einem Antriebsaggregat vereint und konnten bei Defekten unter feldmäßigen Bedingungen innerhalb von 15 Minuten gewechselt werden. Die Kraftübertragung war als hydromechanisches Planetengetriebe ausgelegt. Das drehstabgefederte, einzeln aufgehängte Laufwerk hatte eine Kette mit Gummi-Metall-Scharnieren erhalten.

Im Turm waren ein optischer Entfernungsmesser sowie Infrarot-Nachtziel- und -beobachtungsgeräte eingebaut. Der Panzer erhielt eine KCB-Schutzanlage, eine automatische Feuerlöschanlage und eine Anlage, die das Fahrzeug vor der gegnerischen Aufklärung infolge der Wärmeabstrahlung der Auspuffgase schützen sollte. Die Ausrüstung zur Unterwasserfahrt ermöglichte das Überwinden bis zu 4 m tiefer Wasserhindernisse.

In den 60er Jahren wurde der von einer breit angelegten Reklamekampagne begleitete Versuch unternommen, einen gemeinsamen westdeutsch-amerikanischen Panzer, den MBT-70, zu entwickeln. Auf Grund der unterschiedlichen Forderungen an die Bewaffnung, des Mißerfolgs bei der Schaffung einer Ladeautomatik für die Kanone und des Fehlens eines leistungsfähigen Motors war diesem Versuch kein Erfolg beschieden. Außerdem wäre der zukünftige Panzer mit 4 Mill. DM Stückpreis zwei- bis dreimal teurer als der »Leopard« geworden.

In der BRD wandte man sich deshalb der Modernisierung des »Leopard« zu. 1973 wurde der »Leopard« A1 (Gefechtsmasse 41,5 t) in die Ausrüstung der Bundeswehr eingeführt. Von seinem Vorgänger unterschied er sich durch die in zwei Ebenen stabilisierte Bewaffnung und eine Wärmeschutzhülle der Kanone. Die nächste Version, der »Leopard« A2, erhielt einen stärker gepanzerten Turm und passive Nachtsichtgeräte. Nach und nach wurden alle »Leopard« durch Modernisierung an das Niveau des »Leopard« A1 und später an das des A2 angeglichen.

Die weitere Kampfwertsteigerung, hauptsächlich durch die Verbesserung des Panzerschutzes, führte zur Entstehung des »Leopard« A3, der einen neuen Turm in Schweißkonstruktion mit Hohlraumpanzerung erhalten hatte. Ab 1974 stand der »Leopard« A4 zur Verfügung. Er war mit einer neuen Feuerleitanlage, bestehend aus einem Laser-Entfernungsmesser und einem elektronischen ballistischen Rechner, ausgestattet. Seine Gefechtsmasse stieg auf 42,4 t, während sich die anderen Parameter nicht veränderten.

1986 begann in der BRD die bis 1992 abzuschließende Modernisierung von 1300 »Leopard« A1 zum »Leopard« A5 mit einer 120-mm-Glattrohrkanone, einer neuen Feuerleitanlage sowie einem verbesserten Panzerschutz und geänderter Turmkonstruktion. In dieser Bauform soll der »Leopard« bis zum Jahre 2000 in der Ausrüstung verbleiben.

Rund 2500 »Leopard« 1 erhielt die Bundeswehr. Über 2200 Panzer dieses Typs wurden an andere Länder verkauft, darunter 334 an Belgien, 120 an Dänemark, 200 (und 720 in Lizenz gebaute) an Italien, 114 an Kanada, 78 an Norwegen, 468 an die Niederlande, 74 an die Türkei, 106 an Griechenland, über 100 an Österreich. Die Lieferungen ins Ausland begannen 1968.

Die »Leopard« 1 der italienischen Armee wurden auf eine in zwei Ebenen stabilisierte 120-mm-Kanone umgerüstet. Auch die Niederlande modernisierten ihre »Leopard«, indem der Panzerschutz des Turmes, die Stabilisierung der Bewaffnung und die Feuerleitanlage verbessert wurden.

Auf der Basis des »Leopard« 1 entstanden der Berge- und Instandsetzungspanzer »Standard«, die Fla-SFL »Gepard«, der Brückenlegepanzer »Biber« sowie Pionierpanzer. Auch diese Fahrzeuge wurden an andere Länder verkauft.

Die Fla-SFL »Gepard«, seit 1973 in der Ausrüstung der Bundeswehr, ist ein autonomes Allwetter-Waffensystem und wird zu den besten Fla-SFL kapitalistischer Armeen gerechnet. Die 47,3 t schwere SFL ist mit zwei automatischen 35-mm-Kanonen, Funkmeßstationen zur Zielaufklärung und -begleitung sowie einem Bordrechner ausgerüstet. Die Feuergeschwindigkeit liegt bei 500 Schuß je Rohr und Minute, die effektive Schußentfernung bei der Feuerführung auf Luftziele bei 4000 m.

1979 erhielt die Bundeswehr mit dem »Leopard« 2 einen völlig neuen Kampfwagen, dessen Entwicklung bereits Ende der 60er Jahre begonnen hatte. 1976 fand in den USA ein Vergleichswettbewerb zwischen den Prototypen des »Leopard« 2 (allerdings noch mit 105-mm-Kanone) und dem zukünftigen amerikanischen Standardkampfpanzer M 1 »Abrams« statt, um den Kampfwagen herauszufinden, den später beide Länder produzieren wollten. Obwohl der »Leopard« 2 dem »Abrams« auf vielen Gebieten überlegen war, entschlossen sich die Amerikaner, ihren eigenen Panzer zu bauen.

Die Produktion des »Leopard« 2 lief 1979 an. Für die Bundeswehr sind 2400 Einheiten geplant. Unter Berücksichtigung der Lizenzbauten dürfte mit annähernd der gleichen Anzahl für den Export gerechnet werden.

Erstmalig im ausländischen Panzerbau war beim »Leopard« 2 eine Glattrohrkanone mit einem Kaliber von 120 mm eingesetzt worden. Seine wesentlich erhöhte Beweglichkeit (hauptsächlich seine Geschwindigkeit im durchschnittenen Gelände, die bei 55 km/h liegt) verdankt der »Leopard« 2 einem Vielstoffmotor von 1100 kW (1500 PS), einer hydromechanischen Kraftübertragung und einer neuen Laufwerksaufhängung. Der Panzer ist mit einer Mehrschichtenpanzerung von Wanne und Turm, einer KCB-Schutzanlage und Nachtsichtgeräten ausgestattet. Die Bewaffnung ist in zwei Ebenen stabilisiert. Das Rohr der Kanone weist eine Lebensdauer von 500 Schuß gegenüber einer Laufbelastung von nur 300 Schuß beim »Leopard« 1 auf. Die Kanone ist mit Ejektor und Wärmeschutzhülle versehen, zur Munition gehören beim Abschuß verbrennende Kartuschhülsen. Die Unterkalibergranate mit einer Anfangsgeschwindigkeit von 1600 m/s durchschlägt auf 2000 m Schußentfernung eine 350 mm starke Panzerung. Auf beiden Seiten des Turmhecks sind je acht Nebelwurfbecher befestigt. Die Feuerleitanlage modernster Bauart besteht aus einem Laser-Zielfernrohr-Entfernungsmesser mit Sehfeldstabilisierung in zwei Ebenen, einem elektronischen ballistischen Rechner, aus Meßfühlern für von den Schußtafelbedingungen abweichende Parameter und aus einem Zielfernrohr mit Wärmebild-Nachtsichtkanal. Sowohl der Kommandant als auch der Richtschütze können das Feuer führen. Kampfsatz und Kraftstoffvorrat sind von der Besatzung isoliert in gepanzerten Zellen untergebracht.

Obwohl die Gefechtsmasse des Panzers bei 55 t liegt,

ist er äußerst manövrierfähig. So kann er sich zum Beispiel in 10 s um 360° drehen bzw. in 3,6 s aus voller Fahrt zum Stehen gebracht werden. Die drehstabgefederte Laufwerkaufhängung ist mit Reibungs-Stoßdämpfern bestückt. Die obere Hälfte der Gummi-Metall-Scharnier-Kette wird durch Panzerschürzen geschützt. Der Panzer ist mit einer Feuerlöschanlage und einer Ausrüstung zum Überwinden von Wasserhindernissen in Unterwasserfahrt bis zu 5 m Tiefe ausgestattet.

Inzwischen ist die Produktion der Modifikationen »Leopard« 2A1 und 2A2 angelaufen. Sie erhielten ein neues Panorama-Zielfernrohr für den Kommandanten, veränderte Munitionshalterungen und eine verbesserte Feuer-leitanlage. Die weitere Version »Leopard« 2A3 unterscheidet sich durch ein neues Funkgerät, während in den »Leopard« 2A4 eine neue Feuerleit- und eine verbesserte Feuerlöschanlage eingebaut werden.

1988 wurde ein Vertrag über die Lieferung von 445 Kampfwagen dieses Typs in die Niederlande abgeschlossen. 300 Fahrzeuge wurden von Saudi-Arabien bestellt. Die Schweiz begann mit der Lizenzproduktion des »Leopard» 2. Lieferungen an weitere Länder, in erster Linie an NATO-Staaten, sind vorgesehen.

Auf der Basis des »Leopard« 2 wurden der »Pionierpanzer« 2 und, gemeinsam mit britischen und italienischen Spezialisten, die 155-mm-SFL-Haubitze SP 70 entwickelt.

Französischer leichter Panzer AMX-13

1946 entschied die französische Regierung, ihre Streitkräfte mit einem Panzer eigener Produktion auszurüsten. Es erging der Auftrag, einen leichten, lufttransportfähigen Kampfwagen von 13 t Masse zu entwickeln. 1949 war das Versuchsmuster fertig, 1951 lief seine Serienproduktion an. Berücksichtigt man den damaligen Zustand der französischen Industrie nach dem Krieg, so waren fünf Jahre von der Auftragserteilung bis zur Aufnahme der Serienproduktion eine beachtliche Leistung.

Der konstruktive Aufbau des Panzers wich deutlich von der klassischen Bauweise ab: Im Wannenvorderteil befand sich der Triebwerksraum, dahinter folgte der Fahrerraum, während der Kampfraum im Fahrzeugheck lag. Die Bugpartie der Wanne war stark geneigt ausgeführt. Der Panzer AMX-13 (oder nach dem Jahr seines Erscheinens auch als AMX-51 bezeichnet) ist auf Grund der Verwendung eines Turmes mit einer sogenannten Oszillationslafette eine der interessantesten Konstruktionen in der Geschichte des Panzerbaues. Selten hatte ein Kampfwagen so viele Diskussionen ausgelöst und so viele Gegner auf den Plan gerufen.

Der Turm FL-10 bestand aus zwei Teilen. Das Unterteil war drehbar auf die Wanne aufgesetzt. Das Oberteil, das mit zwei Schildzapfen vertikal beweglich mit dem Unterteil verbunden war, trug die starr eingebaute Kanone, wobei sich nur das Bodenstück im Turminneren befand, während die Rohrrücklaufeinrichtung in einer rüsselartigen Verstärkung des Stirnteils des Turmes untergebracht war. Der Turm selbst wies relativ geringe Abmessungen auf, der Turmdrehkranz hatte einen verhältnismäßig kleinen Durchmesser. Dadurch war es möglich, die Breite der Panzerwanne gering zu halten.

Man hatte eine derartige Turmkonstruktion gewählt, um das Laden der Kanone mechanisieren (automatisieren) zu können. Hinter dem Bodenstück der Kanone waren auf beiden Seiten der Turmnische zwei Trommelmagazine installiert, die je sechs Granatpatronen aufnahmen. Durch den Rohrrücklauf wurde das Trommelmagazin in Drehung versetzt und die nächste Granate freigegeben, die in die Lademulde, deren Achse mit der Seelenachse des Rohres übereinstimmte, hineinglitt. Danach wurde die Granatpatrone automatisch in das Rohr befördert und der Verschluß geschlossen. Die Kanone war damit wieder feuerbereit. Eine derartige Ladevorrichtung gewährleistete nicht nur eine Feuergeschwindigkeit von 10 bis 12 Schuß in der Minute, sondern machte es auch möglich, ohne Ladeschützen auszukommen. War der Kampfsatz verschossen, verließ der Panzer das Gefechtsfeld und fuhr zum Aufmunitionieren. Die Trommelmagazine wurden durch Luken in der Turmdecke aufgefüllt. Der Höhenrichtbereich der Kanone war auf +13° begrenzt, weil sonst die Hecknische des Turms auf die Wannenabdeckung aufschlug. Den 8-Zylinder-Vergasermotor hatte man rechts im Wannenvorderteil eingebaut. Die Kraftübertragung war quer

zur Fahrtrichtung angeordnet worden und bestand aus einem mechanischen Wechselgetriebe sowie einem Differential als Lenkgetriebe. Die Laufrollen waren einzeln aufgehängt und drehstabgefedert.

Zwar wurde die Produktion des Panzers 1964 eingestellt, doch fand sein Fahrgestell für den Bau einer ganzen Familie von rund 20 verschiedenen Gefechts- und Unterstützungsfahrzeugen Verwendung: 105-mm- und 155-mm-SFL-Haubitzen, selbstfahrender 120-mm-Granatwerfer, 30-mm-Zwillings-Fla-SFL, SPW, Brückenlegepanzer usw. Seit 1968 wird der Panzer in Argentinien in Lizenz gebaut. Insgesamt wurden rund 7000 Fahrzeuge der AMX-13-Familie hergestellt.

Die Bewaffnung des AMX-13 durchlief mehrere Modernisierungen. Die 75-mm-Kanone tauschte man gegen eine des Kalibers 90 mm aus. Bei einem Teil der Kampfwagen montierte man eine Startvorrichtung für vier Panzerabwehrlenkraketen SS-11 an den Turm. In den 70er Jahren erschienen AMX-13 mit einem modifizierten Turm, der mit einer 105-mm-Kanone und einem Laser-Entfernungsmesser ausgerüstet war. Die Hohlladungsgranate der 105-mm-Kanone erreichte eine Anfangsgeschwindigkeit von 800 m/s und konnte eine 400 mm starke Panzerung durchschlagen. Der Turm FL-10 und seine Versionen fan-

Französischer leichter Panzer AMX-13		
Gefechtsmasse		14,5 t
Besatzung		3 Mann
Bewaffnung		1 75-mm-Kanone
		1 MG
Kampfsatz		37 Granaten
		1000 Patronen
Panzerung	Wannenbug	40 mm
	Bordwände	20 mm
	Turm	40 mm
Motorleistung		200 kW (270 PS)
Höchstgeschwindigkeit		65 km/h
Fahrbereich auf Straße		400 km

den auch bei anderen Gefechtsfahrzeugen Verwendung. Der Panzer steht bei der französischen Armee und den Streitkräften von rund 30 anderen Ländern (Schweiz, Belgien, Niederlande, Italien, Indien, Libanon, Israel, Ägypten u. a.) im Truppendienst. Der AMX-13 wurde in den Kampfhandlungen von 1953–54 in Vietnam und 1956, 1967 sowie 1973 im Nahen Osten und anderenorts eingesetzt.

Israelischer Standardkampfpanzer »Merkava«

Die israelische Armee war bis in die 80er Jahre hauptsächlich mit Panzern amerikanischer, britischer und französischer Produktion ausgerüstet. Viele dieser Kampfwagen waren von israelischen Ingenieuren modernisiert worden, so daß ihre Lebensdauer verlängert werden konnte. So verblieb dank der gelungenen Kampfwertsteigerung der »Sherman«, ein Veteran aus dem zweiten Weltkrieg, bis in die letzten Jahre in der Bewaffnung der israelischen Armee. Die Umrüstung der Panzer hatte auch das Ziel, die Kampfwagen besser den besonderen geographischen Bedingungen der Halbwüste anzupassen. Nachdem sie genügend Erfahrungen bei der Modernisierung von Panzern und der Produktion anderer gepanzerter Technik wie Panzerwagen und SPW gesammelt hatte, begann die israelische Industrie Anfang der 70er Jahre auf Weisung militärischer Führungskreise mit der Entwicklung eines eigenen Panzers, an der sich auch ausländi-

Israelischer Standardkampfpanzer »Merkava«	
Gefechtsmasse	56 t
Besatzung	4 Mann
Bewaffnung	1 105-mm-Kanone
	2 7,62-mm-Fla-MG
	1 7,62-mm-Turm-MG
Kampfsatz	60 Granaten
Panzerung	granatsicher, teilweise
	Mehrschichten-
	Hohlraumpanzerung
Motorleistung	660 kW (900 PS)
Höchstgeschwindigkeit	44 km/h
Fahrbereich auf Straße	400 km

sche Firmen beteiligten. Anscheinend war die wichtigste Forderung an den neuen Kampfpanzer, der die Bezeichnung »Merkava« erhielt, die Gewährleistung des maximal möglichen Schutzes der Besatzung. Das konnte in bedeutendem Maße nicht nur dank der Panzerung, sondern durch eine ganze Reihe konstruktiver Besonderheiten erreicht werden. Vor allem der konstruktive Aufbau des »Merkava« war unkonventionell: Motor und Kraftübertragung lagen vorn. Damit übten sie eine zusätzliche Schutzfunktion aus. Außerdem ließ sich im Fahrzeugheck ein großer gepanzerter Raum gewinnen, der für das Mitführen von zusätzlicher Munition, von zehn Infanteristen oder den Transport von sechs Verwundeten genutzt werden konnte.

Die ersten Baumuster des »Merkava« wurden 1977 vorgestellt. Nach Aufnahme in die Bewaffnung wurde er ab 1979 an die Truppen ausgeliefert. Innerhalb von vier Jahren wurden 250 Panzer »Merkava« Mk. 1 produziert, wobei bis 30 Prozent der Aggregate aus dem Ausland angeliefert wurden, darunter Motor und Kraftübertragung aus den USA. Die amerikanische 105-mm-Kanone M 68 wird in Israel in Lizenz gefertigt.

Die Bugpartie der Wanne hat eine Mehrschichten-Hohlraumpanzerung mit großen Neigungswinkeln. Der Turm ist vorn stark abgeflacht, im Mittelteil und am Heck niedrig und weist somit eine niedrige Silhouette auf. Seine Stirnpartie besteht gleichfalls aus Mehrschichten-Hohlraumpanzerung. Triebwerks-, Kampf- und Fahrerraum sind durch gepanzerte Zwischenwände abgetrennt. Der Fahrer ist im Wannenbug links, die übrigen Besatzungsmitglieder sind im Turm untergebracht.

Der Kampfsatz für die Kanone umfaßt 60 Granaten. Weitere 32 Granaten können im Heckraum, den gepanzerte Zwischenwände vom Kampfraum abteilen, mitgeführt werden. Die Munition ist in speziellen explosions- und feuerfesten Containern untergebracht. Zusätzlich zum Turm-MG sind zwei Fla-MG auf dem Turm lafettiert. Die Feuerleitanlage israelischer Produktion umfaßt einen Laser-Zielfernrohr-Entfernungsmesser und einen elektronischen ballistischen Rechner und erlaubt somit eine schnelle und genaue Feuereröffnung.

Das Laufwerk stimmt im großen und ganzen mit dem des Panzers »Centurion« überein, ist teilweise sogar mit diesem standardisiert. Die Einzelaufhängung der Laufrollen ist hydraulisch-pneumatisch mit gefederten Auflagen. Wannenseiten und Laufwerk sind durch abnehmbare Panzerschürzen geschützt.

Auf der Basis des »Merkava« Mk. 1 entstand auch eine 155-mm-SFL-Kanone.

1982 wurden Panzer des Typs »Merkava« Mk. 1 im Verlauf der Aggression im Libanon eingesetzt. Dabei war zu erkennen, daß die personellen Verluste im Vergleich zu anderen Panzertypen niedriger lagen. Das erklärt sich unter anderem durch das Vorhandensein einer schnellwirkenden Feuerlöschanlage sowie durch die Möglichkeit, den Panzer durch die Heckluke verlassen zu können.

Unter Berücksichtigung der gesammelten Kampferfahrungen begannen ab Dezember 1983 Produktion und Auslieferung der Modifikation »Merkava« Mk. 2 mit einer Gefechtsmasse von 60 t. Die Mehrschichten-Hohlraumpanzerung war verstärkt und der Zwischenraum zwischen den Schichten der Panzerung mit Dieselkraftstoff gefüllt worden. Es wird angenommen, daß damit die Wirkung von Hohlladungsmunition abgeschwächt werden kann. An den weiterentwickelten Panzerschürzen können Elemente der sogenannten aktiven Panzerung befestigt werden. Die gewölbte Form des Wannenbodens erhöht die Widerstandsfähigkeit gegenüber Panzerminen. Der Panzer erhielt eine neue Kraftübertragung amerikanischer Produktion, die bei unveränderter Motorleistung und gleichbleibendem Volumen der Kraftstoffbehälter eine Erhöhung der Geschwindigkeit auf 50 km/h und des Fahrbereichs auf 500 km ermöglichte. Die Kanone ist in zwei Ebenen stabilisiert und mit einer Wärmeschutzhülle ausgerüstet.

Aus Pressemeldungen ging hervor, daß in Israel an der Entwicklung des nächsten Modells, des »Merkava« Mk. 3, gearbeitet wird. Bei einer Gefechtsmasse von 55 t soll er mit der westdeutschen 120-mm-Glattrohrkanone bewaffnet werden, deren Kampfsatz 60 Granaten umfaßt. Durch den Einbau eines 1100 kW leistenden Vielstoffmotors sollen Geschwindigkeiten bis zu 60 km/h erreicht werden.

Die sowjetische T-Reihe hält Schritt

Die Geschichte des Panzers umfaßt rund 70 Jahre. In dieser für historische Maßstäbe kurzen Zeit hat er sich aus einem unförmigen, schwerfälligen Gefechtsfahrzeug, dessen installierte Leistung geradewegs ausreichte, um sich selbst mit der Geschwindigkeit eines völlig erschöpften Fußgängers von der Stelle zu bewegen, zu einer mächtigen, manövrierfähigen stählernen Festung entwickelt, die mit Artillerie und Maschinengewehren, Raketen und Nebelwerfern bewaffnet ist. Ihr starker Panzerschutz gibt ihnen selbst beim Einsatz von Kernwaffen eine »Überlebenschance«. Im Endeffekt haben sich die Panzertruppen, ungeachtet der zu den verschiedensten Zeiten geäußerten

Sowjetischer mittlerer Panzer T-72	
Gefechtsmasse	41 t
Besatzung	3 Mann
Bewaffnung	1 125-mm-Kanone
	1 12,7-mm-Fla-MG
	1 7,62-mm-MG
Panzerung	granatsicher
Motorleistung	575 kW (780 PS)
Höchstgeschwindigkeit	60 km/h
Fahrbereich auf Straße	600 km

Zweifel an ihrer Zweckmäßigkeit und Perspektive, zum wichtigsten Kampfmittel der Landstreitkräfte entwickelt.

Die sowjetischen Panzersoldaten des Großen Vaterländischen Krieges 1941–45 erkämpften sich und ihrem »Vierunddreißiger«, dessen hervorragende und in jener Zeit unübertroffene Gefechtseigenschaften in seltener Einmütigkeit sowohl von unseren Verbündeten als auch von unseren Gegnern anerkannt wurden und werden, ewigen Ruhm.

Die sowjetischen Soldaten der 80er Jahre verfügen gleichfalls über einen vortrefflichen Kampfwagen, bei dessen Konstruktion auch die besten Eigenschaften des legendären T-34 und seiner Nachfolger T-54 und T-55 Pate gestanden haben. Dieses Fahrzeug ist unser neuer Panzer T-72, bei dem große Feuerkraft, hohe Manövrierfähigkeit, zuverlässiger Panzerschutz, großer Fahrbereich, günstige Formgebung, niedrige Silhouette und andere Gefechtseigenschaften hervorragend miteinander in Einklang gebracht wurden. Der T-72 ist mit einer automatisch zu ladenden 125-mm-Glattrohrkanone bewaffnet, wodurch auf den Ladeschützen verzichtet und die Besatzung auf drei Mann verringert werden konnte. Im Unterschied zu seinen Vorgängern erhielt der Panzer ein neues Laufwerk, das aus sechs einzeln aufgehängten, drehstab- und stoßdämpfergefederten Laufrollen mittleren Durchmessers besteht. Ein neuer aufgeladener Vielstoffmotor, eine neue Kraftübertragung und Ketten mit Gummi-Metall-Gelenken erhöhen die Beweglichkeit des Kampfwagens und die Zuverlässigkeit seiner Aggregate bedeutend.

Die Geschwindigkeit, die der Panzer auf der Straße entwickelt, nähert sich mit 60 km/h der eines Kraftfahrzeugs. Der niedrige spezifische Bodendruck verleiht dem T-72 eine gute Geländegängigkeit. Eine originelle Neuerung des Panzers ist die Vorrichtung zum Ausheben von Stellungen – eine planierschildähnliche Konstruktion, mit der sich der Kampfwagen selbst eingraben kann. In nur zwei Minuten aus der Marsch- in die Arbeitslage gebracht,

läßt sich damit bei mittleren Böden innerhalb von 10 bis 20 Minuten eine Feuerstellung ausheben, in der das Fahrzeug bis zur Höhe der Kettenabdeckung verschwindet. Da nur der Turm wie ein fester Feuerpunkt über die Brustwehr ragt, sind Wanne und Laufwerk in der Erde vor Treffern geschützt. Doch wenn es sich als notwendig erweist, wird der Motor angeworfen, und der stählerne »Bunker« stürzt sich, schnell an Geschwindigkeit gewinnend, ins Gefecht.

Selbstverständlich ist der T-72 mit Stabilisator, Zielfernrohr/Entfernungsmesser, Infrarot-Nachtziel- und -beobachtungsgeräten, Kernwaffenschutz- und Feuerlöschanlage sowie mit einer Unterwasserfahrt-Ausrüstung ausgestattet und entspricht somit vollständig den hohen Anforderungen an einen modernen Standardkampfpanzer.

Unsere Waffen, die Panzer eingeschlossen, sind für die Verteidigung, nicht aber für einen Überfall bestimmt, sind eine Garantie für die Souveränität unserer Heimat und der sozialistischen Staatengemeinschaft sowie eine achtunggebietende Warnung an alle Liebhaber kriegerischer Abenteuer. Allen ist die kontinuierliche und konsequente Friedenspolitik der Sowjetunion bekannt, die feierlich die Verpflichtung übernahm, niemals als erste Kernwaffen einzusetzen. Unser erklärtes Ziel ist es, die Kernwaffen insgesamt abzuschaffen und zu ächten. In dem Kommunique der Tagung des Politischen Beratenden Ausschusses der Teilnehmerstaaten des Warschauer Vertrages vom 28.–29. Mai 1987 in Berlin heißt es:

»Die Teilnehmerstaaten des Warschauer Vertrages treten für die Verwirklichung von Abrüstungsmaßnahmen ein. Zugleich sind sie jedoch gezwungen, ihre Streitkräfte in einem solchen Bestand und auf einem solchen Niveau zu unterhalten, die es ihnen ermöglichen, jeden Angriff von außen gegen einen der Teilnehmerstaaten des Vertrages abzuwehren.«

Inhalt

Mit dem Panzer T-72 verfügen die Panzertruppen der Sowjetarmee und der mit ihr verbündeten Armeen der sozialistischen Verteidigungskoalition über ein hervorragendes Gefechtsfahrzeug, bei dessen Konstruktion auch die besten Eigenschaften des T-34 und seiner Nachfolger T-54/55 und T-62 Pate gestanden haben.

Den T-72 zeichnen seine besonders niedrige Silhouette, eine neuartige Panzerung, die in zwei Ebenen stabilisierte 125-mm-Glattrohrkanone mit Ladeautomatik sowie hochleistungsfähige Richt- und Beobachtungsgeräte für den Einsatz bei Tag und bei Nacht aus. Sein 575 kW leistender Vielstoffmotor und ein sorgfältig durchgebildetes Laufwerk sowie Ketten mit Gummi-Metall-Gelenken verleihen dem Panzer eine hohe Beweglichkeit und Geschwindigkeit auch in schwierigem Gelände.